考える道標としての

経営戦略

これからの「事業戦略」と「全社戦略」をデザインする

松田千恵子

日本実業出版社

はじめに

この本は、もしかしたら「経営戦略」という領域からはちょっとはみ出しているかもしれません。コーポレートガバナンスからサステナビリティ、あるいはファイナンスに至るまで、かなり広い領域を対象にしているからです。また、経営戦略の中でもスポットが当たりがちな事業戦略（Business Strategy）のみならず、全社戦略（Corporate Strategy）の説明にも力を注いでいます。そうしたわけで、少々厚めの本になっています。しかし、今を生きる我々には、こうした様々な領域を統合しながら、会社の目指すべき姿をじっくり考えることが必要になっているのではないでしょうか。「考える道標《みちしるべ》」と銘打ったのは、そのような時にみなさんのお手元にあって役に立ちたい、という思いからです。

我が国では昭和の昔、経済成長に身を任せていればそれだけで企業も成功するというような、ある意味幸せな時代があったように思います。メインバンクガバナンスや、終身雇用・年功序列・協調型組合に代表される日本型経営システム、さらには単体決算の会計制度などが、日本企業を経営の深刻な悩みから遠ざけていました。企業としては、穏やかな環境の中で事業に専念していれば良かったのですね。例えて言えば、晴れた日に凪いだ海で好きなように船を進めているような状態です。こうした時にはあまり船長の出番はありません。それよりも船員の方々が持ち場の業務をしっかりこなす、オペレーションにおけるエクセレンスがその船の質を決めます。また、海図を真剣に見なくても視界は良好です。気の向くままに船旅を楽しむこともできるでしょう。

しかし、今はそのような時代ではありません。まさに台風真っ只中です。何とか乗り越えて生き延びるためには、船長自らが難しい意思決定を行う必要があり、その能力が船の命運を決めます。要は、経営者が有能かつ強力でないと生き残れないということです。ただ、それだけではまだ不足です。自分の考えていることを、的確かつ迅速に周囲の人々に伝えていかなければなりません。どこに向かおうとしているのか、何をしようとしているのか、明確にする必要があります。それを手伝う右腕、ブレーンも必要です。

よく、「どうせ環境が激変するのに将来のことなど考えても仕方がない」と言う人がいます。それは逆ではないかと思います。晴れた日ならいざ知らず、台風真っ只中で行先も決めず、海図も見ず、気の向くままに船を動かしていたらどうなるでしょうか。座礁する危険ははるかに高くなりますし、乗組員はどこに向かうのか不安と不満で一杯になるでしょう。激変する環境下でこそ、確固とした目的と、そこに向かうためのシナリオが必要なのではないでしょうか。

この本はまさにこうした思いで書かれています。すなわち、船長やそのブレーンの方々が、荒波を乗り切り目的の地に達するために、海図をしっかり持って航海を成功させてほしいということです。長い航海の合間には「これでいいのか」と悩むことも多いかもしれません。

そうした時に波間に見える燈台のように、道標となれる本であれば良いと思っています。

先ほど、「自分の考えていることを、的確かつ迅速に周囲の人々に伝えて」いく必要もあると申し上げました。この点も本書で意識した点の1つです。現代の企業は、数多くのステークホルダー（利害関係者）に囲まれています。そうした人々と信頼関係を築き、企業の目指すべきところを納得してもらうことが必要です。そのためにも経営戦略は不可欠なものとなってきています。コーポレートガバナンス・コードでも経営戦略の重要性が説かれ、サステナビリティ情報開示の枠組みも経営戦略なしでは成り立ちません。然るに、日本企業がこれまで発信していた内容は、こうした新しい時代に求められる「経営戦略」とは必ずしも言えないように思えます。多くの企業が中期経営計画を公表していますが、内容は本当に経営戦略足り得ているでしょうか。相変わらず売上や利益ばかり気にして、投資に対するリスクとリターンという発想が欠けていたりしないでしょうか。コーポレートガバナンスは受身の対応に終始し、取締役会で経営戦略の議論をしたことがない、といった事態に陥っていないでしょうか。サステナビリティは経営戦略の1つの要素としてしっかり組み込まれているでしょうか――こうした数々の問題を、個別撃破しようとしても無駄です。すべての問題は根底でつながっているからです。したがって本書では、これらの問題をなるべく一気通貫で考えられるように頁を割いています。冒頭に申し上げたような広い領域にまたがっているのはそのためです。本来であれば各分野だけで分厚い本ができる内容ですが、少なくともエッセンスについては本書に凝縮したつもりです。個々の分野の詳細については専門書をお手に取っていただくこととして、本書ではぜひ、広い分野を一気通貫した、統合された企業の姿を考えていただければ幸いです。

末筆になりますが、本書の内容に関しご示唆をいただいた多くの方々、および本書を世に送り出すために多大なご尽力をいただいた日本実業出版社のみなさまに心より御礼申し上げます。みなさまのご支援、そして温かい叱咤激励がなければ本書は日の目を見ることはなかったと思います。どうも有難うございました。

2023年5月

松田千恵子

考える道標としての経営戦略●目次

第2章 経営戦略の歴史を概観する

第3章 事業戦略を考える(1)——どこに事業を「立地」させるか

第6章 事業戦略を考える(4)——実行に至る「管理」をどう行うか

第9章 全社戦略を考える(3)——企業におけるアイデンティティマネジメントとその伝え方

カバーデザイン　小口翔平＋青山風音（tobufune）
本文DTP　一企画

第1章

経営戦略とはいったい何なのか

1-1 「経営戦略」の定義とは何か

■本の数だけ存在する経営戦略や戦略の定義

この本を手に取られたみなさんは、何らかの形で「経営戦略」というものに関わったり、興味を持たれたりしていることでしょう。では、「経営戦略」とは何でしょうか。

実は、決まった答えはないのです。

通常、何かを論じる時には、その「何か」を定義することから始めます。しかし、経営戦略について決定版といわれる定義はありません。経営戦略を語る人々が様々に「こういうものである」と自分なりに定義して使っているのです。ちょっと驚きますね。経営戦略や戦略がどのように定義されているか、大家と呼ばれる方々の定義をいくつか並べてみました。

「経営戦略や戦略」の定義例

・「長期の基本目標を定めたうえで、その目標を実現するために行動を起こしたり、経営資源を配分したりすること」（チャンドラー 1962）[1]

・「企業が考えた競争に成功するためのセオリー」（バーニー 2002）[2]
・「『企業や事業の将来のあるべき姿とそこに至るまでの変革のシナリオ』を描いた設計図」（伊丹他 2003）[3]
・「自分が将来達成したいと思っている『あるべき姿』を描き、その『あるべき姿』を達成するために自分のもっている経営資源（能力）と自分が適応するべき経営環境（まわりの状況）とを関連づけた地図と計画（シナリオ）のようなもの」（沼上 2008）[4]
・「企業が実現したいと考える目標と、それを実現させるための道筋を、外部環境と内部資源とを関連づけて描いた、将来にわたる見取り図」（網倉・新宅 2011）[5]

良く言えばとても多彩、悪く言えばてんでばらばらです。経営戦略論の大家、ジェイ・バーニーは、自分も定義を行う一方で、「戦略について書かれた本の数だけ戦略の定義は存在する」[6]と、何だか匙を投げたような発言をしています。

---

1 Chandler Jr, A.D. (1962). Strategy and Structure, The MIT Press　アルフレッド・チャンドラーJr.著、有賀裕子訳（2004）『組織は戦略に従う』ダイヤモンド社
2 Barney, J.B. (2002). Gaining and Sustaining Competitive Advantage, Pearson Education Company　ジェイ・B・バーニー著、岡田正大訳（2003）『企業戦略論【上】基本編――競争優位の構築と持続』ダイヤモンド社
3 伊丹敬之・加護野忠男（2003）『ゼミナール経営学入門　第3版』日本経済新聞出版社
4 沼上幹（2008）『わかりやすいマーケティング戦略（新版）』有斐閣
5 網倉久永・新宅純二郎（2011）『経営戦略入門』日本経済新聞出版社

ただ、14～15ページの「『経営戦略や戦略』の定義例」をもう一度よく見てください。うっすらと共通点もみえてきませんか。共通項を括ってみると、**①何らかの主体が、②将来目指す姿を達成するために、③進むべき道筋を描いたシナリオ**、といったあたりでしょうか。

本書では、この三点を経営戦略の定義として考えていきたいと思います。

■将来のシナリオを策定する

上記のうち、①についてはどのような主体を想定いただいてもかまいません。企業でも事業でも自分でもけっこうですし、それ以外にも国家や非営利団体、グループやサークル、何でもありです。ただ、紙面には限りがありますので、本書では主に企業と事業を取り扱います。

②と③については問題ないようにみえますが、いくつか考えておいてほしい言葉があります。1つは「将来」です。「これから先のことを考えるのだから、将来の話に決まっているではないか」と思われるかもしれませんが、実はけっこう深いのです。

これも戦略論の大家、ヘンリー・ミンツバーグは過去の行動事実をパターンと呼び、これも戦略の1つだという定義をしています。[7] みなさんも他社事例やケース・スタディなど、様々なパターンを学習し、援用していることでしょう。現場でも色々な過去の経験から試行錯誤して次の一手を探し求めることがよく行われています。[8] 一方、日本企業においては、これまで将来のことというのはあまり考えられてこなかったようにもみえます。もちろん、中期経営計画を立てたり、予算策定を行ったりといった作業は膨大な時間と労力をかけて行われてきました。しかし、それらはいつの間にか単なる儀式と化しており、将来のシナリオという経営戦略の定義とは似て非なるものになってはいないでしょうか。

昭和の昔、メインバンクガバナンス[9]華やかなりし頃ならばいざ知らず、いまはエクィティガバナンス[10]の時代です。株主のリターンは企業の将来業績で決まります。企業が将来目指す

---

6 Barney, J.B. (2001). Gaining and Sustaining Competitive Advantage. 2nd.ed. Pearson Education 岡田正大訳（２００３）『企業戦略論【上】基本編－競争優位の構築と持続』ダイヤモンド社

7 Mintzberg, H. (1987). The strategy concept I: Five Ps for strategy. California management review, 30(1), 11-24.

8 ヘンリー・ミンツバーグにより「創発的戦略」と呼ばれます。後述します。

9 主力となる取引銀行をメインバンクと呼びます。銀行など債権者が中心となって行うコーポレートガバナンスをメインバンクガバナンス、あるいはデットガバナンスと呼びます。コーポレートガバナンスについては後述しますが、いまは企業経営を監督する仕組みと捉えておいてください。したがって、メインバンクガバナンスは銀行など債権者が企業経営を監督することを指します。この関係は、融資契約の存在に基づき成り立つ関係ですので、安全性や返済の確実性、債権の保全などに重きが置かれます。戦後以降、１９７０～１９８０年代を中心として、我が国ではメインバンクとの強固な関係が企業に安定と規律付けをもたらしてきた(Kaplan&Minton,1994)といわれています。

10 株主が中心となって行うコーポレートガバナンスのことです。株主は企業の将来業績によってリターンを得るため、将来の成長性に重きを置いた見方をします。また、株式という形で企業を所有する者として、企業の経営を委ねた経営者への規律付けを重視します。日本では、１９９０年代後半に銀行が金融危機で淘汰されるのと時を同じくして資本市場改革が行われ、メインバンクガバナンスからエクィティガバナンスへの移行が進んできました。これを決定づけたのが、２０１５年に導入されたコーポレートガバナンス・コードであるといえます。

姿をきちんと提示し、そこまでの道筋を納得できるよう示してくれないと困るわけですね。
このことは、2015年に導入されたコーポレートガバナンス・コード[11]にも色濃く反映されています。

●コーポレートガバナンス・コード

【原則3—1　情報開示の充実】
上場企業は、（中略）以下の事項について開示し、主体的な情報発信を行うべきである。
（i）会社の目指すところ（経営理念等）や経営戦略、経営計画（後略）

【原則4—1　取締役会の役割・責務(1)】
取締役会は、会社の目指すところ（経営理念等）を確立し、戦略的な方向付けを行うことを主要な役割・責務の一つと捉え、具体的な経営戦略や経営計画等について建設的な議論を行うべきであり、重要な業務執行の決定を行う場合には、上記の戦略的な方向付けを踏まえるべきである。

出所：東京証券取引所（2021）「コーポレートガバナンス・コード」、傍線は筆者

経営理念に始まり、経営戦略や経営計画に至るまでの「企業の将来像」を、企業の重要な意思決定機関である取締役会できちんと議論し、積極的に開示して理解を得ることの重要性が説かれています。

理解を得るためには、然るべき要素が論理的に説明されていなければなりません。企業が営む事業は、どのような市場や競合を想定し、どのような資源を活用して道を進もうとしているのか、事業が複数ある場合には、どこにどのような資源を配分していこうとしているのか、などといったことです。これらが、『『経営戦略』の定義例』にもあった「外部環境と内部資源」であったり、「資源配分」であったりします。これについてはまたのちほどじっくりみましょう。

■企業が目指す姿を考える

もう1つ気にしておいてほしい言葉は「目指す姿」です。上記のコーポレートガバナンス・コードにも「目指すところ」とありますね。これを達成するために企業は設立され、存在しています。個人であれば、生まれてきたこと自体にまで文句はつけられませんが、法人の場合には、何かをしたくて意図的にそれを作るわけです。したがって「やりたい何か」が達成された時の理想像というのは持っていたいものです。

---

11 コーポレートガバナンスについては、第8章で扱います。

最近では、この「目指す姿」を「**パーパス**」（＝目的、存在意義）と呼び、それを重視した経営を「パーパス経営」などと呼ぶことも増えました。世界最大の資産管理会社ブラックロック社のCEOラリー・フィンク氏は、毎年1月に世界中の経営者に向けて〝フィンク・レター〟と呼ばれる年次書簡を送ることで有名なのですが、その彼が2018年の書簡で、「企業はパーパス主導でなければ長期的な成長を持続できない」と発信し、翌2019年の書簡でも同様にパーパスの重要性を訴えたことから、この言葉が一躍メジャーになりました。[12] パーパス主導による経営は、ますます世界的な潮流となってきています。

これについてはあとでみるとして、重要なのは「何かをやりたくて団体を設立した以上は、その団体には〝目指す姿〟があるはず」ということです。常に目指す北極星のような不動かつ究極の目標ですね。それにたどり着くためには、そのための道筋を、少し小分けにして考えることが必要になってきます。すなわち、時間軸を区切ってもう少し具体化してみるということですね。こうして「目指す姿」に向かう道筋を描いたシナリオが「**戦略**」です。

この「シナリオ」という言葉もちょっと気に留めておいてください。シナリオというからには、面白くなくてはなりません。人を惹きつける魅力にあふれていてほしいものです。あまり枝葉末節にこだわるよりも、骨太であることが重要です。また、シナリオですから色々描けるわけですが、いくつもの道筋が混在して取捨選択されていなかったり、論理が錯綜して伏線が回収されていなかったりすると困ります。

したがって、本書では、①企業もしくは事業が、②将来目指す姿を達成するために、③進むべき道筋を描いたシナリオ、をどのように企業内で策定し、活用するか、またそれをどのように企業外にも知らしめて納得感を得るか、といった点を中心にみていくことにします。

12 ちなみにラリー会長は、目標（Purpose）と戦略（Strategy）を峻別してレターを書いています。

1-2 軍事から発展した経営戦略論

■戦略と戦術はどう違うのか

小学生がある日閃いて「どうしてもバイオリニストになる！」と思ったとします。まあ、普通は三日寝れば忘れますが、仮にこれが天の啓示のように強固な思いであったとすると、これが「目指す姿」です。ただ、それがあるだけではどうしようもありません。「大人になったら絶対なる！」とただ悶々としているよりは、「どうしたらそれに近づけるか」を考えるほうが得策です。一流の域に達するには、素晴らしい音楽専門の大学で高名な師につくことが道筋としては適しているようにみえます。では、大学の時点でそうなっているためには、いまから何をすべきでしょうか。バイオリンの練習は当然として、それなりの大学は受験も大変ですから然るべき準備もしなければなりません。予備校に通ったり、レッスンの先生を選んだり、コンクールに出たりといった、より具体的な道筋を作っていく必要があります。そのためには、いまバイオリニストの業界がどうなっているのか、競合となるような相手はいるのか、そもそも自分にはそれだけの力量があるのか、アピールポイントは何か、などを考えなければなりません。そうして作られたシナリオが「**戦略**」となります。

一方、こうした戦略を進めていくうえで、より短期的に細かいこともたくさん決めていく必要があります。面倒をみてくれる先生に御礼をしたいが何をお土産として持っていくべきか、コンクールではどのような服を着ていくと見栄えがいいか、等々。これらも大事なことではありますが、通常はこうした内容を「戦略」とは呼びません。これらは「戦術」レベルの話です。

戦略と戦術、もともとはどちらも軍事用語です。戦略の元となったギリシア語stratēgosは「将軍の術」を意味したと言われています。すなわち、中長期的な将来について、全体を見渡しての作戦を指す広い概念が「**戦略**」(Strategy)です。一方、「**戦術**」(Tactics)はそれを実現していくうえでのより短期的な現場での個別の方策を表します。個々の戦闘における用兵や方策を短期的にどう決めるかといった内容がこちらにあたります。企業で言えば、マネジメントレベルにおいて、「目指す姿」にたどり着くための中長期的な将来の道筋を決めるのが戦略であり、オペレーションレベルにおいて日々の取組みを具体的にどうするか考えるのが戦術ということです。

大事なことは、「**戦略は〝選ばなければならない〟**」ということです。戦術レベルでAかBか悩んだ場合には、両方を取ってもさほど困りません。面倒をみてくれる先生への御礼を、ケーキにするかネクタイにするか迷ったら「両方差し上げる」ということでも別にかまいませんよね。多少懐は痛みますが。しかし、戦略の場合にはAかBか悩んだら、どちらかに決めなければなりません。一流のバイオリニストになるのだったら一流の野球選手になるのはあきらめたほうが良さそうです。もし間違ったと思ったら正せば良いだけのことですが、それでもいくつかの選択肢[13]の中から選ばなければならないのが戦略レベルの意思決定の特徴です。「戦略とは〝捨てることである〟」とも言われるのは、こうした理由によります。

この「選ぶ」「捨てる」ということを、多くの日本企業は未だうまくできていないようにみえます。これができないと「戦略がない」ようにみえてしまいます。競争戦略論の第一人者であるマイケル・ポーターはかつて「日本企業には戦略がない」とまさにこの点を批判しましたが、その状況はいまでもそれほど変わっていないようにみえます。

■中期経営計画は経営戦略足り得ているか

「いや、そんなはずはない。我が社ではきちんと中期経営計画を策定し、投資家に向けて立派に開示も行っている。そのためにどれだけの時間と労力をかけていると思っているのだ」と思われる方もいるでしょう。ごもっとも。しかし、企業の血と汗と涙が滲んだ「中期経営計画（中計）」、投資家から確かに重視はされているのですが、正直言ってあまり評判は良くありません。時には中計不要論まで出る始末。なぜでしょう。

理由は、「中計が戦略になっていない」からです。あなたの会社の中計は、マネジメントレベルにおいて、「目指す姿」にたどり着くための中長期的な将来の道筋を指し示してくれているでしょうか。個別の事業における説明は大変精緻に語られますが、総花的でとりとめがない中計も多いものです。精緻な説明の多くは戦術レベルの内容です。オペレーショナルエクセレンスは伝わってくるかもしれませんが、マネジメントの意思決定については何もわかりません。投資家に対して、戦術レベルを細かく説明する必要は通常ありません。彼らが知りたいのは、目指す姿を実現するための大きな道筋です。それについてマネジメントがどのような意思決定をしたのかが知りたいのです。どの事業に経営資源を手厚く配分して、どの分野を優先して成長させるのか、どの領域を選んで、何を捨てるのか。それによって将来の姿、投資に対するリスクとリターンも大きく変わってきます。「戦略」というのはもともと軍事用語だと申し上げましたが、かなり血の匂いがする言葉です。軍事用語からビジネス用語に転用されたいまでも「儲けの匂い」がするべき言葉です。しかし、そうした匂いが日本企業の中計からは漂ってこないことが多くあります。それは当然で、戦略であれば必ずあるべき「切った張った」がないからですね。選んだり捨てたりしていないということです。

もちろん、最近では先進企業を中心に、まさに経営戦略といえるような内容を投資家に堂々と説明できる企業も増えてきました。この機会に、ぜひ自社の中計を改めて読み込んで、それが「目指す姿」に向けた骨太な「道筋」を示すものになっているかどうか、確かめてみてください。

---

13 これを「戦略オプション」と言います。
14 現場が様々な改善を行い、日々の業務が磨きあげられ、競争上の優位性にまでなっている状態

1-3 日本企業の経営戦略策定における課題

ここまでですでに、日本企業が経営戦略に取り組む際の問題点をいくつか挙げてきました。「過去の分析は得意だが将来の予測は苦手」「戦術レベルの取組みは得意だが戦略レベルの意思決定は不得手」といった点ですね。ワルクチついでにもう少し続けてしまいましょう。こんなことにお悩みではないでしょうか。

（1）何を目指しているのかわからない
（2）現在の延長線上でしか物事を考えられない
（3）現実と乖離しても修正ができない
（4）依然として売上と利益のことばかり考えている
（5）サステナビリティとビジネスが紐づいていない

……これくらいにしておきましょうか。ただ、どれもけっこう根深い問題を含んでいるので、経営戦略を考えるにあたって少し掘り下げてみたほうがよさそうです。1つずつみていきましょう。

■何を目指しているのかわからない

これは困りますね。先ほどみた「目指す姿」がはっきりしないのでは、そこに至る道筋など描きようもありません。なんとかしたいものです。ただ、企業において本当に「目指す姿」がまったく存在しないということはありません。たいていの場合は、①あまりに日常の雑務が目の前にありすぎてそれに埋もれている、②あまりにスローガンその他が多すぎてそれに埋もれている、のどちらかです。いずれにしても掘り起こしてあげましょう。

このうち①の場合には、「目指す姿」だけを考える機会を一定時間作りましょう。こうしたプロジェクトには、トップマネジメントの参画が不可欠です。最終的に「目指す姿」を具現化し、そこに至る道筋に責任を負うのはトップの役目だからです。

自社の「沿革」を読み込むことも役に立ちます。「愚者は経験に学び、賢者は歴史に学ぶ」と言われます。トップアナリストはみな投資先の沿革を紐解くのが大好きです。そこに、その会社の存在意義や根本となる考え方、これだけは譲れない重要な精神など多くのものが埋まっているからです。それらは将来に向けて目指す姿を考えるうえでまたとないヒントになります。特に創業者の言葉はやはり重いものです。ただ、歴史のある会社だと、そのままだと難しすぎていまの時代には通用しないかもしれません。英語に直せないかもしれません。新しい言い方を考えてみましょう。それが、次世代に続くみなさんの会社の「目指す姿」を形作るでしょう。

とはいえ、「目指す姿」というのも何となく漠然としています。それゆえ、企業では具体化を考えます。パーパスだ、ミッションだ、バリューだ、というだけでも混乱しそうなのに、他にも様々なスローガンを作ります。これが、上記の②に挙げたような状態を招きます。しかし、これらはみな必要なのでしょうか。「企業理念」や「社是社訓」とどう違うのでしょうか。これについては、第3章で詳しくみることにしましょう。

■現在の延長線上でしか物事を考えられない

みなさんの会社では、戦略策定をどのように行っているでしょうか。各事業部門が出してくる事業計画を積み上げている？　年間目標を作ってそれを中長期の時間軸まで延ばしてみている？　それらが間違いだとは言いません。安定した環境で、今日と同じ明日が続くことがわかりきっている場合にはそれでも問題ないでしょう。しかし、いまはそういう時代ではありません。明日は何が起こるかわかりません。そう言うと「それなら将来の予定など立てるほうが無駄」と言う人もいるでしょう。しかし、混沌とした時代だからこそ、「自分はこっちに向かって走るぞ」ということを決めておく必要があるのではないでしょうか。荒海に乗り出すのに海図も持たずルート設定もせずに運航する船などないですよね。有名企業で「ウチでは計画など作っていないですよ」というところもありますが、実際には、計画はなくとも戦略はあります。

加えて、企業としては非連続的な変化が求められている時代です。今年や来年の延長で将来を決めて良いものでしょうか。少なくともそれで良いのか考えるひと手間は必要です。もっと遠い将来のことを考えてみてから、そこに行き着くのにはじめの一歩がこれで良いかどうか考えてみるほうが手っ取り早そうです。こうしたアプローチを「**バックキャスティング**」と言います。現状の延長線上で積み上げを図るのが「**フォアキャスティング**」ですので、その逆です。本書では、バックキャスティングによる戦略策定を主に扱います。これも第3章でみていきましょう。

■現実と乖離しても修正ができない

将来像を作るための準備として重要なのは、過去の実績をしっかり振り返ることです。財務分析などはもちろんですが、過去に作った中計の達成度合いなども確認しておきたいところです。こうした過去の振り返りは何かと嫌がられます。すぐに責任問題につながり、「間違った」「読みを誤った」ことがイコール悪である、というように捉えられてしまうからです。しかし、いまや世の中に正解などありません。これだけ将来が不確実なのだから、その先をすべて的中させられるなどと考えるほうが無理というものです。仮説はしっかり立てたうえで、途中で間違ったと感じたらすぐに変えればいいだけです。

仮説を柔軟に見直すためにはモニタリングが必要です。折々にチェックしていれば、当初の仮説と実際やってみた結果がどのくらい乖離しているのかわかります。些末な原因であればそのまま走っても大丈夫でしょう。仮説を設定した際の前提条件が変わっているなら迅速に仮説を修正しましょう。

ここで1つ留意すべきことがあります。修正するのはあくまでも「仮説」、すなわち事前に立てた戦略や計画のほうです。間違っても「現実」のほうではありません。「現実なんて修正できるはずがない」と思いますよね、その通りです。しかし、たとえば、そもそも達成不可能な予算を突き付けて「もっと頑張れ」「根性が足りない」などと、精神論で「現実を変えようとしている」ことは多くあります。現実を直視したうえで、予算のほうを見直しましょう。なお、予算や数値などの詳細については、第6章で詳しく扱います。

依然として売上と利益のことばかり考えている

ここに、企業と投資家のギャップを表すような図があります。

企業が重視する要素に投資家はさして関心を払わず、投資家が求める情報は企業からは提供されていない様子が如実にわかります。企業の側が重要視するのは、損益計算書（PL：Profit & Loss Statement）の内容です。昨今では「PL脳」などとも揶揄されたりしますが、ここに重点を置くのは別に悪いことではありません。事業を行って得られる最大のキャッシュイン、つまり入ってくるおカネは古今東西を問わずいつでも「売上」です。経済成長著しい時代には、その恩恵は「売上の成長」に最もよく表れます。ゆえに昭和の時代にはそれだけ見ていれば良かったわけですね。

しかし、経済が成熟していくにつれ、伸びない売上に業を煮やして「費用」をかけすぎ赤字になったり、無理に借金をして売上を買い込んできたり、といった弊害も目に付き始めま

図1－1　投資家と企業の重要視する指標のギャップ

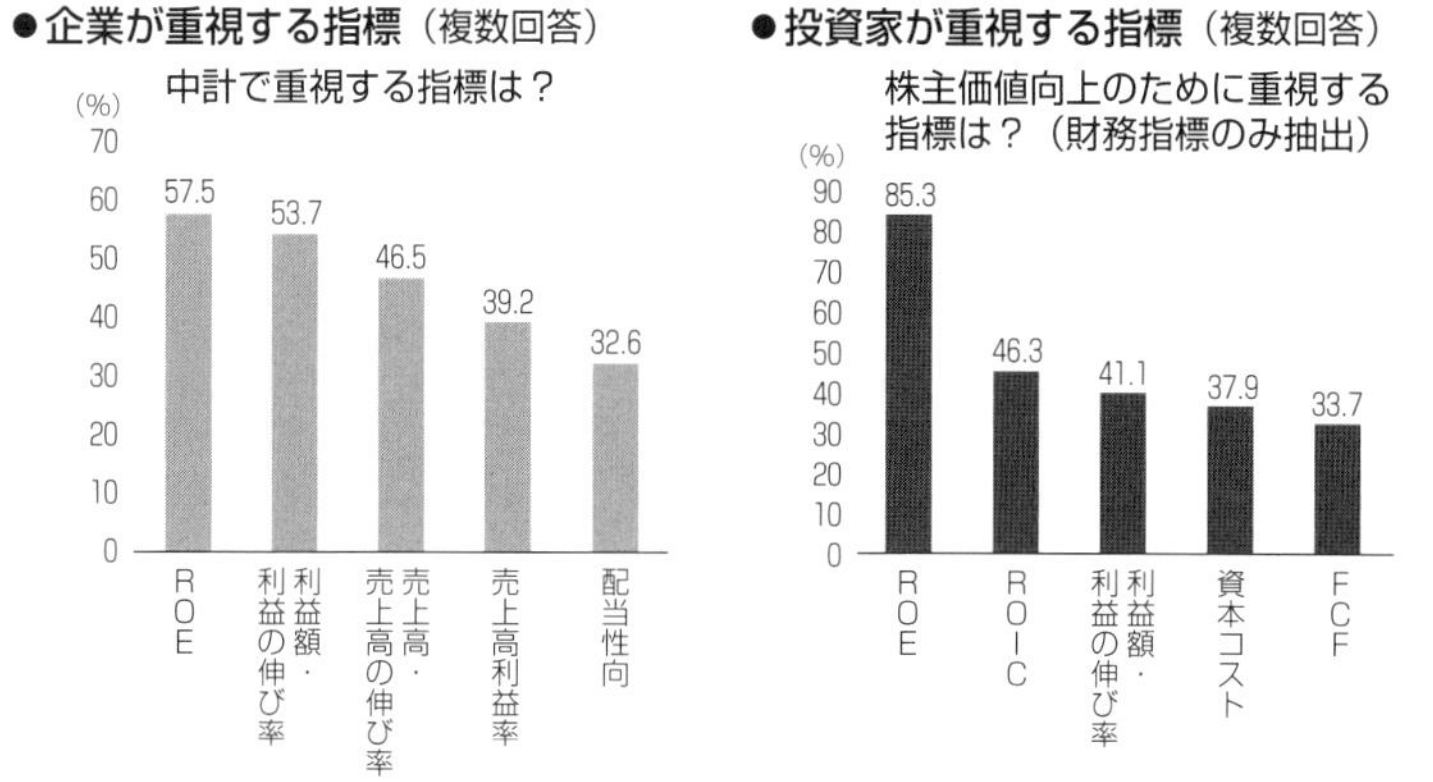

出所：一般財団法人 生命保険協会（2022）「企業価値向上に向けた取り組みに関するアンケート集計結果（2021年度版）」
https://www.seiho.or.jp/info/news/2022/pdf/20220415_4-5.pdf 2023.1.31時点

した。では「利益」を見れば良いかというと、これも会計的にはかなり伸び縮み可能な指標です。「利益は意見、キャッシュは事実」などと言われる通り、会社が潰れるのは赤字になった時ではなく、キャッシュがなくなった時です。したがって、キャッシュの動きをしっかり見なければなりません。

投資家はまさにこれを見ています。彼らは手元におカネを持ち、それをどこにいくら投資してどのようなリスクを取り、どのようなリターンを挙げられるか、を見ています。投資家に最も近しいのは、投資家が出したおカネ、すなわち株主資本や有利子負債といった貸借対照表（BS：Balance Sheet）の右側です。事業会社にとっては、事業を行ううえでの元手となるおカネですね。これをどのようにBSの左側、すなわち「投資」に振り向けて、どのくらい効率よくリターンを生み出してくれるのかが投資家の最大関心事です。そして、そのリターンはキャッシュベースで測られます。

そうだとすると、企業としては事業の成功指標の定義を考え直す必要があります。売上ではなく、会計的な利益でもなく、元手を効率的に用いたうえで将来得られるキャッシュフローがどのように増えていくのか、これこそが重要な成功指標であるはずです。経営者が投資家に「企業価値向上を目指します」と約束する時の「企業価値」はこれを指しています。みなさんの会社は、企業価値を向上させることが企業の成功として定義されているでしょうか。

■サステナビリティとビジネスが紐づいていない

最後は「**サステナビリティ**」についてです。これについて頭を悩ませている方は多いのではないでしょうか。第4章で詳しく扱いますが、ここで少しだけ予習をしておきましょう。

そもそもサステナビリティとは何でしょう？　日本語では「持続可能性」と訳されています。最近になって急に耳にすることが増えたように思いがちですが、実は国際連合の「環境と開発に関する世界委員会」（WCED：World Commission on Environment and Development）から1987年に発行された「Our Common Future」という報告書ですでに言及されています。[15]

とはいえ、企業経営において改めて注目されたのは、やはり資本市場においてESG（Environment, Social, Governance：環境・社会・企業統治）投資の流れが強まってからでしょう。

環境や社会といった分野に意を用いつつ事業を行っている企業をしっかりガバナンスすることにより、長期的にはより大きなリターンが得られるだろうとする投資手法のことです。これを受けて、企業側としても環境や社会に対する影響を織り込んだ事業の将来をきちんと考える必要が生じてきました。

最近では、社会的価値を実現しながら経済的価値も向上させ、将来的に持続可能な成長と中長期的な企業価値向上を目指していくような企業の経営を「**サステナブル経営**」などと呼ぶことが増えています。「CSR推進部門」も「サステナビリティ推進部門」へ衣替えが進み、CSRとは異なる活動なのだという理解も深まってきました。ただ、まだまだ問題は山積みです。何と言っても、環境や社会に関する様々な要素を事業戦略に組み込んだうえで統合された将来像を作り上げ、理解を得ていかねばなりません。この点については第5章で詳しくみていきます。

ここまで、日本企業の経営戦略策定においてありがちな課題をみてきました。ここから先は、こうした〝お悩み〟の沼にはまらないよう、何を行っていけば的確な経営戦略策定を行うことができるのか、新しい時代を生き抜いていくためにどのようなことを考えたらいいのか、について考えていきたいと思います。ただ、その前に経営戦略という分野の基本は押さ

15 「将来の世代のニーズを満たす能力を損なうことなく、今日の世代のニーズを満たす」という「持続可能な開発」の概念がここで提唱されました。

えてしまいましょう。この分野を体系的に理解するのに一番手っ取り早いのは、その歴史を概観することです。この基本が頭に入っていれば、実際の経営戦略策定の際に大いに役立つはずです。もし、一刻も早く戦略策定を実践したいという方は、第3章に進んでいただいてもかまいません。

では、いったん時計の針を過去に戻してみましょう。

第 2 章

経営戦略の歴史を概観する

2-1 経営戦略の全体像

「昔に戻る」と言っても、経営戦略の場合にはそれほど太古に遡るわけではありません。100年にも満たない歴史しかないのですから。この領域は非常に新しいのです。また、それゆえ難しさもあります。自然科学のように確固たる真理があるわけではなく、法学のように厳然とした体系があるわけでもありません。

先にみた通り、経営戦略という言葉の定義ひとつさえそれほど定かではないので、捉えにくいと思う方もいらっしゃるでしょう。経営戦略という領域は、先駆者たちがその時代の経営を見つめながら行った深く鋭い洞察が、地層のように折り重なって現在に至り、いまも揺れ動いていているようなものだからです。だからこそ面白いのですが。

こうした領域に親しむためには、折り重なった地層を一枚一枚引き剥がし、作られた当時に遡って理解していくのが実は最も手っ取り早いのです。最初に全体像を図2―1で見てみましょう。この内容に沿ってこれから話は進んでいきます。

図2－1　経営戦略論の歴史を概観する

1950～60年代	1970年代	1980年代	1990年代	2000年以降
・経営戦略論の黎明期	**・多角化と顧客志向**	**・分析型戦略論**	**・組織能力への関心**	**・強まる不確実性への対処**
・軍事用語である「戦略」の概念を経営学の分野で適用	・1960年代からの米国経済成熟化による成長への模索	・成熟化の中での競争激化 ・日本企業の台頭への対抗	・資源ベースから能力ベースへ ・分析型戦略論への批判 ・情報の重要性	・不確実な環境での競争優位の変化 ・イノベーションへの渇望 ・衰退に関する考察 ・ネットワークの影響 ・サステナビリティの大きな流れ ・資本市場の変質
・ドラッカー ・チャンドラー ・アンゾフ	・BCG Matrix ・ルメルト ・レビットなどハーバード学派	・ポーター ・バーニー ・McKinsey 7S ・ピータース ・デミング ・大前研一	・ミンツバーグ ・センゲ ・野中郁次郎 ・キャプラン	・ティース ・クリステンセン ・オライリー

2-2 1960年代：経営戦略論の誕生と成長

■チャンドラーとアンゾフによる戦略論

●「組織は戦略に従う」「戦略は組織に従う」

前章でみたように、もともとは軍事用語だった「戦略」という概念が経営学の分野で用いられるようになったのは1940年代以降のことです。すなわち、第二次世界大戦後ですね。それまで専ら軍事の世界で活用されていた戦略に関する知見が、平和になった世界では企業間の競争に応用され始めました。その嚆矢が**アルフレッド・チャンドラー**です。「組織は戦略に従う（Structure follows strategy）」という「チャンドラーの命題」は大変有名です。チャンドラーは、米国大企業数社の歴史をまとめ、「組織のマネジメントに当たる人々は、大きな危機に直面しない限り、日々の業務の進め方や権限の所在を変えることはまずない」[1]として、企業規模の拡大に伴う戦略の変更がまず必要となって組織に影響を及ぼすことを指摘しました。[2]

これとは逆の命題を提示したのが**イゴール・アンゾフ**です。「戦略は組織に従う（Strategy follows structure）」ということですね。彼は「環境乱気流（environmental turbulence）に直面した場合、組織的対応能力が戦略的な積極性を決定することが多い」と指摘しました。この2つの命題は、いまからみればどちらが正しいということではなく、どちらも大いに心当たりのある内容ではないでしょうか。

また、初期の経営戦略論では、組織は1つの「閉じた存在」と見なされ、環境や外部の諸条件とは無関係にあらゆる状況に普遍的に妥当する「唯一最善の方法（one best way）」を追求するものであるとされていましたが、アンゾフは、組織は開かれた存在であるとし、環境や外部の諸条件とそれぞれ適合的な関係があると指摘しています。ポストコロナの時代は、まさにアンゾフの指摘する「環境乱気流」のうち「突発型（Surprising）：環境は不連続的に激しく変化し、予測不可能な変化が頻繁に起こる」状況ですが、そうした環境下では、組織特性として「創造的」であることを要し、「ビジョン的」なリーダーシップが求められ、「予測能力」が重視されるというのは、いまを生きる我々には深く頷けるところでしょう。

●経営戦略論の土台を築く

改めて腰を据えてチャンドラーやアンゾフに向かい合うと、我々が現在直面している経営

1 Chandler Jr, A. D. (1969). Strategy and structure: Chapters in the history of the American industrial enterprise (Vol. 120). MIT press.　アルフレッド・チャンドラー著、有賀裕子訳（２００４）『組織は戦略に従う』ダイヤモンド社

2 チャンドラーは必ずしも「組織は戦略に従う」パターンのみを主張したわけではなく、逆のパターンがあり得ることにも言及していました。

上の悩みの多くは彼らによって指摘しつくされていることもわかります。たとえば、本書の後半で扱う全社戦略と事業ポートフォリオマネジメントは、2021年に行われたコーポレートガバナンス・コードの再改訂におけるメインテーマの1つでもありますが、こうした分野に関する研究の源流も、チャンドラーやアンゾフに求められます。

チャンドラーは戦略の変化により生まれた組織の変化がいずれ「事業部制組織」に向かうことを指摘しましたし、アンゾフは企業の外部適応に着目し、成長戦略に関して、いわゆる「アンゾフの成長マトリックス」[3]を提唱、その中での戦略オプションの1つとして「多角化戦略」を挙げました。こうした提言がなければ、後述する1970年代における多角化の議論もいまに続いていなかったかもしれません。こうした議論で必ず俎上に載る「シナジー効果」について述べたのもアンゾフが初めてです。まさに「戦略的経営の父」として知られるだけのことはありますね。

ドラッカーの位置づけ

もう一人、「現代経営学の父」とも呼ばれる存在が**ピーター・ドラッカー**です。「経営学者はドラッカーなど読まない」[4]と言われたりもしますが、それもそのはず、この人が経営学といった学問領域をはるかに超えて活動したからです。自分では「社会生態学者」と名乗っていました。「未来学者」などと呼ばれることもありましたが、それは1960年代の段階において、現在起こっている社会的課題の多くをすでに見通していたことにもよります。経営戦略面でも「目標による管理」や「分権化」などの多くの重要な経営概念を提唱しましたが、それだけではなく、たとえば「民営化」や「知識労働者」などもドラッカーが作り出した言葉です。彼は、その著書『断絶の時代（The age of discontinuity）』[5]において、連続の時代（Age of continuity）においては、ある程度、過去の経験から未来を予測することができるが、断絶の時代にある我々には過去に基づいて未来を予測することはほとんど無意味であるとし、情報化の進展、グローバル経済の出現、政府の無力化、知識社会と知識労働者の興隆といった断絶を予言、「民営化」の起爆剤となりました。また、「肉体労働に従事する労働者は減少し、知的労働に従事する労働者が増加する」ことを予言し、知識労働者が将来生き残り、成功するには「自己の長所（強み）」や「自分がいつ変化すべきか」を知ること、「自分が成長できない環境から迅速に抜け出すこと」が重要だと指摘しました。いまを生きるプロフェッショナルに必要な言葉ですね。

3 第7章で扱います。
4 入山章栄（2012）『世界の経営学者はいま何を考えているのか』英治出版
5 Drucker, P. F. (1969). The age of discontinuity; guidelines to our changing society. P・F・ドラッカー著、上田惇生訳（1999）『断絶の時代──いま起こっていることの本質』ダイヤモンド社

2-3 1970年代：経済の成熟化と多角化戦略

■プロダクト・ポートフォリオ・マネジメント

経営戦略論の歴史は、米国企業の歴史でもあります。第二次世界大戦後、米国経済の繁栄にともない企業が成長するとともに戦略や組織のあり方が盛んに議論されるようになってきたわけですが、1960年代後半にもなると米国経済がだんだん成熟化してきました。企業も、1つの事業だけを行っていると成長が頭打ちとなってきます。そこで行われるようになってきたのが、アンゾフも提唱した多角化による成長機会の模索です。何とか成長して生き延びなければならないわけですから、この流れを先導したのは実務における様々な取組みでした。GM（ゼネラル・モータース）のCEOとして多角化企業の問題に取り組んだ**アルフレッド・スローン**は、投資収益率（ROI：Return on Investment）の活用、ビジネスユニット（BU：Business Unit）制の導入など、いまに続く様々な手法を導入して多角化企業の経営管理を進めました。

こうした多角化戦略における取組みを決定づけたのが、BCG（ボストン・コンサルティング・グループ）がGE（ゼネラル・エレクトリック）と組んで開発した**PPM（プロダクト・ポートフ**

オリオ・マネジメント）です。詳しくは第7章で扱いますが、このフレームワークは、キャッシュフローの観点で事業を分類し、企業全体として効率の良い資源配分を検討するうえで用いられます。

■関連多角化と非関連多角化

こうした実務の動きを追うように、1970年代には学術領域においても多角化に関する実証研究が数多くなされるようになります。その代表的なものが**リチャード・ルメルト**による多角化の研究でしょう。これも第7章で扱いますが、彼は多角化戦略を類型化、経済的な成果との関係を分析しました。その結果、中程度に関連性のある多角化（関連多角化）を行った企業は業績が良いが、中から高程度に関連性のない多角化（非関連多角化）を行った企業は、平均あるいはそれ以下の業績であると指摘しました。

この研究については数多くの追究がなされており、多角化の議論は経営戦略論の中でも多く取り上げられるテーマとなっています。[6] 最近では、企業の多角化がそれだけの理由で有利または不利をもたらすとは言い切れないことや、企業と多角化の度合いと企業価値の間には、

6 Nippa, M., Pidun, U., & Rubner, H. (2011). Corporate portfolio management: Appraising four decades of academic research. Academy of Management Perspectives, 25(4), 50-66.
Palich, L. E., Cardinal, L. B., & Miller, C. C. (2000). Curvilinearity in the diversification–performance linkage: an examination of over three decades of research. Strategic management journal, 21(2), 155-174.

曲線系（逆U字型）の関係があること、高水準の多角化は必ずしも業績に悪い影響を与えるものではないこと[7]などが指摘されており、非関連多角化が与えるマイナスの影響はそれほど大きくないといった主張もなされています。近年になり、資本市場の効率化やコーポレートガバナンスの強化、価値志向の業績指標やインセンティブの普及、そして情報通信技術の進歩による透明性の向上などが多角化のコストを下げたからともみられます。[8] こうした考え方については、第7章以降でじっくりみていくことと致しましょう。

---

7 Schommer, M., Richter, A., & Karna, A. (2019). Does the diversification–firm performance relationship change over time? A meta – analytical review. Journal of Management Studies, 56(1), 270-298.

8 Pidun, U. (2019). Corporate strategy: Theory and practice. Springer.

2-4 1980年代：ポーターによる競争戦略論

■顧客志向の進展

多角化議論を呼び起こした経済の成熟化は、事業のフロントラインにも影響を及ぼします。20世紀初頭には工業化の進展と裕福な中産階級の拡大が進み、人々は争って「モノ」を求めました。こうした時代には「製品志向」、すなわち「良い製品を作れば売れる」というのが〝正しいテーゼ〟であったといえましょう。

これが、1950〜60年代になってくると単に「モノ」があるだけでは売れなくなってきます。人々が「モノ」がある状態に慣れてきたわけですね。こうなってくると、作ったモノを売るためにどのように努力するかという考え方が主流になり、「販売志向」の流れが生まれます。そしてその後、経済が成熟し市場の拡大が鈍化してくると、そこでの競争は一層激化するようになります。もはや単に作ったり、売ったりすることを頑張って行うといったレベルでは競争に勝てなくなってきます。ここで出てきたのが「顧客志向」の考え方です。ただ製品を作って売るだけではダメで、顧客の望むものを知ってから作るべきという主張です。この考え方は、ハーバード大学の研究者たちが盛んに提唱し始め、そのうち「マーケティング」という分野を花開かせるようになっていきます。経営戦略とマーケティングというのは、非常に近しい間柄なのですね。実際、後述するように、マーケティングの大家であるフィリップ・コトラーの提唱した「4つの競争地位」のフレームワークは、戦略を考えるうえでも大いに示唆に富むものとなっています。

■競争戦略論の登場

●「戦略は産業構造に従う」

1980年代に入ると市場の成熟が顕著になり企業間の競争は激化してきます。ここでの企業の課題は「いかに競争に打ち勝って生き残り成長していくか」となってきます。この問いに明快な答えを提示してみせたのが、**マイケル・ポーター**です。彼は、競争戦略を「企業が市場での自社のポジションを強化するために、より有効な競争の方法を探求すること」[9]と定義し、競争戦略を構築する際の決め手は、企業をその環境との関係でみることであると主張しました。先述のチャンドラーの「組織は戦略に従う」になぞらえて、「戦略は産業構造に従う」と述べ、産業構造から戦略を構築するための優れたフレームワークを編み出しました。

たとえば、「**5つの力分析**（Five Force Analysis）」などはそのひとつです。詳しくは第3章で触れますが、「業界内の競争」「売り手の交渉力」「買い手の交渉力」「新規参入の脅威」「代替品の脅威」といった5つの要因を分析することで、その業界の収益性を判断し、戦略策定へとつなげるものです。また、「**3つの基本戦略**」というフレームワークも有名です。これは、(1)ターゲットとする市場が広いのか狭いのか、(2)競争優位の源泉が低コストにあるのか差別化要素にあるのか、という点から、競合他社に打ち勝つための戦略の方向性を、「コスト・リーダーシップ戦略」、「差別化戦略」、「集中戦略」の3つに分類したものです。さらに、事業を営む際に必要な活動を「個々の集合体」としてとらえるのではなく「価値の連鎖」として考える**バリューチェーン**[10]の概念なども打ち出しました。

マイケル・ポーターはまた、企業のみならず国家の競争優位[11]についても言及し、国の産業優位を構築するクラスターの形成と衰退の実例を分析することで、産業分析の研究に多大な進歩をもたらしています。さらに、2000年代には**共有価値の創造**（**CSV：Creating Shared Value**）という概念を提唱[12]し、いまに続くサステナビリティの流れ（第5章参照）にも影響を与えています。

---

9 Porter, M. E. (1980). Competitive Strategy. : techniques for analyzing industries and competitors, Free Press. 土岐坤・中辻萬治・服部照夫訳（1995）『新訂　競争の戦略』ダイヤモンド社

10 Porter, M. E. (1985). Competitive Advantage, Free Press. 土岐坤・中辻萬治・小野寺武夫訳（1985）『競争優位の戦略』ダイヤモンド社

11 Porter, M. E. (1990). The Competition Advantage of Nations, Free Press. 土岐坤・小野寺武夫・中辻萬治・戸成富美子訳（1992）『国の競争優位』ダイヤモンド社

12 Porter, M.E., and Kramer, , M. R. (2006). The Link between Competitive Advantage and Corporate Social Responsibility. Harvard Business Review 84(12): 78-92.
Porter, M. E., & Kramer, M. R. (2011). Creating Shared Value. Harvard Business Review, 89(1/2): 62-77.

●外部環境なのか、内部資源なのか

こうしたポーターの考え方の基本にあるのは、産業構造が企業の競争優位を決めるというものでした。経営戦略を語る際によく使われる「3C」、すなわち「市場、競合、自社(Customer, Competitor, Company)をよく見るべき」という視点からすると、市場や業界、あるいは競合の状況といった「外部環境」に重きを置いた戦略策定を主張したといっても良いでしょう。

ポーターの提示した「競争戦略論」は一世を風靡しましたが、そのうち、批判もまた高まってきました。その代表的なものが「産業構造だけでは、同じ業界でよく似た戦略を取っている企業の間での違いがあることを説明できない」とするものです。確かにそうですね。外部環境がまったく同じであるにもかかわらず、異なるパフォーマンスをみせている企業は数多くあります。その違いの要因を、企業内部に求める考え方が出てくるようになりました。先ほどの「3C」で言えば、自社という内部資源にこそ違いがあり、それが競争優位性の源泉であるとするものです。こうした考え方は**「資源ベースの戦略論**(RBV：Resource-Based View)[13]」と名付けられ、ポーターの主張する産業構造からの戦略論と激しく対立することになります。いわば、外部環境重視派vs内部資源重視派の戦い、といった感じでしょうか。前者は外部の市場において企業が位置する「場」の設定を重視することからポジショニング学派などとも呼ばれ、後者は企業内部での「能力」を重視することからケイパビリティ学派などとも呼ばれます。

13 資源ベースの戦略理論は、もともとは1959年に発表されたペンローズの論文に依拠し、1984年に発表されたワーナーフェルトの論文にその端を発しています。

Penrose, E., (1995). The Theory of the Growth of the Firm. Third Edition, Oxford university press. 日高千景訳（2010）『企業成長の理論　第3版』ダイヤモンド社

Wernerfelt, B. (1984). A resource – based view of the firm. Strategic management journal, 5(2), 171-180.

2-5 1990年代：資源ベースの戦略論

■バーニーとポーターの論戦

ケイパビリティ学派の代表としてよく挙げられるのは**ジェイ・バーニー**です。ポジショニング学派の代表としてのポーターと、ケイパビリティ学派の代表としてのバーニーとの論争は、要は外部環境（における「場」の設定）と内部資源（における「能力」）のどちらがより企業の持続的な競争優位に資するのか、というものでした。後者の代表としてのバーニーは、戦略を「資源を集め、それを模倣が難しく持続可能な形で組み合わせること」と捉えました。そして、競争優位を構築するための条件として、「経済価値（Value）」、「稀少性（Rarity）」、「模倣困難性（Inimitability）」、「組織（Organization）」の4つを挙げました。[14] これは、4つの頭文字を取ってVRIOフレームワークと呼ばれています。のちほどまたみます。

この「ポーター・バーニー論争」は話としては面白いのですが、実務に携わっているみなさんからすると、「外部環境と内部資源はどちらも大事でしょう」と思われるのではないでしょうか。事実その通りで、第3章以降で実際に戦略策定を考える際にも、もちろん両方扱います。また、学術的にもすでに決着はついていて、その結論も「どちらも大事」というものです。先ほども出てきたリチャード・ルメルトは[15]、企業のパフォーマンスに与える影響は、業界といった外部要因が15％、企業内部の要因が45％であることを明らかにしています。[16]

■「能力」とは何を指すのか

●「資源」と「能力」はどう違うのか

「資源ベースの戦略論」はこうして大きな論争を巻き起こしましたが、この背景には、経済の不確実性がより高まり、顧客の嗜好や業界の境界が急速に変化するため、市場ベースの視点だけでは中長期的な経営戦略を考えにくくなってきたこともあります。それゆえ、企業の持つ内部資源に注目が集まったわけですが、ここで「資源」や「能力」などの言葉を少し整理しておきましょう。「資源（Resources）」は企業が保有する、利益を生む資産のことです。

一方、「能力」というのは、企業がその資源を使ってできることを指します。本来は、資源がそのままで競争優位性をもたらすというよりも、資源を有効に使う能力こそが競争優位性をもたらすというほうが正確でしょう。[17]

この「能力」に焦点を当てたのは、ゲイリー・ハメルとC・K・プラハラード[18]です。彼ら

14 Barney, J. (1991). Firm resources and sustained competitive advantage. Journal of management, 17(1), 99-120.
15 Rumelt, R. P. (1991). How much does industry matter?. Strategic management journal, 12(3), 167-185.
16 では、60％は説明できるとして、あとの40％はどうなのでしょうか。これが、後述するミンツバーグ以降の不確実性に対処する様々な理論が説明しようとしている部分です。

は、ポーターの競争戦略論に対し、「競争とはシェア争いではなく、知的リーダーシップを巡る戦いである」と述べ、それを支える企業の重要な能力を「**コア・コンピタンス**」と呼びました。もう少し具体的に言うと「顧客に特定の利益をもたらす一連のスキルや技術」と定義しています。また、コア・コンピタンスを構成するための企業が持つ能力を「企業力」と呼んでいます。ただ、これだとちょっとわかりにくいですよね。したがって、企業の持つ能力をケイパビリティ（Capability）と言うことが増えてきます。[19] また、その中でも重要な能力は「**コア・ケイパビリティ**」と呼ばれるようになってきます。RBVを主張する人たちが「ケイパビリティ学派」と呼ばれているのもそのためです。

●ダイナミック・ケイパビリティ

この「ケイパビリティ」を重要視するRBVの考え方には様々な批判もあります。その1つが、「資源ベースの戦略論は、企業が成功の源泉をどのように持続するかを考慮していないという意味において静態的である」というものです。外部環境と内部資源について静態的な見方しかできなければ、企業は環境の激変にも対応できず、戦略や組織構造にも柔軟性を欠くことになるでしょう。こうした状態を「**コア・リジディティ（硬直性）**[20]」と言います。風通しの悪さ、縦割りの弊害、組織の細分化等々、身に覚えのある方も多いのではないでしょうか。悩ましいのは、昔は「コア・ケイパビリティ」だったものが、それを持続的に活用し続けられるような能力がないと、「コア・リジディティ」へと変質してしまうことです。したがって、ある一時期における特定の状態においてのみ機能する静態的な「スタティック・ケイパビリティ」ではなく、「環境変化に対応するために、（企業の）内外にある能力を統合、構築、再配置するための企業の能力」を身に付けなければならない、という考え方が出てきます。こうした動態的な能力を「**ダイナミック・ケイパビリティ**」と呼び、デビッド・ティ

---

17 バーニーは、経営資源については「企業の財務・物的・人的・組織資本の属性をすべて包含するもの」と定義している一方、企業の持つ能力については「企業が経営資源を組み合わせたり活用したりすることを可能にする企業属性」とやや曖昧な概念を主張しています。ジェイ・B・バーニー著、岡田正大訳（２００３）『企業戦略論【上】基本編―競争優位の構築と持続』ダイヤモンド社

18 Prahalad, C.K. & Hamel, G. (1990). The core competence of the corporation. Harvard business review, 68(3), 79-91.

19 ケイパビリティについて明示的に定義したものは実は少ないのですが、たとえば「経営資源を最も有効に活用するためにそれらをつなぎ合わせるための接着剤として機能するもの」といった定義があります。Day, G. S., & Reibstein, D. J. (1997). Wharton on dynamic competitive strategy. John Wiley & Sons. 小林陽太郎監訳、黒田康史・池田仁一・村手俊夫・荻久保直志訳（１９９９）『ウォートンスクールのダイナミック競争戦略』東洋経済新報社

20 Barton, D. L. (1992). Core capabilities and core rigidities: A paradox in managing new product development. Strategic management journal, 13(1), 111-125.

21 Teece, D. J. (1990). Firm capabilities, resources and the concept of strategy. Economic analysis and policy. Teece, D. J. & Pisano, G. (1994). The Dynamic Capabilities of Firms: an Introduction. Industrial and Corporate Change, 3(3), 537-556.
Teece, D. J., Pisano, G., & Shuen, A. (1997). Dynamic capabilities and strategic management. Strategic management journal, 18(7), 509-533.

ース[21]によって提唱されました。彼は、環境の変化に対して、様々な資源、特に企業家的精神を持つ人材が持つ能力を組み合わせ直し続ける力が求められることを述べました。また、キャサリン・アイゼンハート[22]は、組織のルーティン（日々繰り返される行動）に注目し、そこで柔軟性を担保できるような組織のあり方がダイナミック・ケイパビリティにつながると述べています。最近でも、コロナ禍やウクライナ危機など、従前には想定され得なかったような環境の激変が続き、その中で企業の生死を分けるのは何かといった視点から、ダイナミック・ケイパビリティの考え方は注目されるようになっています。

■組織知への変化：「学習する組織」と知識創造

ケイパビリティへの注目が高まるとともに、資源ベースの戦略論はますます能力ベースへの傾斜を深めるようになってきました。目に見える資産の重要性から、目に見えない能力、さらには情報の重要性に注目が集まり、それを活用できる組織のあり方が問われるようになってきました。

その代表例が、ピーター・センゲにより広く普及された[23]「学習する組織」の概念です。変化に適応し、変化する能力を継続的に開発し、学習し続けている組織のことを指し、そうした組織においては(1)個人の責任感、自立、支配、(2)メンタルモデル、(3)共有されたビジョン、(4)チーム学習、(5)システム、という5つの規律があると述べました。

また、野中郁次郎は、知識が最重要経営資源となった「知識社会」において、知識を如何

図2－2　SECIモデル

にうまく使って経営するかについて、当時成功モデルとされていた日本企業の「知識のマネジメント」に着目し、西洋が形式知の世界である一方、東洋は暗黙知重視の文化を持っており、日本企業が優れているのは組織の成員が持っている暗黙知と形式知をうまくダイナミックに連動させて経営するためであると述べました。彼はまた、「ＳＥＣＩモデル」という知識創造のスパイラルによって知識創造理論を提唱したことでも有名です。暗黙知と形式知の知識変換が組織内の新たな知識創造を引き起こすとして、そのプロセスを「共同化（Socialization）」「表出化（Externalization）」「連結化（Combination）」「内面化（Internalization）」からなるとしています。

22 Eisenhardt, K. M., & Sull, D. N. (2001). Strategy as simple rules. Harvard Business Review, 79(1), 106-116.

23 「学習する組織」とは、もともとは、１９７０年代にハーバード大学教授クリス・アージリスによって提唱された言葉です。

■経営戦略論における日本企業の影響

先ほど、経営戦略論は米国企業の歴史だと述べましたが、当時まさに日の出の勢いだった日本企業の影響も、実はとても大きいのです。正確に言うと、米国企業のライバルとして台頭してきた日本企業を研究・分析した蓄積の影響です。1970年代の末頃から、日本経済の急速な成長が欧米の研究者たちの関心を惹きつけるようになってきました。様々な分野で日本企業が欧米企業を追い抜いていったからです。追い抜かれたほうの欧米企業は、日本企業のマネジメントの秘密を探り、それを我が物としようと躍起になりました。それほど日本企業の台頭と成功は、欧米に衝撃を与えたのです。これまでみてきたような理論も含め、1980年代から1990年代初頭にかけて、なぜ日本企業が強いのか、どうすれば打ち勝てるかを論じた大量の理論が現れました。

「マッキンゼーの7S」もその1つです（第4章参照）。1981年、リチャード・パスカルとアンソニー・アトスは、企業の持つ要素を戦略・構造・システム・スキル・人材・スタイル・共有価値の7つの次元に分け、戦略・構造・システムをハードウェア的要素、スキル・人材・スタイル・共有価値についてはソフトウェア的要素へと分類しました。[24] 米国企業はハードウェア的要素には優れているが長期的視野を欠き、長期的でソフトウェア的な要素を含めたマネジメントに優れているのが日本企業であるとしています。いまの論調とは異なりますね。当時の様々な研究や実務での挑戦が欧米企業を強くした一方、日本企業はコア・リジディティに陥ってしまったのかもしれません。ともあれ、この時期の莫大な研究と実践を通じて、欧米企業は自信を深めていくこととなりました。

24 Pascale, R. T., & Athos, A. G. (1981). The art of Japanese management. Business Horizons, 24(6), 83-85.

2-6 2000年代以降に向けて：不確実性への対処

■ミンツバーグによる批判

●戦略の5類型と10学派

ここまで多くの理論をみてきましたが、1980年代から1990年代にかけては、まさに分析的手法花盛りの時代だったともいえます。様々なフレームワークが提唱され、成功事例が分析されてきました。こうした分析的なアプローチに鋭い批判を投げかけたのがミンツバーグです。彼は、アンゾフに代表される戦略計画（Strategic Planning）や、ポーターに代表される分析的手法だけでは、変化の激しい世界における経営戦略としては対応できないと喝破し、戦略には以下の5類型があるとしました。

●ミンツバーグによる戦略の5類型

1. 計画（plan）としての戦略：方向性、導き、行動計画＝事前の意図
2. 策略（ploy）としての戦略：競争相手に勝利するための画策、策略

3. パターン（pattern）としての戦略：過去の行為の一貫したパターン＝意図ではなく既に実現されているもの
4. ポジション（position）としての戦略：ステークホルダー群の中におけるブランド・製品・企業の位置づけ＝企業外要因によって決定される戦略
5. 視座（perspective）としての戦略：戦略決定者によって決定される戦略

また、ミンツバーグは自著『戦略サファリ』[25]の中で、戦略的経営の5類型を10の学派（schools of thought）へと分類し、「環境に応じて採用すべき戦略スクールが異なる」としています。様々な理論などが乱立していることをよく「サファリ」や「ジャングル」などと呼びますが、これまで見てきたような大量の理論を踏まえての命名でしょう。一応、10の学派を挙げておきますと、⑴デザイン、⑵プランニング、⑶ポジショニング、⑷アントレプレナー、⑸コグニティブ、⑹ラーニング、⑺パワー、⑻カルチャー、⑼エンパイロメント、⑽コンフィグレーション、となります。詳細は原著に譲ります。

●創発的戦略

ミンツバーグはまた「戦略とは計画的に策定されると同時に創発的に形成されなければな

25 Minzberg, H.A., Ahlstrand, B. and Lampel, J. (1998). Strategy Safari－A Guided Tour Through the Wilds of Strategic Management. 齋藤嘉則監訳、木村充・奥澤朋美・山口あけも訳（1999）『戦略サファリ』東洋経済新報社

らない」と述べ、「意図的戦略」と「創発的戦略」のバランスをとっていくことが重要であると主張しました。意図的戦略とは、前もって予見し、計画的に追求できる機会を中心とした戦略のことです。中期経営計画など事前に計画し推進される戦略はこちらに分類されます。経営サイドで計画され、現場に向かうタイプの戦略ともいえます。

一方、創発的戦略とは、予期されない機会、意図的な計画を実行しているうちに発生する問題や機会に対処していく中で形成される戦略のことです。無計画ということではないのですが、実際に計画を進めていく中で困難に行き当たり、試行錯誤を続けていく中から知らず知らずに現場で形成される戦略のことです。この事例としてミンツバーグは、ホンダの米国進出の事例を挙げています。ホンダは、大型オートバイの拡販を計画して米国市場へ参入。ところがまったく売れず、やむを得ず販売することになった50ccのスーパーカブが爆発的な人気を博しました。ミンツバーグは「結局のところ、市場が正しい方策を教えてくれたのだった」と結んでいます。

■イノベーションのジレンマ

●破壊的イノベーション

創発的戦略という考え方が広く受け入れられるようになってきた背景には、将来への不確実性がますます高まり、戦略の偶発性に着目せざるを得なくなってきたことが挙げられます。こうした不確実性への対処は、近年ますます重要になってきました。その中でも、不確実性の高い時代における戦略のあり方を論じたのが**クレイトン・クリステンセン**です。彼はその著書『イノベーションのジレンマ』[26]において、「**持続的イノベーション**」と「**破壊的イノベーション**」の概念を提唱し、持続的イノベーションに傾斜するようになった巨大企業が、破壊的イノベーションによって台頭する新興企業の前に力を失う理由を説明しました。また、巨大企業における破壊的イノベーションを可能にするために、早く失敗すること、破壊的イノベーションをミッションとする組織が既存の資源を使えるようにする一方で、既存のプロセスや組織とは別個に動けるようにすることなどを提言しました。

こうした〝既存組織の切り分け〟については、近年一躍有名になった「**両利きの経営**」[27]においても指摘されています。両利きの経営とは「主力事業の絶え間ない改善（深化）」と「新規事業に向けた実験と行動（探索）」を両立させることの重要性を唱える経営論のことで、**チャールズ・オライリー**により提唱されました。経営トップには、この2つの方向性を、対立を調整しながらともに伸ばしていく能力が求められるとしています。

---

26 Christensen, Clayton (1997) The Innovator's Dilemma:When New Technologies Cause Great Firms to Fail. Harvard Business School Press. クレイトン・クリステンセン著、玉田俊平太監修、伊豆原弓訳『イノベーションのジレンマ－技術革新が巨大企業を滅ぼすとき』翔泳社（増補改訂版　２００１年）

27 O'Reilly III, Michael .L (2016) Lead and Disrupt:How to Solve the Innovator's Dilemma,Stanford Business Book. チャールズ・A・オライリー、マイケル・L・タッシュマン著、入山章栄監訳、渡部典子訳（２０１９）『両利きの経営』東洋経済新報社（２０２２年に増補改訂版が出ています）

●連続する競争優位

クリステンセンの主張は、単に技術革新における企業のあり方を問うただけではなく、不確実な時代における戦略のあり方を変える分水嶺ともなりました。これまで、ポーターをはじめとするポジショニング学派にせよ、バーニーらケイパビリティ学派にせよ、さんざん両者の間で論争は繰り広げられたものの、〝持続可能な競争優位の構築を目指す〟という点において戦略のあり方は共通していました。ここでは、予測可能な世界において、意図的戦略を用いて持続的競争優位を構築すれば勝てるとされていたわけです。また、組織のあり方としては効率性に重きが置かれていました。

ところが、この時代になってこれが一変します。不確実性の高い世界が前提となり、そこでは組織能力として重要なのは、変化を妨げる〝硬直性〟に対する「柔軟性・俊敏性(Agility)」であることが明確となってきます。そして、競争優位は持続可能なものではなく、常に移り変わるので、如何にして「一定期間の競争優位を連続して構築できるか」ということが重要視されるようになってきました。そのためには、意図的な戦略だけでは不十分で、創発的戦略を併用することもまた必要とされるようになってきたのです。クリステンセンの主張は、これらを明確にしたことでまさに時代を画するものであったと言えましょう。

●イノベーションの類型

ここで、イノベーションについて少し整理しておきましょう。日本では、1958年の『経済白書』において、イノベーションが「技術革新」と翻訳されて以来、技術に関する用語として認知されてきました。当時としては技術革新自体が死活問題だったので当然と言えば当然なのですが、近年修正がなされてきた如く、イノベーションは技術に留まるものではありません。クリステンセンは、イノベーションについて「一見、関係なさそうな事柄を結びつける思考[28]」と言っています。

イノベーションを最初に定義したのは、経済学者である**ヨーゼフ・シュンペーター**です。彼は、1911年にイノベーションを「経済活動の中で生産手段や資源、労働力などをそれまでとは異なる仕方で〝新結合〟すること[29]」と定義しました。そして、イノベーションを

28 Dyer, J., Gregersen, H. & Christensen, C. M. (2011). The Innovator's DNA: Mastering the Five Skills of Disruptive Innovators. Harvard Business Press. クレイトン・クリステンセン&ジェフリー・ダイアー、ハル・グレガーセン著、櫻井祐子訳（2012）『イノベーションのDNA：破壊的イノベータの5つのスキル』翔泳社（2021年に新版が出ています）

29 ヨーゼフ・シュムペーター著、塩野谷祐一・中山伊知郎・東福精一訳（1977）『経済発展の理論』岩波書店

30 シュンペーターは先ほど出てきたピーター・ドラッカーの父親と親友でした。そのため、ドラッカーもシュンペーターからは大いに影響を受けています。ドラッカーはイノベーションを、「体系的廃棄」と定義しました。体系的廃棄とは、段階的に廃棄していって、新しいものに置き換えていくことです。また、イノベーションを7つに分け、成功しやすい順に(1)予想外のもの、(2)ギャップ、(3)ニーズ、(4)産業構造の変化、(5)人口構造の変化、(6)世論の変化、(7)発明・発見、であると述べています。発明や発見がイノベーションを起こしにくいのは、それが世の中に求められているとは限らないからです。また、そのためにスケール化しにくいことも指摘できるでしょう。何かを見つけたからといって、それが世の中に受け入れられ、スケールを獲得しなければイノベーションとはいえないことが示唆されています。

(1)新しい財貨の生産、(2)新しい生産方式の導入、(3)新しい販路の開拓、(4)新しい供給源の開拓、(5)新しい組織の実現、の5つに分類しました。非常に広い概念であることがわかりますね。[30]また、経済の発展には、起業家（アントレプレナー）によるイノベーションが重要だと説き、新たな効率的な方法が生み出されれば、それと同時に古い非効率的な方法は駆逐されていくという、その一連の新陳代謝を「創造的破壊」と命名し、資本主義における経済発展を定義しました。

その後も様々なイノベーションに関する理論が唱えられています。[31]実務においてよく聞くことがあるのは「オープンイノベーション」[32]でしょう。これは、ヘンリー・チェスブロウによって提唱され、自前の経営資源だけで行う「クローズドイノベーション」に対比させて、外部資源を組み合わせることにより起こすイノベーションを「オープンイノベーション」と呼び、その重要性を説いています。

また、「リバースイノベーション」[33]という概念は、ビジャイ・ゴビンダラジャンなどによって提唱されたものですが、新興国におけるニーズを反映した製品、技術、アイデアなどを先進国に導入することにより世界的に普及するといったイノベーションを意味しています。

■新たな潮流と経営戦略の未来

●インターネットと更なる不確実性

さらに時代が下り、21世紀に入ってくると、経営戦略の世界にもまた新しい動きが起こってきます。産業そのものが変質してきたことにより、古典的な理論の修正が必要になってきたともいえましょう。たとえばインターネットの勃興と普及などです。インターネット関連産業においては、無数の企業が誕生し、あるきっかけで爆発的に成長して独占的な地位を短期間で獲得したりします。こうした現象は、これまでの理論ではなかなか説明できません。

先に、企業のパフォーマンスに与える影響は、業界といった外部要因が15％、企業内部の要因が45％であると述べましたが、では残りの40％は何によるのか、と疑問に思った方もいるのではないでしょうか。これらの中には純粋な運（pure luck）も相当程度含まれるのですが、加えて言えば不確実性のなせる業でもあります。ポーターに代表される分析的な手法をミンツバーグが批判して以降の経営戦略論は、簡単に言えばこの不確実性を巡る展開であったともいえます。この不確実性が、インターネット時代に入ってからはさらに強烈なものとなっ

---

31 レベッカ・ヘンダーソンとキム・クラークは、組織の知識を「コンポーネントな知」「アーキテクチュラルな知」という種類に分け、これらの知の組み合わせによって、イノベーションは、「急進的イノベーション」「漸進的イノベーション」「アーキテクチュラルイノベーション」「モジュラーイノベーション」に分けられるとしています。

32 Chesbrough, H.W (2003). Open Innovation : The new Imperative for creating and profiting from technology. Harvard Business Press ヘンリー・チェスブロウ著、大前恵一朗訳（２００４）『ＯＰＥＮ ＩＮＮＯＶＡＴＩＯＮ――ハーバード流イノベーション戦略のすべて』産能大出版部

33 Govindarajan, V. & Trimble, C. (2012). Reverse Innovation — a global Strategy & Leadership. growth strategy that could pre-empt disruption at home. ビジャイ・ゴビンダラジャン、クリス・トリンブル著、渡部典子訳（２０１２）『リバース・イノベーション』ダイヤモンド社

てきました。産業構造や市場、顧客は捉えようがなく不確実性が極端に高い状態です。内部資源のあり方も常に変わり、あっという間に陳腐化したりします。こうした状況では、限られた競合どうしの腹の探り合いに勝ち抜くといった、ミンツバーグの言う「プロイ」が経営戦略に占める割合が高くなってきます。また、実際に成功した企業を分析してみると、事前に意図された計画などが成功要因ではなく、創発的な戦略が大きな影響を持つことなどもわかってきました。

●創発的な思考を育む

ではどのようにしたら良いのか、ということで、1つには創発的な思考をもたらすような様々な考え方が提唱されました。先ほどのオープンイノベーションもその1つですが、それにつながるものとして、企業家であるエリック・リースにより提唱された「**リーン・スタートアップ**[34]」といった概念が挙げられます。「不確実性の高い時には、とにかくまずは少額でいいから投資をしたり、小ロットでいいから製品・サービスを市場に出したりして、顧客の反応などを見ながら改善を行っていく」という考え方です。コストや時間をかけずに行う少額投資や少量生産なら失敗した際のダメージも少なく、一方で、当たった時のリターンは非常に大きくなります。

また、デザイン思考[35]や仮説指向計画法[36]、シナリオ分析[37]、ストーリーによる戦略構築[38]といった様々な考え方も提唱されるようになってきます。本書でも、これから述べる戦略策定においてはこうした考え方を下敷きにしています。

●他分野からの理論の援用

インターネット時代の創発的な戦略へのニーズに対処するために、古典的な経営戦略以外

34 エリック・リース著、井口耕二訳、伊藤穣一解説（2012）『リーン・スタートアップ』日経BP社、日経BPマーケティング

35 デザイン制作における思考方法を用い、それをビジネスや経営に活かしていくアプローチのことです。ユーザーのニーズ、あるいはユーザーも気づかないニーズの発見を基盤にしてアイデアを創出し、変革を生み出していくことを指します。問題解決というよりも問題発見に重きを置いています。なお、同様な言葉として「アート思考」という言葉もありますが、これはまったく自由な発想からのアイデア創出を指しており、ユーザーニーズを基盤にしているデザイン思考とは区別されます。

36 仮説指向計画法とは、イアン・マクミランとリタ・マグレイスにより考案されたビジネスプランニングの手法です。計画は計画通りに進まないとの考え方が根底にあり、計画時に仮説を洗い出し、実行時に仮説の検証と、必要に応じた計画の修正を行うことが特徴です。逆損益計算法とマイルストーン計画法の2つがこの方法の中心で、前者は、ビジネスのゴールをまず明確にし、どうすればそのゴールを達成できるのか、言い換えればあるべき利益を達成するために必要な行動を考えることを指します。バックキャスティングの考え方と同じですね。一方、マイルストーン計画法とは、適切なタイミング（マイルストーン）を設定し、そこで仮説を検証し、大きく外れていた場合には柔軟に計画を変更するという考え方です。
ちなみに、ここで「仮説」という言葉が幾度も出てきますので、「仮説思考」についても触れておきます。何らかの問題解決を考えるときに、常に仮説から考える頭の使い方のことです。反対語として「網羅思考」がありますが、これは考え得る様々な事象を抽出し、すべてについて分析して結論を導き出すものです。網羅思考の決定的な弱点は「時間が無限にかかる」ということです。実務の世界では時間的な制約が最大の重要事項であることが多いため、限られた時間の中で最大の成果を出すために仮説思考が用いられます。

の分野からも様々な理論が援用されるようになってきました。たとえば、経済学の分野からは、ゲーム理論[39]や行動経済学[40]、マーケットデザイン[41]などなどの考え方がもたらされます。ゲーム理論は、社会・経済・ビジネスの様々な問題について、そこに登場する個人・企業・政府をプレイヤーと見なし、それらの意思決定の問題や行動のあり方を数学的なモデルを用いて研究する学問のことで、数学者ジョン・フォン・ノイマンと経済学者オスカー・モルゲンシュテルンが提唱しました。行動経済学は、経済学の数学モデルに心理学的に観察された事実を取り入れていく研究手法で、ダニエル・カーネマンなどが有名です。マーケットデザインとは、世の中にある様々な資源を望ましく配分するために、どう社会制度を設計（デザイン）すればいいかを考えるものです。また、ファイナンスの分野からはリアル・オプションといった概念がもたらされました。これは、金融工学で用いられるオプションの価格決定理論を応用した考え方で、事業やプロジェクトの将来性を将来の不確実性を考慮し、またいくつかのとりうる選択肢を加味したうえで事業価値を定量的に導き出す手法のことです。

加えて、インターネットの普及自体が新たな理論や発見を呼び起こすことも増えました。「ロングテール」[42]に着目した販売戦略などはその代表といえるでしょう。

経営戦略論はもともと学際的な性質の強いものですが、こうした様々な他分野との融合などを経て、新しい領域への挑戦を続けています。

37 シナリオ分析とは、戦略立案を行ううえでの不確実性に対処するため、複数の異なる条件で戦略を分析する手法のことです。戦略を実行する際に最もあり得る将来の状況（ベースケース）をまず求め、それがダウンサイド（悲観的）やアップサイド（楽観的）に振れた場合に、収益や投資がどのように変化するか、それによってリスクにどこまで耐えられるのか、経営資源の配分は十分かなどを検討します。各シナリオがどの程度起こりうるか、定量的に確率を押さえておいたりもします（たとえば、ベースケース80％、悲観的シナリオ10％、楽観的シナリオ10％の確率を設定するなど）。シナリオ分析の手法は、ロイヤル・ダッチ・シェルが70年代に導入したのをきっかけに、多くの企業等で取り入れられるようになっており、別に新しいものではありませんが、不確実性の強まりにつれて、戦略策定やリスクマネジメントなどにおいて広く使われており、最近では後述するように、気候変動リスクへの対処などでも注目を集めています。

38 ストーリーテリングという手法は、要は「物語を語って伝えること」ですが、語り手が、受け手に伝えたいことを、それを想起させるような例示や体験などを含めた印象的なストーリーとして作り上げ、伝える手法のことを指します。昨今では、マーケティングや戦略などの分野でも幅広く活用されています。日本でも『ストーリーとしての競争戦略』は有名ですね。

楠木建（２０１０）『ストーリーとしての競争戦略』東洋経済新報社

39 ゲーム理論は「協力ゲーム」「非協力ゲーム」の2つに分けられますが、一般には非協力ゲームである「囚人のジレンマ」が有名です。また、「どのプレイヤーも、ほかのプレイヤーがある戦略を選んでいる場合は、同じ戦略を選ぶと一番利得が高くなる（ほかの戦略を選ぶと利得が同じか低くなる）」状態を「ナッシュ均衡」と呼びます。一方、「全てのプレイヤーにとってより多くの利得を得られるような状態がない状態」、言い換えれば「資源が無駄なく配分された状態のこと」は「パレート最適」と呼ばれます。ゲーム理論は現代経済学の主流となっているだけでなく、実務でもよく用いられるようになっています。ご関心の向きには、以下の書籍などをお薦めします。

渡辺隆裕（２００８）『ゼミナールゲーム理論入門』日本経済新聞出版

ESGとサステナビリティ

●コーポレートガバナンスの歴史と現在

経営戦略に関する様々な進展をみてきましたが、最後により大きな動きをみておきましょう。ここまでの話はどちらかと言えば事業戦略寄りの話が多かったわけですが、最近では企業戦略（全社戦略）に代表される企業経営全体のあり方と、それを取り巻く利害関係者との関係が注目を集めるようになってきています。そのキーワードとも言えるのが、「**ESG（Environment, Social, Governance：環境・社会・企業統治）**」であり「サステナビリティ」でしょう。第5章で扱うとすでに申し上げましたが、経営戦略論の流れから少し触れておきたいと思います。

まずはESGですが、経営戦略との関係では**コーポレートガバナンス**に焦点を当ててみるとわかりやすいかもしれません。コーポレートガバナンスとは、簡単に言えば、経営者を規律付ける仕組みのことですが、これが注目されたのは株式会社が巨大化していった20世紀に入ってのことです[43]。大企業の経済力が増し経営者の権力は増大する一方、株式市場では取引量の拡大とともに流動化が進み、株主の数は急速に増え企業への支配力を失っていきました。バーリとミーンズ[44]は、多数株主を有する近代的な大企業における「所有と経営の分離」を指摘、経営者は株主の利益よりも自分自身の利益を追求するようになっているとしました。この構図は、エージェンシー理論[45]に受け継がれ、伝統的なコーポレートガバナンスの基礎となります。すなわち、株主の利益のために、経営者を規律付ける仕組みということです。

●ステークホルダー資本主義

しかし、こうした従来型のコーポレートガバナンスは、２００８年の金融危機とともに変調を迎え新しい動きが出てきます。短期志向（ショートターミズム）への批判と、より長期的な投資行動への意識の強まりがその代表的なものです。２００６年には**国連責任投資原則**

40 従来の経済学では、「人間は合理的な行動をとる」というのが前提でした。行動経済学はこの前提を覆し、「不合理な行動もとり得る人間」を前提としたものです。人間の行動は実際には様々なヒューリスティックス（直感的な思考法）やバイアスにより左右されるものだからです。ダニエル・カーネマンとエイモス・トベルスキーは、予想される利害額や確率などの条件によって、人間がどのように意思決定を行うのかをモデル化したプロスペクト理論（*）によってこの分野を大いに発展させました。カーネマンは２００２年にノーベル賞を受賞しています。一般には著書『ファスト&スロー』（**）によって有名です。
（*）Kahneman, D. & Tversky, A. (1979). "Prospect theory: An analysis of decisions under risk". Econometrica 47 (2): 263-291.
（**）Kahneman, D. (2011). Thinking, fast and slow. Macmillan.　ダニエル・カーネマン著、村井章子訳（２０１２）『ファスト&スロー』早川書房

41 マーケットデザインの下敷きになっている理論としては、様々な好みや希望を持つ人々同士をどのようにマッチさせ、限られた資源をどのように配分するかということを研究するマッチング理論というものがあります。ロイド・シャプレーとアルビン・ロスにより提唱されました（彼らもノーベル賞を受賞しています）。この理論を実務に適用しようとしているのがマーケットデザインの分野です。

42 売れ筋の商品に依存するのではなく、販売総数の少ないニッチな製品を数多く取り扱うことで対象となる顧客の総数を増やし、販売利益を増やす方法

43 18世紀後半の産業革命の時期、工場建設等に多額の資金を必要としたことから株式会社という形態が多く利用されるようになっていきました。19世紀には米国にも株式会社制度が定着し、20世紀に向けて巨大化していくこととなりました。

（ＰＲＩ：Principles for Responsible Investment）[46]が提唱され、いまに至るＥＳＧ投資の大きな潮流が形成されました。これは「環境や社会に意を用いる企業にきちんとコーポレートガバナンスを働かせることで、持続的な成長や中長期的な企業価値向上を実現することができる」とする投資のことです。

また、こうした動きとともに「株主を中心とした考え方」も展開を迫られるようになってきます。２０１９年に米国大手企業で構成される非営利団体「ビジネス・ラウンドテーブル」が、従来の株主資本主義における問題点を指摘し、あらゆるステークホルダーにコミットする旨の声明を発表したことを契機に、翌２０２０年にはダボス会議（世界経済フォーラム）において「ステークホルダー資本主義」が主題として取り上げられ、企業は株主の利益を最優先するべきとする「株主資本主義」に代わって、企業は従業員や取引先、顧客、地域社会といったあらゆるステークホルダーの利益に配慮すべきという考え方が台頭してきました[47]。それとともに一層、環境や社会と企業とのつながりについても注目されるようになってきています。

●サステナブル経営と企業の将来

こうした変化は企業の側からも顕著に起こってきています。**国連グローバル・コンパクト**（ＵＮＧＣ：United Nations Global Compact）は、グローバル化に伴う課題を国家や国際機関だけでは解決できなくなってきたことから、企業にもその解決に参画することが要請されるようになってきました。２０１５年には、国連サミットにおいて**持続可能な開発目標**（ＳＤＧｓ：Sustainable Development Goals）が採択されたのも大きな流れを形作りました。ＳＤＧｓ自体は企業だけを対象としたものではありませんが、地球環境や我々の社会において企業が行う活動の影響の大きさというものが改めてクローズアップされる契機ともなりました。

企業においては、すでに１９９０年代から、企業活動のグローバル化がその負の側面を顕在化させてきたことを受けて、企業に利益追求だけでなく「**企業の社会的責任**（ＣＳＲ：Corporate Social Responsibility）」を求める動きが活発化していました。しかし、ＣＳＲでは「経

---

44 Berle, A. Jr. & Means, G. (1932). The Modern Corporation and Private Property, Macmillan.

45 エージェンシー理論とは、ある主体が自分の目的のために別の主体に権限を委譲して特定の仕事を代行させる契約関係をエージェンシー関係と呼び、権限を委譲する側を依頼人（本人、Principal）、権限を委譲され代行する側を代理人（Agent）としてその関係を論じるものです。代理人は依頼人に対し、仕事の代行について責務を負います。この責務を、英米法における信認義務（Fiduciary Duty）といいます。依頼人を株主、代理人を経営者とすれば、信認義務を負う経営者は株主の利益を最優先して行動すべきということになります。しかし、近代的な大企業では、経営者と株主の利害は必ずしも同一ではなく、経営者と株主の間には情報の格差があるため、株主は不利な立場に立たされることになります。こうした状況では、経営者が株主の利益ではなく自己の利益を優先させるモラル・ハザードを起こす可能性があります。これをエージェンシー問題と呼び、そこで生み出されるコストをエージェンシー・コストといいます。コーポレートガバナンスはまさに、特に経営者と株主の間におけるエージェンシー・コストの発生を抑止することによって、「経営者を規律付ける」ことをまずは株主の利益のために行うものとして発展してきたといえます。

46 国際連合のアナン事務総長（当時）が提唱したもので、世界経済で大きな役割を果たす投資家たちが、投資を通じて環境問題や社会問題、企業統治について責任を全うする際に必要な６つの原則を明示したものです。以後、この原則に沿ってＥＳＧ投資が盛んとなってきました。

済的責任」と「社会的責任」は別個に扱われがちでした。それどころか、この2つは対立軸となり、何やら「本業における経済的な成功に対する〝贖罪〟としての社会貢献」という風情さえ漂いかねないようになっていました。これを痛烈に批判したのが先述したマイケル・ポーターです。彼は、形式主義に陥っていたCSRを偽善的と批判し、社会性の高い事業を行うことで社会問題を解決するとともに自社の利益も生み出すCSVを提唱しました。先ほどの競争戦略の考え方に基づけば、共有価値の創造を行うことこそが競争優位につながるという主張ともいえます。このように、「経済的責任」と「社会的責任」を統合して考え、持続可能な成長と中長期的な企業価値向上を求める経営のあり方が、最近では「サステナブル経営」などと呼ばれたりしています。

こうした一連の変化を受けて、改めて企業とは何か、それは何を目指すのか、といった議論が活発となってきています。不確実な時代であればあるほど、企業は存在意義を問われるとともに、存在意義を拠り所とした経営を行うことが不可欠になってきたともいえましょう。その証左が、先にみた「パーパス」という言葉にも表れているようにみえます。企業は、なぜ存在するのか、ステークホルダーに対する価値を創造するために何を行っていこうとしているのか、日々問われるようになってきています。これは、経営戦略策定を行ううえでもスタートポイントとなる重要な概念です。次章で、すぐに取り扱うこととしましょう。

47 こうした考え方は、１９８４年のエドワード・フリーマンによる『戦略経営』(Strategic Management：A Stakeholder Approach）にすでに表れています。近年、企業の目的は利潤の最大化のみならず、利害関係者との相互作用における利害関係者のための価値創造である（Freeman, 2007）、会社は、外部性を内部化することによる事業場の利益と社会的利益を認識し、その実現を追求すべきであり、そうした目的を促進するのがコーポレートガバナンスである（Mayer, 2018）といった主張がなされるようになってきています。

Freeman, E. (1984) Strategic Management, Pitman.

Freeman, E., Harrison, J. and Wicks, A. (2007). Managing for Stakeholders, Yale University Press.　R・エドワード・フリーマン、A・C・ウィックス、J・S・ハリソン著、中村瑞穂訳（２０１０）『利害関係者志向の経営—存続・世評・成功』白桃書房

Mayer, C. (2018). Prosperity: Better business makes the greater good. Oxford University Press.　メイヤー著、宮島英昭監訳、清水真人・河西卓弥訳（２０２１）『株式会社規範のコペルニクス的転回』東洋経済新報社

第 3 章

事業戦略を考える(1)
——どこに事業を「立地」させるか

3-1 戦略策定の前に行うべきこと

■まずはゴール設定から

先ほど、日本企業が陥りがちな問題点を〝ワルクチ〟として5つほど挙げました。ワルクチで終わってしまっては生産的ではありません。せっかく挙げたのですから活用しましょう。問題点を乗り越えるためには、その真逆をいく戦略策定プロセスを踏んでいくのが良さそうです。

まず、問題点その1は「何を目指しているのかわからない」でした。したがって、最初に「目指す姿」をしっかりと確認しましょう。最近は「**パーパス**」などと呼ばれることも増えた、企業が未来永劫希求する究極の目標のことです。企業経営の体系における最上位概念になります。「**ミッション**」なども言われます。企業の「使命」ですね。

「いや、ミッションとパーパスは違う」と言う人もいます。確かに英語が違うのだから違うでしょう。[1] 使命と訳されるミッションは、何か神から与えられたような感じですが、目的や意図と訳されるパーパスは、企業内部から湧き上がってきた感じ、と言われればそんな気もします。ですが、何となく違うから、では両方作っておこうか、と真面目に両方作ると間違いなく混乱します。当たり前です。両方とも究極の「目指す姿」なのですから。「天から降ってきたか、地から湧いてきたか」くらいの差だと思って、お好きなほうを1つお選びください。別にどちらの英語も使わずに「目指す姿」などでもけっこうです。

次に、この「目指す姿」をどのような態度や行動を通じて実現するか、という企業の価値観が問われます。これが「**バリュー（ズ）**」です。たとえばキリスト教団の存在目的はまさに「伝道（英語でMission）」でしょう。ただ、このミッションを果たすために、異教徒など殺しても構わん、という態度を取った教団も過去にはありましたし、いや異教徒だからといって人殺しだけはしてはいけない、という態度で臨んだ教団もあったわけです。この違いが「バリュー（ズ）＝価値観」の違いです。そして、ミッションとバリュー（ズ）を2つ合わせたものを、日本ではよく「企業理念」と呼んでいます。古くは「社是社訓」などという言葉も使われました。社是がミッション、社訓がバリュー（ズ）ですね。いずれも、企業が未来永劫目指す究極の目標とそれを追求する際の価値観を述べています。これらに時間軸はありま

1　学術研究の世界でも、実は確立した定義があるわけではありません。一世を風靡している「パーパス」も、先述したようにフィンク・レターで使われたがゆえに有名になったに過ぎません。カタカナ用語が出てくるたびに、それに対応したスローガンなどいちいち作るから訳のわからないことになるのです。自分たちでしっかりと内容を決めておけば十分です。それも、なるべくシンプルにしましょう。やたらと色々なカテゴリーがあったり、「規範」「方針」「ポリシー」「指針」「ガイドライン」「スローガン」などが乱立したりしていると、社員は読む気もそれを守る気も失います。体系を明らかにして、イントラネットなどで簡単に一覧できるようにしておきましょう。

図3－1　企業経営の全体系

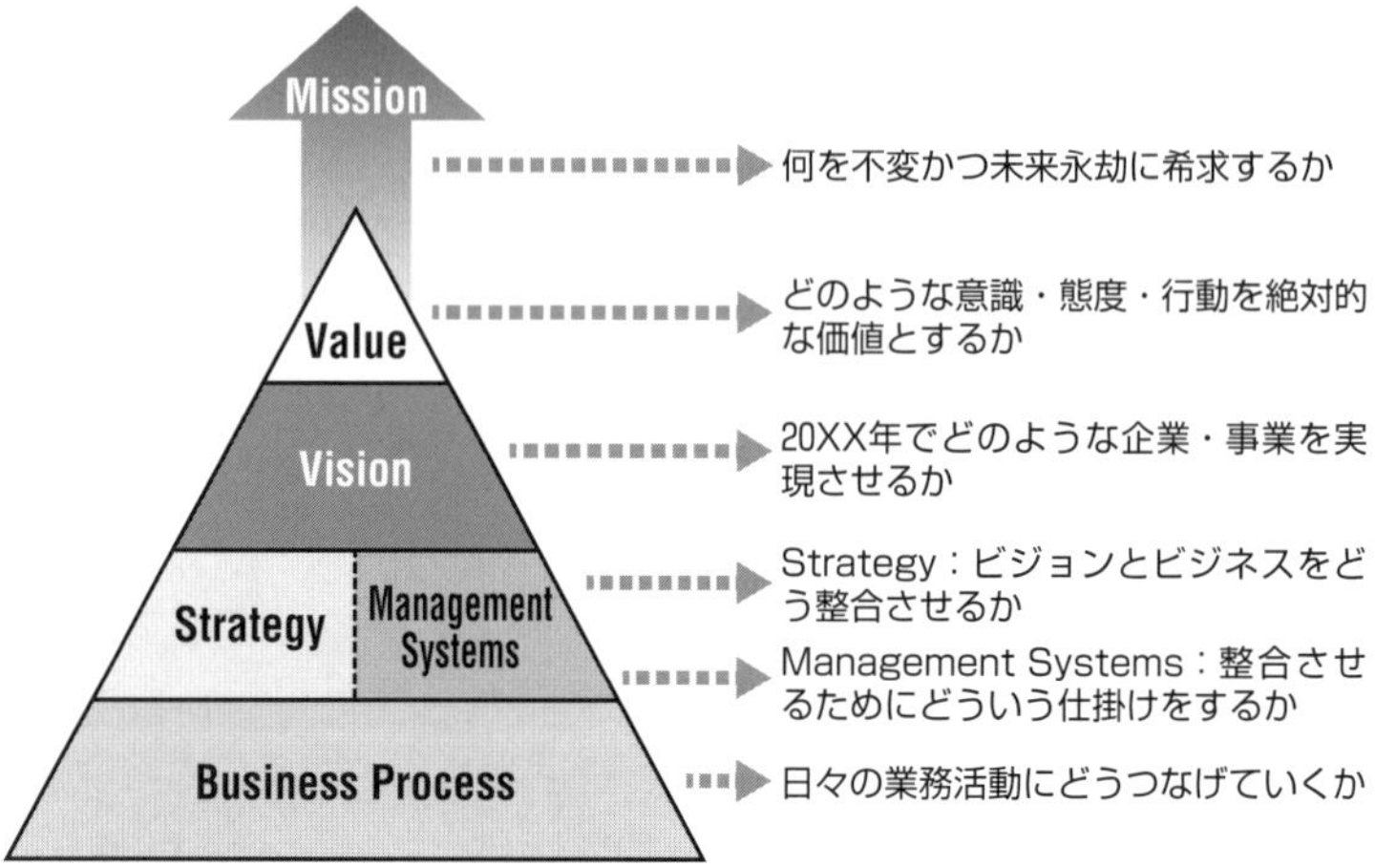
Mission
何を不変かつ未来永劫に希求するか
Value
どのような意識・態度・行動を絶対的な価値とするか
Vision
20XX年でどのような企業・事業を実現させるか
Strategy
Management Systems
Strategy：ビジョンとビジネスをどう整合させるか
Management Systems：整合させるためにどういう仕掛けをするか
Business Process
日々の業務活動にどうつなげていくか

せん。未来永劫です。また、これに反する行いは企業内ではご法度です。何と言っても企業における憲法のようなものですから。

しかし、それだけですと、企業の日常活動を動かすにはあまりに遠大すぎます。もう少し「つなぎ」を入れたいところです。ただ、あまりたくさん入れないようにしましょう。せいぜい2つ3つあれば十分です。遠大な目標を日常業務とつなぎ合わせるのですから、日常業務に近づくにつれて時間軸が短くなっていくような設定が良いでしょう。したがって、次の段階には「**ビジョン**」を置きます。これは長期的な企業の将来像です。いままであれば「2050年の我が社」のような感じでしょうか。あまり細かい設定は必要ありません。定性的に方向性がわかれば十分です。社員がそれを目指して頑張れるような「将来の青写真」

ということですね。

ただ、「ビジョン」はあくまでも長期の将来像として定性的に描かれるに過ぎません。そこまでたどり着く道筋はもう少し具体化、定量化して中期的に作っておきたいものです。これが「**ストラテジー**」、すなわち戦略です。また、戦略を実際に日常業務に落とし込むためには色々な仕組みや仕掛けが必要です。組織のあり方もそうですし、そこでのプロセスやルールなども必要です。これらをまとめて「**マネジメントシステムズ**」と呼びます。これが整って初めて、日常業務が「目指す姿」に向かって動き始めるわけです。

したがって、まず確認すべきは、ミッションとバリュー、すなわち「企業が未来永劫目指す究極の目標とそれを追求する際の価値観」です。これらは新たに作らなければならないわけではありません。事業会社であるからには、「この製品を通じて世の中を良くしたい」とか、「こうしたサービスで社会は良くなるはずだ」とか、熱い思いをもって起業した創業者がいたはずで、その方を源流として、脈々と流れる企業の思い、永遠の目標というものが、まともな企業であれば必ずあるはずです。「いや、うちにはそんなものはない」という方は、まず「企業理念再発見プロジェクト」から始めてみることをお勧めします。企業理念にあたるものは、本当はすでに存在するのに、埋もれていることが多いからです。掘り出して、いまの時代に合うようにピカピカに磨き上げてあげましょう。

ゴールがないのに戦略はできません。企業というのは「営利を目的とする団体」と言われますが、営利は目的というよりも持続可能であるための必要条件です。何よりもまず「団体」

をわざわざ作ったその意義が大事です。人は、何も志がないのにあえて団体を作ったりはしません。自社が未来永劫希求すべき目的は何なのか、まずしっかり確認しましょう。これらは、床の間に飾っておくだけでは意味がありません。重要な意思決定が行われる際には必ず企業理念を参照できるよう、企業の隅々にまで浸透させ、常に活用できるようにしましょう。そのためには、オリジナリティがあり、具体的であることも求められます。ちなみに、「企業価値の向上」などというのは企業理念にはなりません。企業であれば当然行うべきことですし、何の独自性も具体性もないからです。社名を隠しても企業理念を見れば「あ、あの会社だな」とわかるようなものであってほしいところです。

■バックキャスティングでシナリオを考える

次に取り組むべき問題点その2は「現在の延長線上でしか物事を考えられない」でしたね。このように、現状の延長線上で積み上げを図ることを「**フォアキャスティング**」というのも先にみました。本書では、その逆を行きます。すなわち、「**バックキャスティング**」、最初に目標とする未来像を描き、次にその未来像を実現する道筋を未来から現在へとさかのぼって記述する、シナリオ作成の手法です。別にどちらが優れているというわけではないのですが、フォアキャスティングが連続した環境が続くと想定される中で有効であるのに対して、バックキャスティングは非連続的な環境下で有効とされています。すなわち、「今日と同じ明日が続く」と思える状況ならフォアキャスティング、「一寸先は闇」と思える状況ならバック

図3－2　バックキャスティング

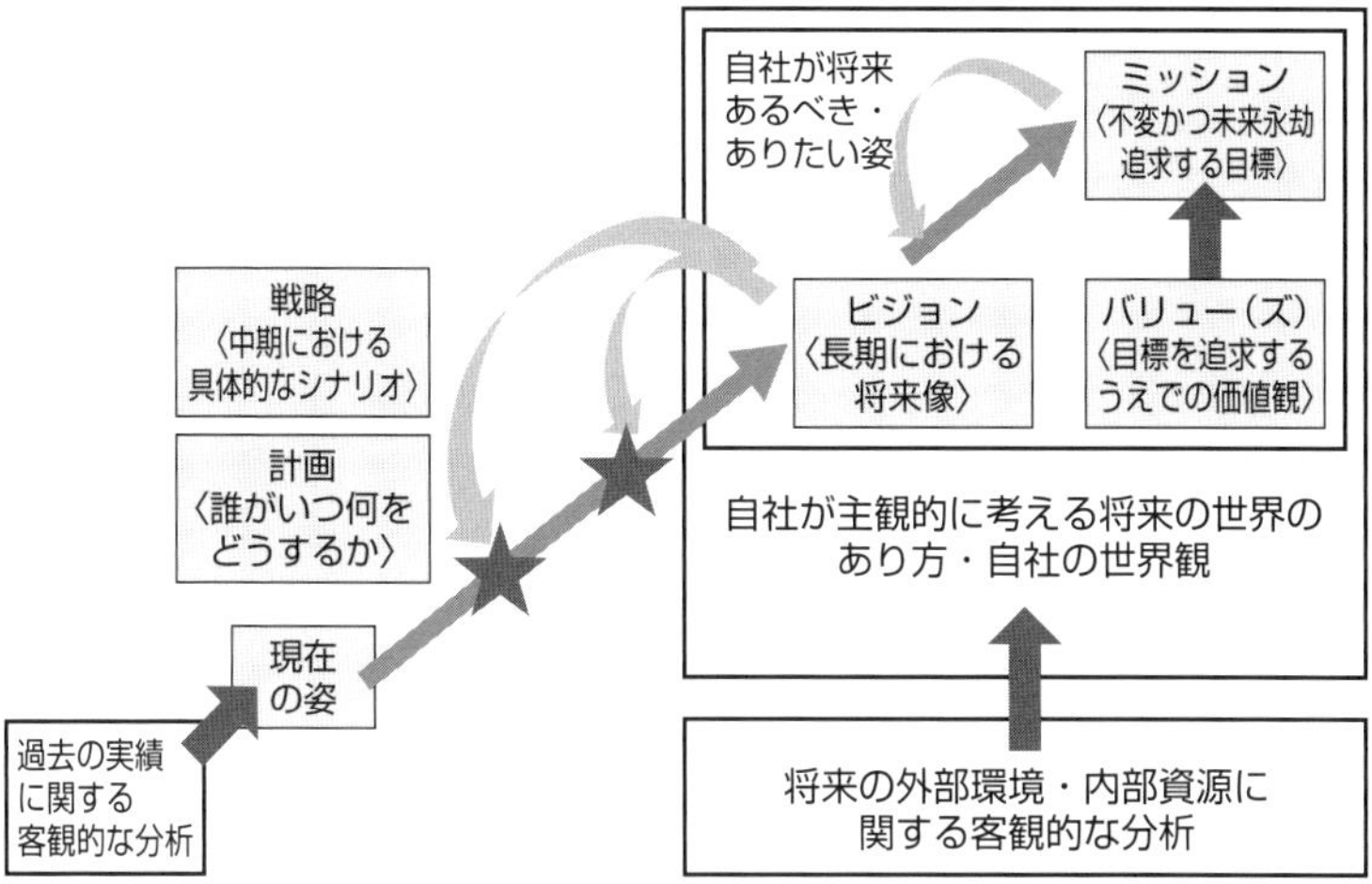

キャスティング、ということです。現状のとらえ方には色々あるでしょうが、やはり昨今の企業を取り巻く環境の激変は、バックキャスティングを求めているといえましょう。最近では先進企業などを中心に戦略策定などで多く用いられるようになってきました。

ただ、こうした方法を取る時に気を付けるべきことがあります。将来目指すべき姿を考えるというと、遠い将来に向けてのメガトレンドを分析し、そこで示された未来に自社の内部資源をどのように充てれば良いかという考え方をしがちです。「2050年地球はどうなる」といった類の本を読み漁ったり、「2030年に向けた環境予測」セミナーに出てみたり、みなさん涙ぐましい努力をされています。それはそれで良いのです。ただ、その結果としてかなりの確率で「こんなに不確実な世の中で、将来どのようになるかなど分析できない」という悩みに突き当たり、バックキャスティングプロジェクトは暗礁に乗り上げてしまいます。

これは当然のことです。客観的な分析はもちろん必要ですが、そこから自社の未来が自然に出てくるわけではないからです。もともと〝正しい〟将来などはありません。あるのは〝確からしい〟と自分たちが選んだ将来だけです。客観的な分析をいくら積み上げていただいてもけっこうですが、重要なのはそれを基に「自分たちはどうなると思うのか・どうなっていきたいのか」という主観的な〝世界観〟を示すことです。テスラを作ったイーロン・マスクだって、何十年も前に「地球で走る車はみんなEVになる」などという〝正しい将来の事実〟を示されて物事を始めたわけではありません。「きっとそうなる・そうしたい」という強い世界観と信念があったからこそいまがあるわけです。将来はきっとこういう世界になるはずだし、そうしたいと思うから我々はそれを目指してこれからこう動く、ということを示してほしいのです。

言うのは簡単ですが、実際に示すのは大変です。将来のあり方について「ある1つのシナリオ」に賭けなければならないからです。とてつもないリスクがありますね。このリスクを取れるのは企業のトップ層だけです。中計策定作業をこなすだけのミドル層には逆立ちしても取れません。「自社の将来に向けた世界観」をトップがリスクを取って示さなければ、説得力ある戦略にはなりません。「昭和型」中計の評判がどうも良くないのは、トップがリスクを取ってシナリオを提示することをせず、無難な瑣末事ばかりあれこれ羅列してお茶を濁しているからであるともいえます。フォアキャスティングかバックキャスティングかといった「作り方」に拘る前に、この点をよく考えてみてください。

ただし、その「世界観」があまりに独りよがりであったりしては誰も納得してくれません。外部環境や内部資源に関する客観的な分析はもちろん必要ですし、そこから得られるデータやファクトから論理的に整合性あるものとして表現されることが必要です。この辺りは後述します。

バックキャスティングを行う際に、いつまでも客観的な分析ばかりやっていても駄目だとはすでに申し上げました。ただ、それをやるのが無意味というわけではありません。それどころか必要でもあります。ビジョンを考えるために、２０５０年に事業環境はいったいどうなっているのか、この辺りは分析しないとわからないわけですね。一方、分析をしまくっても自社のなりたい姿が自動的に出てくるわけでもないのは前述の通りです。

「啐啄《そったく》」という言葉があります。またとない好機を指す言葉ですが、もともとの意味は、「啐」はひなが卵の殻を破って出ようとして鳴く声、「啄」は母鳥が殻をつつき割る音のことで、これがぴたりと合うことで、ひなが殻を破って出てくることができるということです。ビジョン作りはこれに近いように思います。すなわち、内部における「会社の目指すべきところ」を実現したい、という強い思いが「啐」、一方で外部からの客観的な情勢分析が「啄」で、これがうまくかみ合ったところに、長期的な将来像であるビジョンが生まれ出るということです。

たとえば、石油会社が「２０５０年に向けて、石油をバンバン売って儲けるぜ」などという将来像を描いたとしても、もはや外部環境はそれを許さないでしょう。[2] これではビジョンは生まれませんし、たとえ無理やり作ったとしても利害関係者に受け入れられません。一方、「２０５０年には石油の消費量は10分の１、もしかしたらそれ以下」といった客観的な分析にしたがって、「はい、ではもう会社をたたみます」というのも寂しいところです。石油会社のみなさんの「会社の目指すところ」は、石油云々ではなく、「人を豊かにするためのエネルギーを届ける」ことにあるのではなかったのでしたっけ？ そうであれば、そこに至るための長期的な将来像としては、たとえば「クリーンエネルギーを供給できるナンバーワンの存在になる」などということが浮かんできますよね。こうなると、「じゃあ、そのためにどうすれば良いのか」などと頭が回り始めます。人間、ゴール設定するのが一番大変。これは言ってみれば、「何をするのか」の大きな流れを作っていることになります。Ｗｈａｔの世界ですね。これが決まると、次にようやくＨｏｗの世界に進めます。そのゴールを実現するためには具体的にどうすれば良いのかを考えていくということです。これは戦略の領域なので次に述べます。

■大きな物語を作り、行く末を確かめる

問題点の3番目は「現実と乖離しても修正ができない」ということでした。先述した通り、将来に関する「仮説」を立て、それが「現実」としてどうなるのかをモニタリングし、乖離

があったら「仮説」のほうを柔軟に修正する、ということでしたね。こうしたモニタリングの必要性については、第5章で詳述します。一方、少々気になるのは、「そもそも『仮説』をちゃんと立てているのか？」ということです。これこそ戦略の領域ですね。ここでは戦略を考えるうえでのスタンスを少しみてみましょう。

自社の企業理念に沿うことを前提に事業の将来像を考え、長期的なビジョンも明らかになってきました。では、中期的な時間軸を想定してこれから具体的にどうするのか、というのを考えるのが戦略です。前述したように枝葉末節にこだわるよりも、骨太の方針を考えたいところです。では、具体的にどうしましょうか。

まずは「論点出し」をしましょう。ビジョンを実現するのには何が必要でしょうか。先ほどの「クリーンエネルギーを供給できるナンバーワンの存在になる」という事例であれば、ではそもそもクリーンエネルギーにはどういうものがあるのかとか、ナンバーワンというのはどういう意味なのか、などということももちろん含まれます。言葉の定義には気を付けてください。ナンバーワンといっても、世界におけるトップなのか日本におけるそれなのかによってもまったく変わってきますし、どの市場を対象としているのかによっても違います。クリーンエネルギーといっても、話す人によってその定義は違うかもしれません。また、こ

2 実際に考えていくとわかりますが、外部環境を分析したうえで出てくる重要な要素は、多くは「こうなりたい将来像」の制約条件として働きます。窮屈なように感じられるかもしれませんが、まったく制約条件がないとこれもまた考えるのは大変です。

れは後述しますが、おカネのことも考えてくださいね。クリーンエネルギーに取り組むのにどのくらいの投資が必要なのかとか、大きな影響を与える要素については挙げておかなければなりません。その他の経営資源についても、たとえば「これまでとはまったく異なったスキルを持つヒトが必要」といった論点もあるかもしれません。挙げておきましょう。

一方、この段階で思考の範囲を狭める必要はありません。クリーンエネルギーの定義をしっかり決めることと、たとえばそれに漏れた要素を検討から除外するということは別です。この段階であれこれ除外し過ぎると、大事な論点を見落とすことがあるかもしれません。突飛な考えや無理筋だと思われるようなアイデアもどんどん出しましょう。ここまで行ってきた将来における客観的な分析の内容は、ここでは多くの場合「制約条件」として働きます。また、おカネやヒトなど経営資源のことを考えると、その不足に打ちひしがれるかもしれません。「こんな制約条件があるからこれは無理」「おカネもヒトもないからウチではできない」などと暗くなってしまいがちですが、この段階であきらめる必要はありません。それよりも、それをどうやったら乗り越えられるのかというアイデア出しのほうがよっぽど有効です。

この段階では、まだ拡散的な思考を続けていただいてかまいません。拡散を続けるとそのうち嫌でもまとめたくなってきます。そうならないうちに、ちまちまとした形でまとめてしまうのは止めましょう。ここでは「大きな物語」を作ることが重要です。これがないと、全体を俯瞰して最適解を考えたり、外に向かって発信したりすることができません。物語はいくつもできるかもしれません。もちろん作っていただいてけっこうです。のちほど十分に精査をして、その中で最適なものを選べばよいのですから。ここでは、誰かほかの人に話してみて、1分以内に「面白い！」「やってみたい！（あるいはやった成果を見たい！）」と言われるようなストーリーを作りましょう。そして、最も面白くてワクワクし、おカネのにおいもしそうだ、というストーリーを選びましょう。それがみなさんの会社のパーパスを実現するための「大きな物語」です。これをもう少し叩いていくことで、また時間軸を区切っていくことで、中期的に取り組むべき「戦略」が得られます。

注意していただきたいことは、同時に成り立たないストーリーを複数混ぜ合わせないことです。「混ぜるな危険」。これは戦略を考えるうえでとても重要です。戦術レベルでは、AとBがあった場合に、Aの良いところとBの良いところを掛け合わせてより良いものを作る、ということは難しくありません。日本企業が誇ってきたオペレーショナルエクセレンスはこの柔軟性が高いことに発しているような気もします。「AもBも」という思考法ですね。一方で、戦略レベルの話は「AかBか」です。Aを取ったらBは選べません。逆も真なりです。間違ったら直せばいいだけの話で、どちらか選びましょう。「戦略とは捨てるもの」と言われるゆえんです。

ただ、これを机のうえで1人でやらないでほしいのです。きっとどこかで行き詰まりますし、そうでなければ独りよがりな荒唐無稽なものか、誰でも考えつくようなつまらないものになってしまいがちだからです。自分1人の頭で考え付いた荒唐無稽とも思われるものに実はしたたかな算段があって、無意識のうちにそれを練り上げて、かつ類まれな実行力に基づいて現実にしてしまう、そんな力がある方はお1人で頑張っていただいてもけっこうです。こうした方が生まれながらの「起業家」だったりするわけですね。ただ、そういう方はさておき、凡人の我々は「拠らば文殊の知恵」を実践しましょう。

■徹底的に議論する

ヒトと議論をすると何が良いのでしょうか。何と言っても「気が付かない問題に気付く」ことができます。違う頭が色々あったほうが、様々な観点からアイデアや論点を出してもらうことができ、リスクも減るし機会は増えるし言うことなしです。不謹慎な言い方ですが、スタンドアローンのPC1台でうんうんうなっているよりも、様々なワークステーションを何台もつなげて問題解決したほうが早いです。同じ練習するにしても、1人でいつまでも壁打ちテニスをしているより、他流試合をやってみたほうが上達は早いです。また、違う頭で考えることにより、発想が広がったり深まったりするだけではなく、「飛ぶ」確率も増えます。非連続的なジャンプができるということですね。それによって思いもかけないビジネスチャンスが転がってくることもあるかもしれません。ぜひブレーンストーミングの機会を増やしましょう。略して、ブレスト。集団でアイデアを出す会議のことです。鎌倉資本主義やサイコロ給で有名な面白法人カヤックという会社は、「ブレストこそが、カヤックの原動力。カヤックが発信する数々の新サービスや新制度は、すべてこのブレストから生み出されています[3]」と、このブレストという手法を重要視しています。みなさんもぜひご活用ください。

ただし、言いっぱなしで終わりでは単なる居酒屋談議になってしまいます。「なんだか昨日の会議面白かったけどよく覚えていないや」では二日酔いのおじさんと一緒です。こういう時のために「ホワイトボード」というものがあります。戦略コンサル出身の人々が、何か議論が始まるとすぐにホワイトボードを探してソワソワするのは、書かない議論は役に立たないということを知っているからです。ホワイトボード係の方には恐縮ですが（しかし、議論のホワイトボード係をやるというのはまたとない良い練習になります）、その人がひたすら書いてくれるおかげで、他の人は議論に集中できます。構造化や論点の整理にもなりますし、概観しながらさらに考えることも可能になります。人間、思うだけ・言うだけのことは意外に曖昧です。可視化することによって、またその可視化されたものを見ていることによって、さらに頭が色々活発になるという効果が期待できます。さらには、それを後で配付しておけばみんなで認識を合わせることもできますし、全員のメモ代わりになります。

ただし、あまりきれいに書こうなどとは思わないでください。最初から目次立てのように美しく書こうなどと思うと、思考が凝縮プロセスに入ってしまいます。ブレストはあくまで拡散プロセスにおいて行うものです。よく、ホワイトボード係を任されて、きちんと書こうとするあまりにやたらと小さい文字でちまちま書いている人を見かけますが、これでは意味がありません。参加者からまったく見えないからです。ホワイトボードは、後々議事録を作

3　ブレストに始まりブレストに終わる―面白法人カヤック（kayac.com）https://www.kayac.com/vision/brainstorm　2023年2月16日時点

るためのメモとして書いているのではなく、他の人の思考を可視化して、そこからまさに「乗っかって褒めあって数を出す」ためにあるのです。この点を誤解しないようにしましょう。

ところで、ここまで「拡散」プロセスと「凝縮」プロセスという言葉を、特になんの断りもなしに用いてきました。これは、常に意識しておいてほしいことです。人間の思考というのは、一直線には進まないものです。問い・思い付き・アイデアなどはみんな、「拡散」と「凝縮」を繰り返しながら深められていきます。ぜひ意識していただきたいのは、「いまどちらのプロセスにいるか」ということです。これをはっきりさせて議論をしないと、ある人は好きなだけ発散し、別の人はまとめようとしてイライラする、結局のところ手戻りする、ということになってしまいます。間違っても、拡散と凝縮を同時に行うことのないようにしましょう。いまどちらなのか明確にするのは会議のファシリテーターの役目でもあります。また、拡散したら必ず凝縮することも重要です。どこまでも拡散し続けるのは楽しいものですが、モノには限度、戦略策定には期日があります。十分発散しつくしたと思ったら、凝縮モードに転換し、まとめに入りましょう。

こうした拡散と凝縮を繰り返すことを、「同じようなところをぐるぐる回っているだけじゃないか」と思う人もいます。もちろん、そういう進め方をしてしまう失敗ケースもありますが、たいていの場合にはそうではなく、きちんと進んでいます。こうした進め方は、螺旋を描いているようなもので、真上から見ているとぐるぐる同じところを回っているようにしか見えませんが、横から見ると確実に高さが異なってきています。上にのぼってきていて、それだけ目線もレベルも高くなってきているのですね。これは単なる手戻りとは違います。ぜひ拡散と凝縮の思考を行ってみてください。

■未達だった理由は明らかか

もう1つ、ぜひ行っておいてほしい話をしておきましょう。過去の分析です。日本企業は過去の実績について数値を以て示す、すなわち会計情報をきちんと作ることについては大変力を注いできましたが、「過去のある時点に立てた将来予測は結局のところどうなったのか」という〝振り返り〟についてはきわめて関心が薄かったようにみえます。いわゆる「モニタリング」ですね。たとえば、長らく中期経営計画をお作りになっているみなさん、前回の中計の目標は達成できていますか？　「当然じゃないですか」という企業は胸を張っていただければと思いますが、あれこれ未達でもスルーして、「さあ、新しい中計作りにいそしもう」という企業も多いのではないでしょうか。「済んだことは水に流して前向きに生きよう」という日本人の特性も悪くないとは思いますが、企業たるもの、やっぱりモニタリングは重要です。過去の振り返りはきちんとやりましょう。ただし、こちらは客観的に。「あいつが悪いんだ」とか、「違うと思ったんだよ俺は」などの主観的な話は居酒屋でどうぞ。過去のある時点の予測と、その後の現実の乖離はどのくらいだったのか（小さかったり、重要でなければ無視してけっこうです）、それはなぜ起こったのか、今後も起こり得るのか、という点に集中しましょう。必ず、これから将来に向けたストーリー作成の際に役に立ちます。

株主をはじめとするステークホルダーもこの情報をしっかり見ています。中計が未達でも知らん顔でふんぞり返っている経営者には、ステークホルダーは説明を求めます。その説明が筋の通らないものだったり、説明自体を拒んだりした時に、投資家と経営者との間の信頼関係が崩れるのですね。しっかり振り返り、原因とこれから取るべき策を説明して理解を求めるほうがよほど大事です。時々、決算説明会で「なぜ未達だったか」を業況説明の最初においている企業などもありますが、客観的な分析ができていると、むしろ「ちゃんとした企業だな」と思うのが外部の眼というものです。

キャッシュフローに大きな影響を与えるのか

さて、問題点の第4は「依然として売上と利益のことばかり考えている」でした。企業は、現代における企業の経済的な成功指標としての企業価値を向上させることを考える必要があります。先ほどから述べてきた「会社の目指す姿」が、企業の社会的な存在意義、社会的な価値という意味での「企業の価値」なのだとすれば、ここで考えてほしいのは、そうした企業が生き永らえていくためには経済的にも成功しなければならないのであり、その成功指標として、「投資家が出す元手のコストを考えたうえでの企業が将来生み出すキャッシュフロー」を経済的な意味での企業価値と呼ぶのでした。紛らわしいので、筆者は前者を「右脳的な企業価値」、後者を「左脳的な企業価値」と呼んでいます。

企業が目指す姿を追い求め、実現するのはもちろん最も重要ですが、その過程において経

図3－3　左脳的な企業価値、右脳的な企業価値

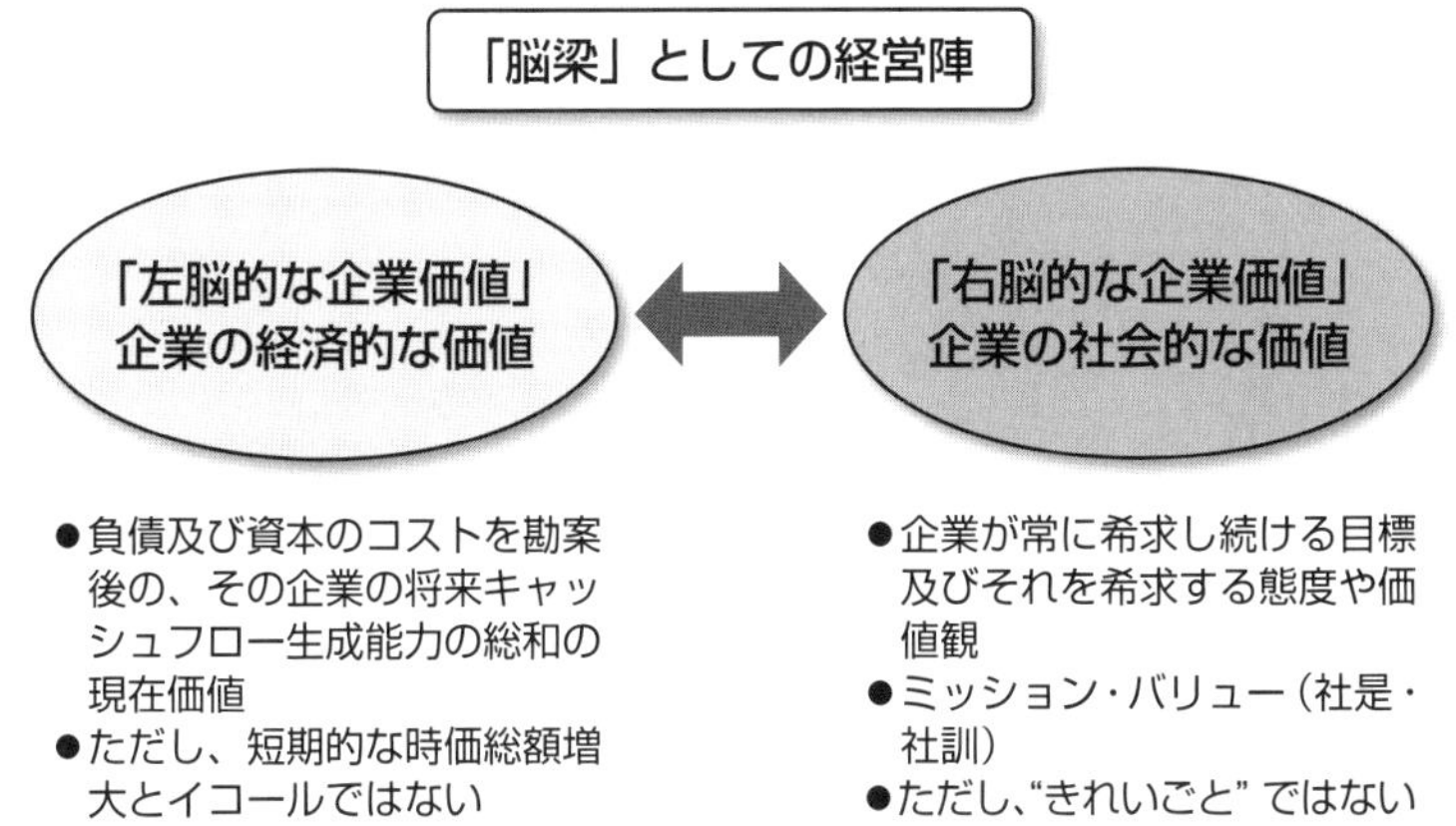
「脳梁」としての経営陣
「左脳的な企業価値」
企業の経済的な価値
「右脳的な企業価値」
企業の社会的な価値
●負債及び資本のコストを勘案後の、その企業の将来キャッシュフロー生成能力の総和の現在価値
●ただし、短期的な時価総額増大とイコールではない
●企業が常に希求し続ける目標及びそれを希求する態度や価値観
●ミッション・バリュー（社是・社訓）
●ただし、"きれいごと" ではない

松田千恵子（2019）『グループ経営入門　第４版』税務経理協会

済的困窮で立ちいかなくなったり、様々なステークホルダーとの約束を破ったりすれば却って社会的に迷惑な存在となってしまいます。したがって、「会社の目指す姿」を実現するだけではなく、経済的にも成功していなければならないのですね。すなわち、社会的な価値と経済的な価値の両立ができていなければならず、それらの間での整合性が取れていなければなりません。したがって、ここで作る大きな物語は、「将来キャッシュフローを生み出す力に〝眼に見えて〟変化を及ぼすような」内容であることが必要です。先ほどの事例にしても、いくら「クリーンエネルギーを供給できるナンバーワンの存在になる」と豪語しても、それを行うために何兆円の投資が必要なのか、何億円で済むのかによって、今後のシナリオは大きく変わってきます。どの

くらい儲かるのかも同様です。

これから先、具体的な戦略作りに入っていくときも、経済的な意味での「企業価値の向上」に明らかに影響を及ぼす重要なポイントにぜひ焦点をあててください。企業価値に何ら影響のない、枝葉末節の事柄に力を入れても意味がないのです。これは、意外に見落としがちです。グループ売上高の50％を占める事業も、５％しか占めない事業も同じような重きをおいて網羅的に説明したり、キャッシュフローにさして影響を与えないような話でありながら直近に出た新製品の話に時間を割いたり、といったことがよく見られます。こうした内容を無視しろ、と言っているわけではありませんが、時間は有限、労力も有限です。「メリハリ」をつけましょう。扱っている内容を、将来キャッシュフローにどのくらい影響するのか、という観点から見直して、力の配分を決めてください。そこで選ばれなかった要素は、おそらくあとから決めても十分間に合う内容です。こうして取捨選択することで、きっと、余計なことをする手間が大いに省けると同時に、自社にとって本当に注力すべき大事なことは何なのか、が見えてくるはずです。もう少し詳しい数字との関連性についてはのちほどゆっくりと。

■サステナブルな要素を戦略に組み込む

こうした経済的な意味での「企業価値」の向上と、社会的な存在意義を全うするという意味での「企業の価値」の実現との双方が統合されてより良き姿を実現しようとする経営の取組みが、最近では「サステナブル経営」などと呼ばれたりしていることはすでにみました。企業においても、「経済的責任」と「社会的責任」を別個に扱いがちであったCSR推進部門などが、サステナビリティ推進部門へと改組、発展してきているのが現状かと思います。こうした進化は好ましいことですが、ただ理想はまだ遠いところにあるのも事実です。

これが、先ほど最後に挙げた問題点である「サステナビリティとビジネスが紐づいていない」ということです。先ほどの「クリーンエネルギーを供給できるナンバーワンの存在になる」という目標ひとつを考えても、サステナビリティ的な要素が事業の将来と密接に絡み合っていることは自明です。みなさんの会社では、事業戦略を考えるうえで、サステナビリティ的な要素を勘案しているでしょうか。「それって、サステナビリティ推進部門のやることでしょう」――そうではありません。サステナビリティ推進部門の多くは圧倒的な人材不足に悩んでいます。日進月歩で規制のあり方や投資家の反応も変わっていく中、対応が追い付かないのです。それに加えて、事業に関する様々な情報を収集できず、他部門との連携が図れずに苦労していたりします。

こうした状況は、戦略策定にあたって大きな問題となり得ます。事業を間近に見ている人々が、その事業のあり方が環境や社会にどのような影響を及ぼすのかをしっかり考えたうえで事業戦略の策定をしなければ、生々しいリスクやその深刻さを的確に把握することはできないでしょう。逆に、事業的な目線があるからこそ、環境や社会といった分野から新しいビジネスチャンスを見出すこともできます。**サステナビリティ要素をどのように事業戦略に組み**

込むかという視点は必ず持っておくようにしていただければと思います。

3-2 外部環境分析と内部資源分析

■外部環境から始める

戦略策定の話を進めましょう。議論を活発に行っていくためには、やはり様々なデータやファクト、ナンバーは必要になります。どちらかというと凝縮系の話ではありますが、いわゆる「分析」というものをしっかり行っておくことも大変重要です。

そう言うと、早速腕まくりをして財務分析や内部調査に取り掛かる向きもありますが、実はそれはあまり賢い方法とはいえません。我々自身も常に環境から影響を受けているごとく、事業を取り巻く大きな流れがわからなければ、その事業の来し方行く末に関する理解もおぼつきません。そういうわけで、物語を作るためには、まず事業が置かれている環境を理解し、その中でその事業がどのような地位を占めているか、それはなぜか、といったことをみます。教科書的に言えば、最初が「**外部環境分析**」、次に「**内部資源分析**」という順番になります。

外部環境には、政治・経済・社会・技術の状況など、また業界や市場動向、顧客の状況、競争状態、規制の動向などが含まれます。これらが企業の生み出すキャッシュフローを大きく規定してしまう場合もあります。一方、こうした環境の中で、企業がどのようなマーケッ

図３－４　事業分析の全体像

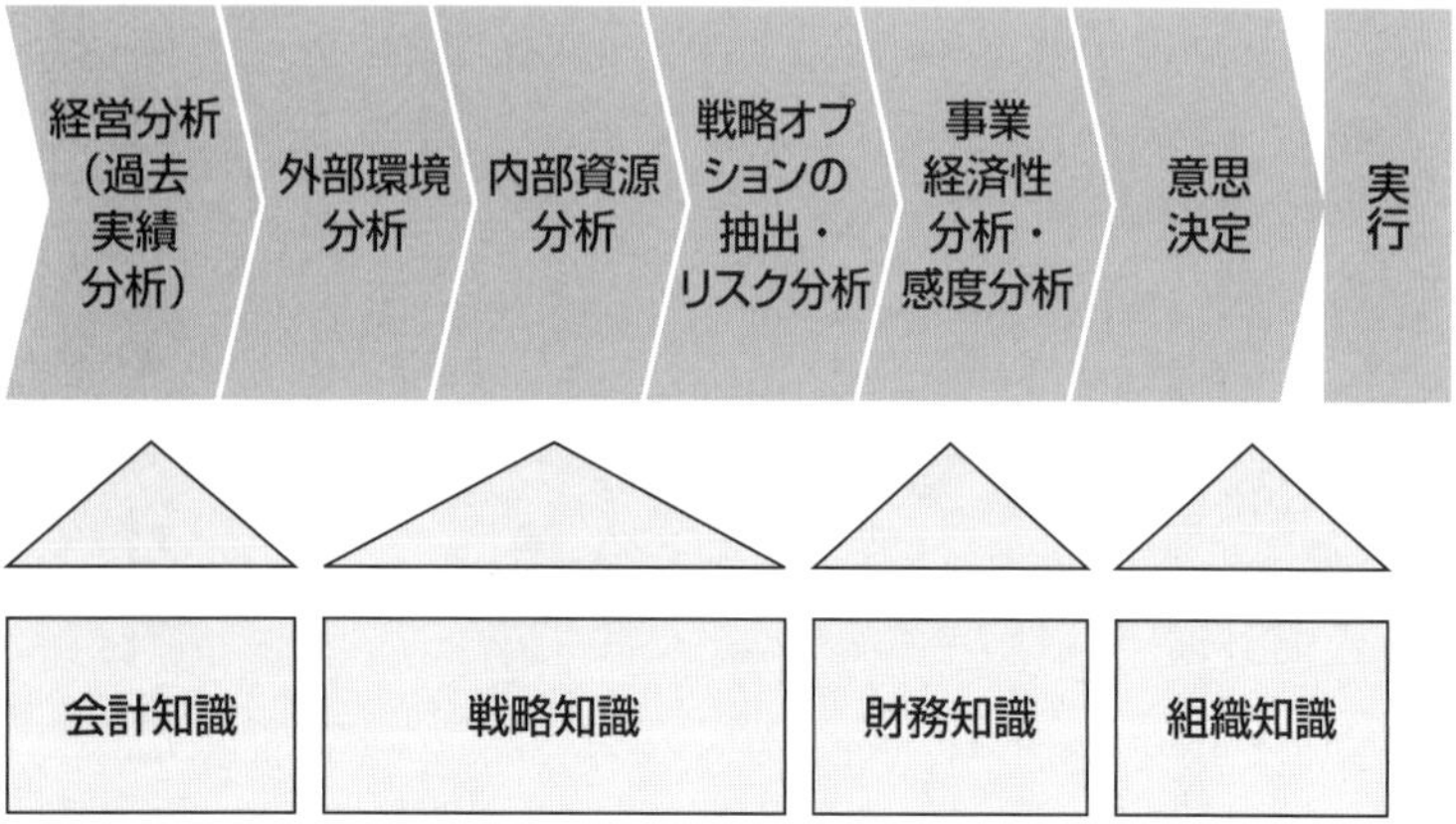

トポジションを現在得ていて、そして将来も得ていくことができるのか、といった分析が内部資源の分析になります。ここで重要なのは、「何がそのマーケットポジションを保持していくことができる〝原動力〟になっているのか」ということです。その企業の強みといっても良いでしょうし、もう少し堅苦しく言えば「競争優位の源泉はどこにあるのか」ということになります。これがなければ将来にわたってキャッシュフローを生み出し続けることはできません。そして、この〝強み〟を、最大限に生かせるような経営戦略、事業戦略が描かれており、それを実行に移すことのできる経営者、責任者がいるか、という点もまた重要です。

「市場（Customer）・競合（Competitor）・自社（Company）」の３Ｃを見よ、と言われ

ることがありますが、外部環境分析は前者の2つ、内部資源分析は自社の分析、ということです。また、**SWOT分析**というのもよく使われますね。Strength（S、強み）、Weakness（W、弱み）が内部資源の分析、Opportunity（O、機会）、Threat（T、脅威）が外部環境分析に相当します。余談ですが、この分析では、SとO、WとTを取り違える場合がとても多いです。外部環境と内部資源の分析はそれぞれきちんと分けましょう。

■聞き手に魅力的な話を作る

戦略は、まず「大きな物語」として面白いお話を作る必要があります。そのためにも外部環境からみていくことが必要です。聞き手には、そのほうがわかりやすいからです。聞き手の代表として、投資家といった人々がいます。実は、投資家が企業を分析する際と、企業が自社について考える際には、同じ外部環境分析、内部資源分析を扱っていても、その組立の順番がまったく異なります。市場、競合、自社という要素があれば、企業の方々は必ずと言っていいほど、自社のことをまず考えます。一方で投資家は、市場から分析を始めます。

別にどちらが良い、悪いというわけではありません。これは企業と投資家の考え方の違いによるものです。企業は、そもそも「やりたいこと」があって何かを始めた存在です。その「やりたいこと」が面白いから、新しいから、うまくいくと思って始めたわけですね。当然、それは自社だからこそ進めていけるユニークな取組みであり、自らの強み、です。したがって、まずそれを語りたい。それが斬新であればあるほど、同じことをやっている人たちなど

図３－５　投資家の視点、企業の視点

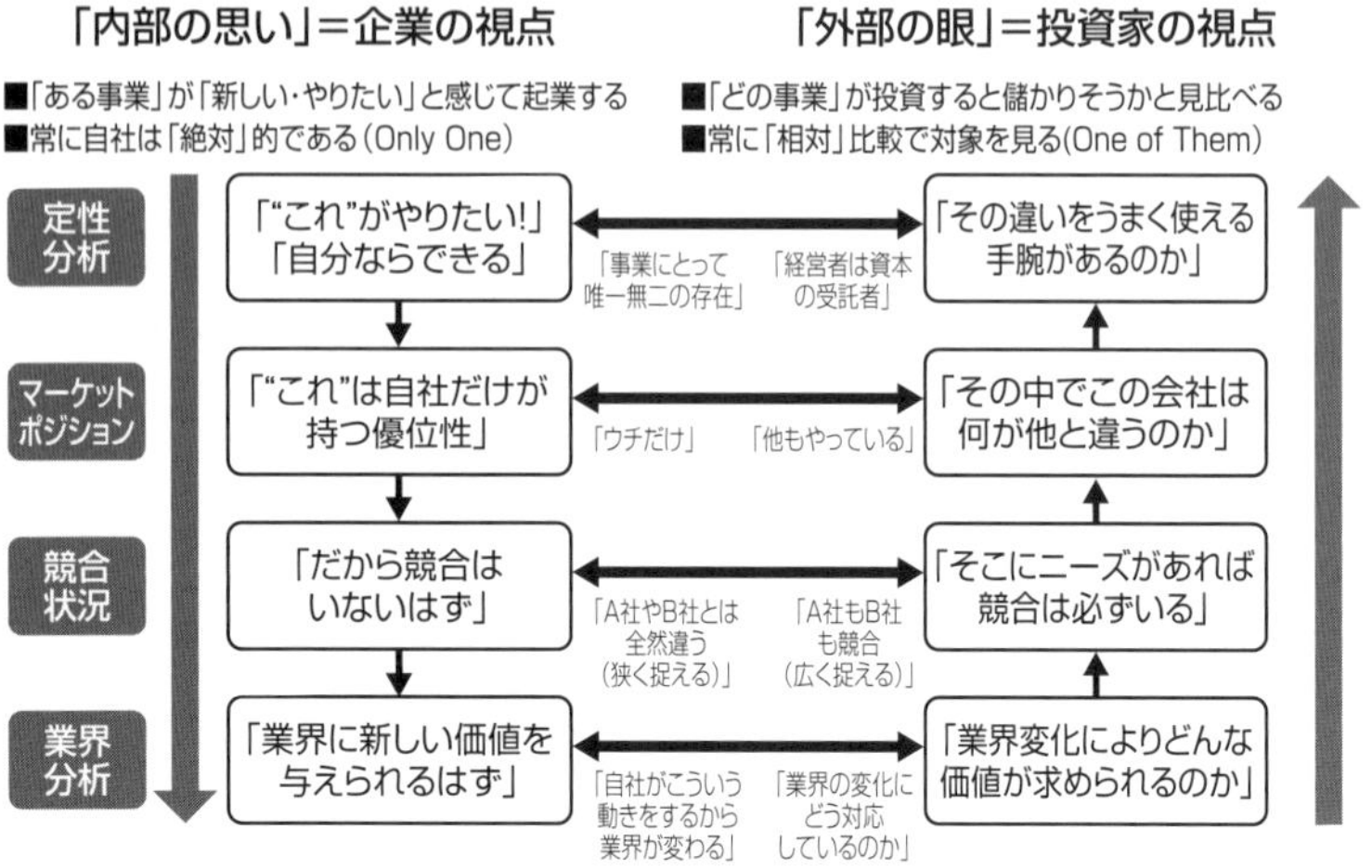

「内部の思い」＝企業の視点
「外部の眼」＝投資家の視点
■「ある事業」が「新しい・やりたい」と感じて起業する
■常に自社は「絶対」的である（Only One）
■「どの事業」が投資すると儲かりそうかと見比べる
■常に「相対」比較で対象を見る(One of Them)
定性分析
マーケットポジション
競合状況
業界分析
「"これ"がやりたい!」「自分ならできる」

「"これ"は自社だけが持つ優位性」

「だから競合はいないはず」

「業界に新しい価値を与えられるはず」

「その違いをうまく使える手腕があるのか」

「その中でこの会社は何が他と違うのか」

「そこにニーズがあれば競合は必ずいる」

「業界変化によりどんな価値が求められるのか」

「事業にとって唯一無二の存在」

「経営者は資本の受託者」

「ウチだけ」

「他もやっている」

「A社やB社とは全然違う（狭く捉える）」

「A社もB社も競合（広く捉える）」

「自社がこういう動きをするから業界が変わる」

「業界の変化にどう対応しているのか」


はいない、と思います。ですから、競合といえるほどの競合は見当たらないと考えたりします。オンリーワンであるからこそ、業界に新しい価値を与えることができるということです。こう思わなければ、そして実際にそうでなければ事業を長く続けていくことはできませんから、この考え方に無理はありません。

ところが、投資家の頭の中はこうなってはいません。彼らは、どこに「先立つもの」を投下すると最も儲かるか、という視点から見ています。したがって、すべてを相対比較で考えます。そもそも、アメリカに投資するのか、日本に投資するのか、からしても相対比較です。その中で日本を選ぶと、次は日本における株式市場がいいのか、社債市場がいいのか、不動産市場がいいのかという相対比較が待っています。仮に株式市場を選んだとしたら、ではどの業界がいいのかという話になります。特定の業界が選べたら、そこにいるプレイヤーたちはまずもって全部「競合」です。主だったプレイヤーたちの財務状況を比較したり、将来予測を比べたり、「並べて比べる」ことに余念はありません。そうした相対比較の中から、「この会社は確かに競争優位性がある」と思われた会社に対して、実際にその強みは将来も維持可能なのだろうか、強みを維持できる有能な経営者がいるのだろうか、本当に「やりたいこと」は何なのだろうか、と興味を持つわけです。

■「競合はいない」は禁句

こうした人たちを企業の側から見ると、「何てモノのわかっていない人たちだろう」と思います。あんな会社とウチを並べるなど、よっぽど業界構造がわかっていないに違いない、とか、どうしてウチがこんなに業界に対して価値を与えていることがわからないのか、とフラストレーションも溜まります。しかし、相手もみなさんの説明を聞いてこう思っています。「何て独りよがりな企業なんだろう」、と。彼らは相対比較でしかものを考えない人たちですから、「競合はいない」などと言われれば、「それはすごい」と思う前に「それでは分析ができない」と思います。同じ要素を取り扱っていても、思考の流れの方向が逆なのです。したがって、企業の方々の説明が自社から始まると、投資家としてはやはり理解度が低くなります。ということは、投資家の理解を得ようと思ったら、投資家の思考に合わせた説明が好ましいといえましょう。まずは市場の分析から入り、相対比較を意識したうえで自社ならではの強みを語る、というストーリーの立て方をすると受け入れられやすいです。

ただ、事業にどっぷり浸かっていると、意外にこうした考え方を取ることは難しいです。自社の先行きや事業の将来などを、第三者的な目線で見られなくなっているからです。その結果として「競合はいない」とか「自社の強みは誰にも負けない」と豪語したりしますが、本当にそうでしょうか。本当ならばそれに論拠を与えるために、やはり客観的な比較は必要ですし、もし怪しいとしたら、間違った前提で戦略を進めないように、しっかりと確認するためにも客観的な比較は必要です。

これは、企業が資本市場との対話を行ううえでも留意すべき話ですが、事業部門が本社に対して戦略説明を行う時にも同様です。本社部門はまさに「グループ内投資家」ですから、投資家的な思考方法が必要となってきます。長らく企業の一員として過ごしていると、「投資家的な見方に切り替えろ」などと言われること自体に抵抗があったりもします。もしそうならば、「第三者的な目線で見てみよう」でもかまいません。こうした見方をしていかないと、自社を取り巻く大きな流れの中で、どこに経営資源を投下すると将来伸びていけるのか、といった問題に答えは出せません。ぜひ思考の流れの違いを意識しながら、まずは外部環境をしっかり分析して、将来へのストーリーを描いてください。

■市場規模と成長性

外部環境分析は「市場」と「競合」の分析になりますが、先ほど述べた理由によりまずは

「市場」からみていきます。ここでの分析の主眼は、「その市場を対象にして成功できるのか」ということです。まず、対象とする市場とその規模を特定しましょう。既存事業の場合には、対象とする市場はおのずからわかっているような気分になりがちですが、考えるべきは現在の状況ではなく、将来の予測です。現在対象としている市場も、将来的には様々に変化するかもしれませんし、成長するかもしれませんし、衰退するかもしれません。少なくとも3～5年程度の市場規模を予測しましょう。これは2つの意味で重要です。1つには、そこにある程度の規模が予測できないと、その市場で展開するビジネスも規模の制約を受けてしまうからです。「いや、別に規模を追うビジネスではないから市場の規模は関係ない」と思う方もいらっしゃるでしょうが、そういう場合には極端な例を考えてみてください。せっかく発明したイノベーティブな製品があったとします。人々がそれを欲することにより企業はその製品を売ることができ、儲けを得られるわけですが、仮に地球上の誰もその製品を欲しなかったとすると、企業はどんなに良いものを作ったと豪語しても、それで儲けることはできません。これが市場規模＝ゼロの状態です。これでは困るわけですね。それゆえ、ドラッカーは、企業が存続するために最も大事なものとして「イノベーションとマーケティング」を挙げたのですね。

別にグローバルメガ企業を目指す必要は必ずしもありませんが、市場がどのくらいの大きさとなるのかによって、企業として準備する経営資源も変わってきます。市場の伸びに追いつけずに欠品を出してライバルに先を越されてしまったり、あるいは大幅に読みを間違えて在庫の山や過剰人員を抱えてしまったりしては困ります。こうしたことは、市場の規模を予測し、数値に落として色々とシミュレーションすることで避けることができます。これが、市場の規模の予測が必要なもう1つの意味です。すなわち、規模が定量化されていれば、それを起点に将来のマーケットシェアや売上、利益、さらには必要投資なども定量化し、様々なシナリオを具体的な数値とともに検討することができます。こうしたシミュレーションは、ファイナンシャルプロジェクションの作成や財務モデリングなどと呼ばれます。これについては後述します。

市場規模を予測すると言っても、そこには様々な要素が必要です。すでに存在する市場であれば、過去からどのような成長や変化があったのか、そのカギとなるものは何か、そのカギは今後変わり得るのか、市場を取り巻く環境は今後どうなるのか、等々を検討しなければなりません。提供する製品やサービスが市場進化の方向性から外れていたり、顧客のニーズを満たしていなかったりすれば成功はおぼつかないでしょう。

ここで「カギ」という言葉を使いましたが、市場の成長に寄与する要因のことを、**市場ドライバー**といいます。重要成功要因（KSF：Key Success Factor）という言葉もよく使われますが、気を付けていただきたいのは、KSFと言った場合には外部環境、内部資源のどちらに属する要因かは問わない一方、市場ドライバーというのはあくまでも「その市場において成長を獲得するためのカギ」のことを指します。これは、個々の企業の強みとは異なります。市場ドライバーとは、言い換えれば、「どんな企業でも、その要因をきちんと獲得できればその市場で成功できる要素」のことと思っていただいてかまいません。まずはこれをしっかりと分析、把握しましょう。

■フレームワークは楽屋ネタである

分析するにあたっては、闇雲に手を付けるより、有効な思考の枠組みを使って物事を整理したほうが効率的です。こうした思考の補助線になるような枠組みを、よく「フレームワーク」といいます。いくつか知っておくと、イチから考えるよりは時間と労力の節約になることもあります。ただし、フレームワークはあくまでも「思考の補助線」であって、経営戦略そのものではありません。よく、こうしたフレームワークさえ押さえておけば戦略策定はばっちり、といった手合いの本を見かけますが、そんなものはありません。フレームワークは、外部環境や内部資源を考えていくためのツールでしかありません。楽屋ネタみたいなものですね。本書では「あくまでも楽屋ネタ」ということを前提として適宜使っていただければということで、目的を忘れないようにしながらいくつかご紹介してみます。まずは外部環境分析に関係するものをいくつか挙げてみましょう。

市場を考えるにあたって最初に行うべきなのは、対象となる市場を取り巻くマクロの動向がどうなっているかを考えることです。これには、「PEST分析」がよく用いられます。何だか小難しい名前がついていますが、何のことはありません。マクロ動向のうちでも、特に重要だから見ておいたほうが良いと思われる要素の頭文字を4つ並べただけです。Pが政治（Politics）、Eが経済（Economics）、Sが社会（Society）、Tが技術（Technology）です。最近はこれにもう1つEを加えることもあります。先に述べたESGのほうのE、すなわち環境（Environment）ですね。ESGのSのほうはすでに出てきていますし、Gはどちらかというともう少し企業よりの話なのでここでは扱いません。ただ、コーポレートガバナンス・コードが強化された、といったような動きがもし今後の動向に大きく関わると思われるなら、Pのところに入れておけばよいでしょう。[4] それよりも、ここでも忘れてほしくないのは、「キャッシュフローに大きな影響を与える要素について考える」ということです。いくら世間で話題になっていたとしても、自分がこれから考えようとする業界や事業にまったく関係のないマクロ動向の特定要素にこだわっても何の意味もありません。迷ったら、「この要素はキャッシュフローにどの程度の影響を与えるのか」と必ず自問自答してください。さしたる影響がないなら忘れましょう。

こうやって考えていくと、業界や事業にとても大きな影響を与えるようなマクロ動向の要素はそう多くはありません。20も30も出てきたら多すぎます。どんなに大きな業界でも、せいぜい多くても10以内、できれば人間の覚えていられる限度といわれるマジックナンバー、7以内に収めましょう。そうしないと、この後の戦略策定で苦労します。なぜならばここで出てきた要素は多くの場合、みなさんが考える物語の「制約条件」として機能するからです。

■外部環境を考えるフレームワーク

外部環境を考えるフレームワークの中で最も有名なのは、先述した「**5つの力分析**（Five Force Analysis）[5]」でしょう。業界にはすべからく5つの力が働いているということですね。経営戦略の大家であり、「戦略は産業構造に従う」とまで述べた（すなわち「外部環境分析が大事」ということですね）マイケル・ポーター大先生の作られたフレームワークです。業界に働く5つの力とは、「業界内競合」「売り手」「買い手」「代替品」「新規参入」の5つです。これらが企業の競争状況を決めるということです。

「そんなことはわかっている」「基本的すぎ」などと思っている方々、では、この分析は「何のために」やるのか理解していますか？「業界構造を理解するため」。その通りですが、それがわかると何が良いのでしょうか。実は、このフレームワークは作って終わりになりがちなフレームワークの代表の1つでもあります。「業界内競合は厳しく、売り手と買い手の力は弱い、代替品と新規参入は中程度、ハイ分析終わり」。――でも、これだけだと「それで？」と言いたくなりますよね。戦略コンサルの世界だと、冷たく「So What?」と言われて終わりです。コンサルキャリアまで終わりになりそうです。フレームワークは作ることが目的でないのです。

4 さらにL、すなわち法律（Legal）を加えて、PESTEL分析などという方もいらっしゃるようですが、PとLを峻別するのは実は難しいのではとも思います。「ウチの業界では分けることが必要だ」という方はそうしていただいてけっこうですが、考えていて何となく混乱してしまった方は、せいぜいPESTかPESTEくらいまでにしておいて十分です。

5 M・E・ポーター著、土岐坤・中辻萬治・服部照夫訳（1995）『新訂 競争の戦略』ダイヤモンド社

図3－6　「5つの力分析（Five Force Analysis）」

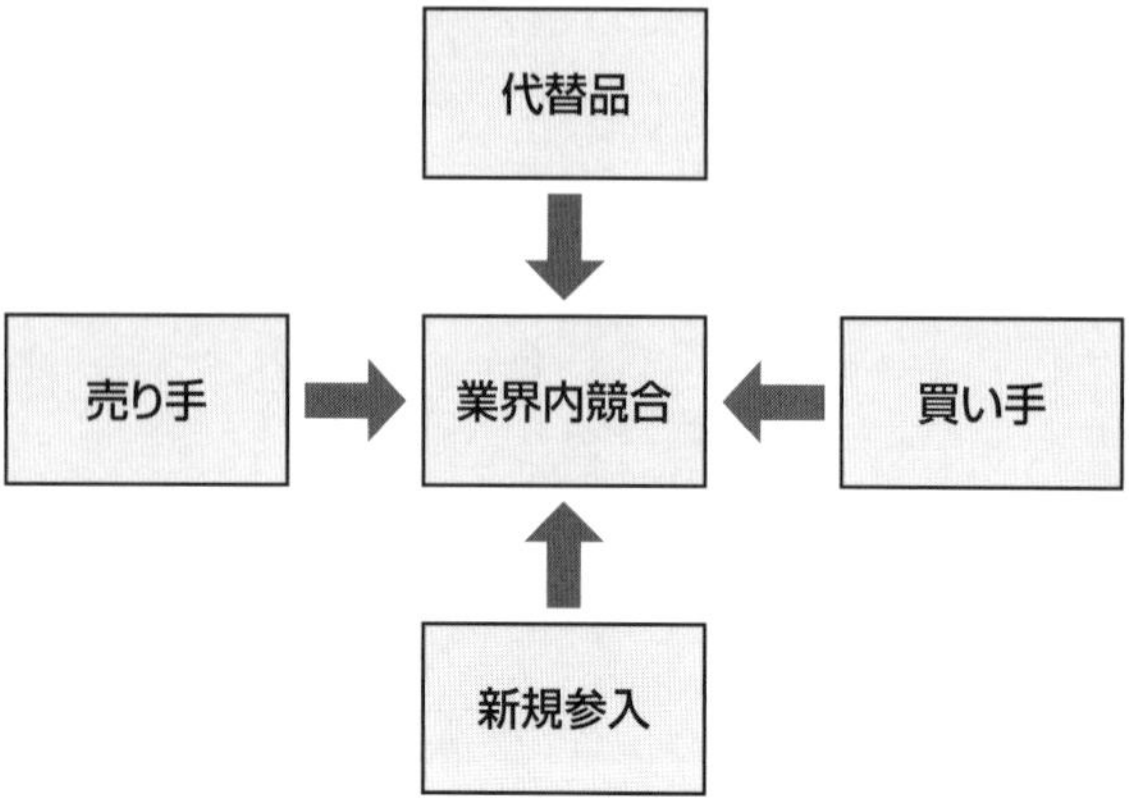

出所：マイケル・ポーター著、土岐坤他訳（1995）『新訂　競争の戦略』ダイヤモンド社

はなく、具体的な打ち手を考えるためのものだからですね。

「5つの力分析」でぜひ解き明かしていただきたいのは、その業界における「長期的な投資収益率」です。当のご本人のマイケル・ポーター自身がそう言っています。[6]

また、これらの要因の強弱だけを論じても意味はありません。重要なのは、それを踏まえたうえで、「なぜそうなっているか」を理解し、それを自社の戦略に適用することです。[7] 表層的なフレームワーク活用ばかりしていても得るものはなく、なぜそうなるのかといった深い分析こそが役に立つということです。それによって企業は自社の依って立つ「立地」を決めることができます。これをポーターは「業界内での位置」と呼んでいます。まさにポジショニングですね。これが重要であるということを説いたゆえに、マイケル・ポーターは「ポジショニング学派」と呼ばれることになったのでした。

■事業にはすべからく寿命がある

どんな事業や製品にもすべからく寿命があり、衰退期に至るまでの導入期、成長期、成熟期のそれぞれに応じて打ち手は異なる、ということを説明する「**プロダクト・ライフサイクル仮説**」といったフレームワークもあります。これは、マーケティングという学問の黎明期の1950年にジョエル・ディーンという人が提唱した理論で、製品が市場に投入されてから、寿命を終え衰退するまでのサイクルを体系立てたものです。ライフサイクルの4つの段階はそれぞれ以下の通りです。

導入期：製品を市場に投入する段階なので、需要も小さく売上も大きくありません。製品開発費がかかるだけでなく、製品認知を高め、市場拡大させることが最優先課題なので、広

6「5つの力分析」の説明（M・E・ポーター著、土岐坤・中辻萬治・服部照夫訳（1995）『新訂 競争の戦略』ダイヤモンド社より引用）
競争戦略をつくる際の決め手は、会社をその環境との関係で見ることである。（中略）競争状態を決めるのは、基本的に五つの要因である。（中略）これら五つの要因が結集して、業界の究極的な収益率——すなわち、長期的な投資収益率を決めるのである。

7「5つの力分析」の説明（同上）
ある企業の競争戦略の目標は、業界の競争要因からうまく身を守り、自社に有利なようにその要因を動かせる位置を業界内に見つけることにある。（中略）戦略をつくる決め手は、現象面の底を深く掘って、各要因の源泉を分析することである。

図3－7　プロダクト・ライフサイクル仮説

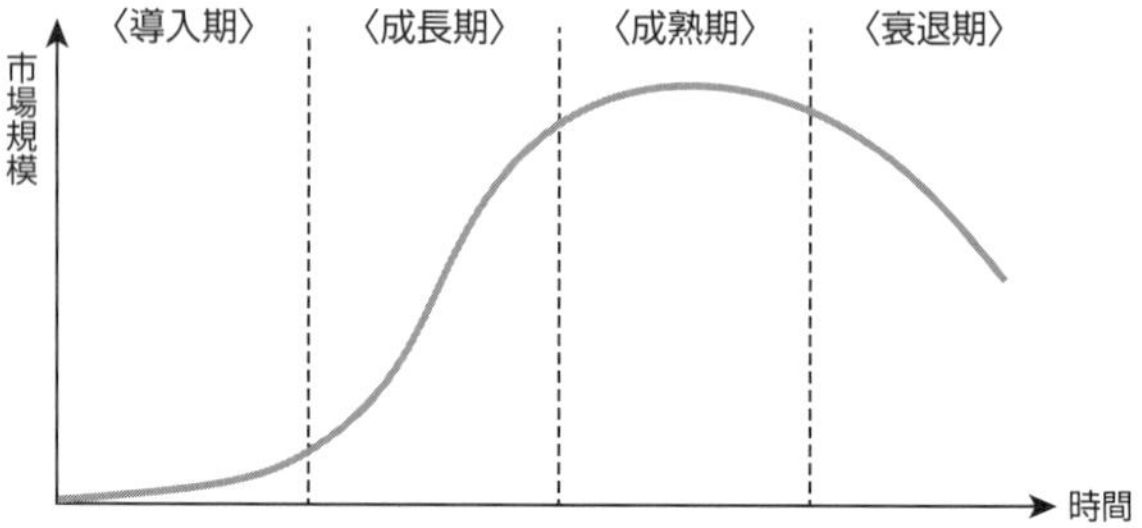

【事業の特徴】

	〈導入期〉	〈成長期〉	〈成熟期〉	〈衰退期〉
◆成長性	低成長 →	高成長 →	停　滞 →	マイナス
◆競　争	少ない →	競争激化 →	淘　汰 →	寡　占
◆収益性	低　い →	上　昇 →	高水準 →	低　下
◆キャッシュフロー	マイナス →	好　転 →	高水準の回収 →	高水準から低下
◆戦略課題	［市場の拡大］	［市場への浸透］	［シェアの防衛 利益最大化］	［効率改善］

告宣伝費もかかるため、利益はほとんど出ません。

成長期：売上と利益が急拡大する段階で、競合他社も増加します。消費者ニーズも多様化するため、製品改良や差別化戦略を重視し、自社製品のブランド力を高め、市場に浸透させることが重要な戦略となります。

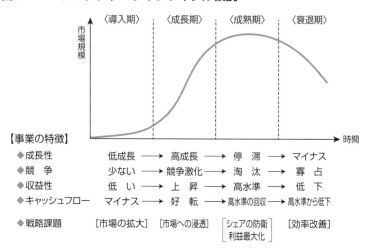

成熟期：市場の成長が鈍化し、売上、利益とも頭打ちになる段階です。上位企業にとってはコスト優位性を活かしシェアを維持することが重要な課題で、下位企業にとっては生き残りをかけ、特定ターゲットをねらったニッチ戦略が重要になります。

衰退期：値引き競争が頻繁に行われ、売上も利益も減少する時期です。投資を抑えて効率性を高めながら、既存顧客を維持することが重要な課題になります。また、ブランドの残存価値を他の製品に活用したり、撤退時期を判断することも重要です。

これは感覚的にわかりやすいですね。人間や動物の一生とほとんど変わらないからです。ただ、これも表層的な活用に留まるのではなく、どの時期にどのような戦略を打たなければならないか、というところを一気通貫で頭に入れておくことが重要です。そうした戦略をきちんと打たないとどうなるか、を考えてみることも役に立ちます。たとえば、「ライフサイクルなど誰だってわかる」と言う割に日本企業が特によく陥る失敗を2つ挙げてみましょう。

1つは、成長期から成熟期に移行しているにもかかわらず、それに気づかず（あるいはうすうす気づいていても）成長期の戦略を取り続けることです。そうすると往々にして「過剰投資」問題が勃発します。しかも、この時点での過剰投資は、金額も大きいので企業の屋台骨さえ揺るがしかねません。これまでの成長期は、投資すれば売上が増え、利益が増え、競争に勝って伸びていくことができました。しかし、どんな事業も製品も永遠に伸び続けるわけにはいきません。どこかで頭打ちになって成熟期へと移行します。しかし、その事業に携わっている人間の頭の中はそう簡単には切り替わらないことが多いのです。「夢よもう一度」とばかりに、さらに巨額の投資を行おうとします。しかも、こうした投資が簡単に企業内で認められてしまうのです。なぜならば、その事業に携わり成功を収めてきた人々が中枢に多くなっているからです。「投資をすれば成功する、売上が増える」という肌感覚とともに自分も成功してきた人たちが意思決定のトップに立っていれば、本当はその人たちが実務を動かしていた時代とは環境が異なっているにもかかわらず、かなり多額の投資でも承認されてしまう可能性が高くなってしまうのです。

もう1つ陥りやすいミスがあります。これは上記の逆です。すなわち、「導入期なのに投資を渋る」というものです。理由も上記と合わせ鏡のようなものです。新規事業は先行きも不透明ですし、市場拡大が戦略の最優先課題なので費用や投資だけは多くかかりますが、売上はまだ立ちませんし、まず間違いなく赤字です。「そんなところにいつまでカネとヒトを突っ込んでいるのか」と批判もわきます。もちろん、そもそもの製品や事業など自体が箸にも棒にも引っかからない場合もあるかもしれません。しかし、やってみもしないで誰がそのことをわかるでしょうか。まずやってみるのにも種銭が必要です。しかし、それさえも出ません。新しく立ち上げようとしている事業については、社内の誰も詳しくありません。エライ人はなおさらです。少額であるにもかかわらず、「こうしたリスクは大丈夫なのか」「あれはちゃんと確認したか」と重箱の隅をつつくような判定会議に終始してしまい、結局のところ「もう少し様子を見ようか」などと棚上げしているうちに製品を市場に投入する格好のタイミングを失ったりします。しかし、この段階で清水の舞台から飛び降りるような投資をしたとしても、せいぜい数千万円から数億円くらいです。大企業であればこれくらいの資金を出した程度で会社はつぶれたりしません。導入期にやたらと慎重になるのは日本企業の悪い癖です。こうしたことを繰り返しながら、一方では「イノベーションが起きない」「新規事業が成功しない」などと言っているのは自己矛盾だということに早く気が付きましょう。スタートアップの事業や製品について、成熟期のスクリーニングを当てはめても意味はありません。

なお、プロダクト・ライフサイクルの4つの段階は、すべての製品に当てはまるわけではありません。製品力がなければ、導入後すぐに衰退してしまいます。また、最近では、消費者ニーズの移り変わりの速さやA1などを使った分析の影響などもあるのでしょう、こと製品に関してはサイクルの周期は短くなっているといわれています。

■「業界の型」を把握する

アドバンテッジ・マトリックスという分析手法もあります。優位性構築の可能性と業界の競争要因の数により業界を分類する手法、というと小難しそうですが、要は「規模が効くのか」と「差別化ができるのか」ということに着目すれば、業界はすべからく4つの種類に分けられる、というシンプルなものです。具体的には、業界内の企業の売上高（＝規模）と、利益率（＝差別化の程度）をプロットしてその傾向を見ます。

最もわかりやすいのが、「規模は非常に効くけれどもあまり差別化の余地はない」という事業です。これを「規模型」と言います。たとえば、自動車事業などは規模型の典型例です。様々な車種があるように見えますが、コストはかなりの部分共通化されています。原材料の仕入れにしても、大量ロットを発注できるためディスカウント幅も大きくなります。規模が大きければ大きいほど、メリットが享受できます。

これとは逆に、規模を大きくしていくと逆に収益性が下がってしまうことがあります。こうした傾向を持った事業を「分散型」と言います。卸売事業などはまさにそうです。1つの製品だけ集中して扱っていれば高収益だったけれども、保管方法も配送手段もまったく異なる様々な製品を扱うようになったらコストが余計にかかってしまったりします。

他に「特化型」というタイプもあります。「スケールメリットも効くし、差別化もできる」という事業です。業界内の各社売上高と利益率をプロットしても、一見ほとんど何の関連もないように見えます。ただ、差別化の1つの要素である何かに着目すると、実は非常に規模が効いている、というのが特化型の特徴です。医薬品業界などはその典型例です。業界全体としては特に傾向が見えないようだけれども、大衆向け医薬品に着目すると非常に規模が効いている、といった状態です。最後は、規模を大きくしてもはかばかしくないし、さりとて差別化の要素もあまりないし、という事業で、その名も「手詰型」と呼ばれます。

これらの分類は、当然何かの打ち手を期待して行われています。規模型の場合は、まず「規模を大きくすること」が至上命題となります。そのためにはおカネがかかりますから、投資の意思決定は規模型事業の先行きを大きく左右します。したがって、投資を行ったら規模拡大の実現にまい進する必要がありますし、その成功度合いを測るものとして、マーケットシェアにも意味があります。また、M&Aといった手段も、それが水平統合といった形で規模を拡大するものであるならば、規模型事業との相性は良いといえます。

一方で、分散型の事業で安易にM&Aを行うとこれは失敗を招きがちです。単に規模が大きくなるだけなら収益性が下がってしまう確率が高いからです。このタイプの事業では、1

図3－8　アドバンテッジ・マトリックス

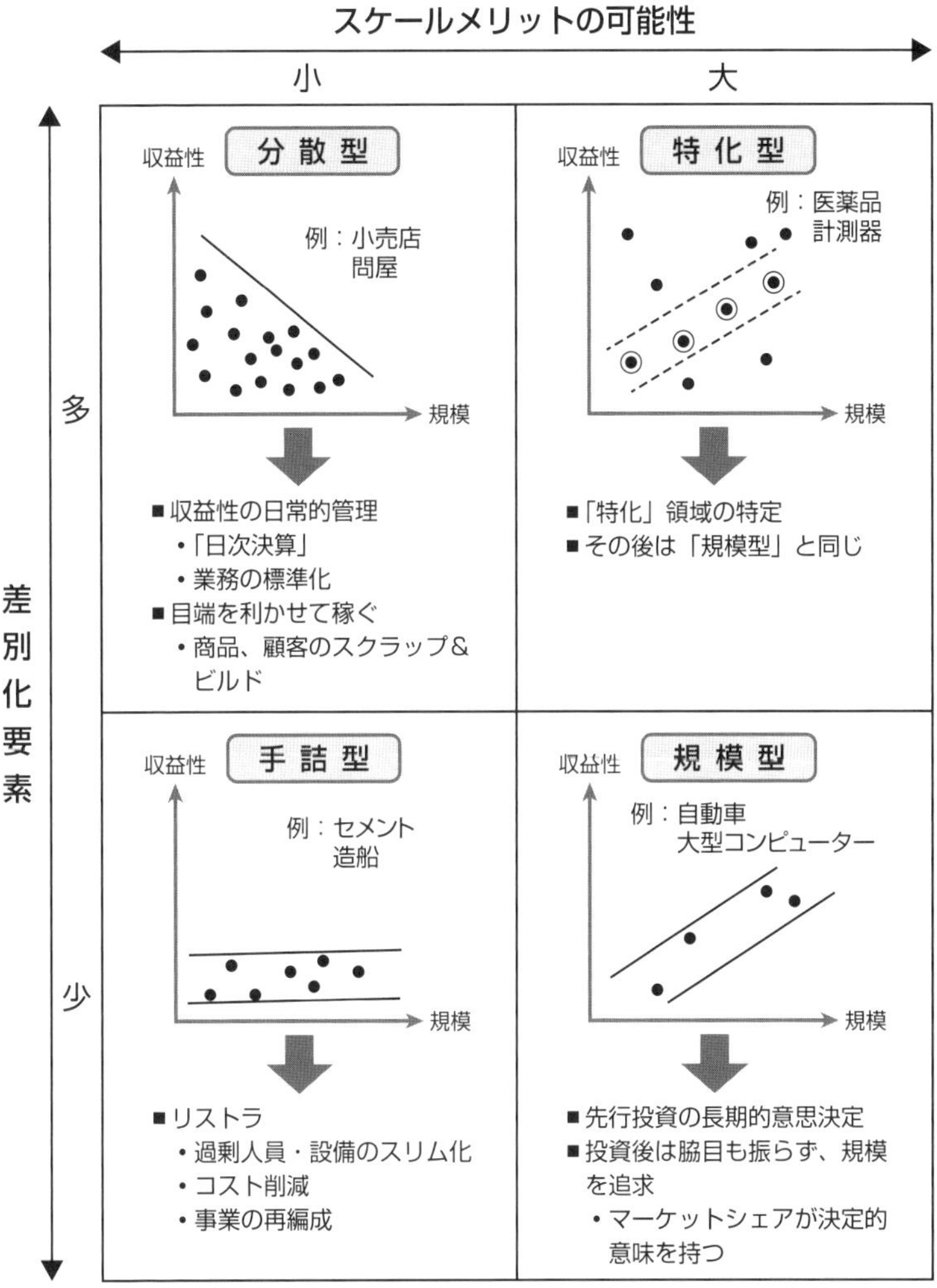

つひとつの製品なりサービスなりを、手をかけて管理することが重要です。差別化が効きやすいので、その〝違い〟を大事に育ててやる。もし、そろそろ儲からなくなってきたと思ったらすばやくスクラップする一方で、これはいけるかもしれない、と思ったら的確に次の芽を伸ばす、といったスクラップ＆ビルドが成功の鍵になります。これを行うためには当然、日々の収益性管理などがきちんとなされていなければなりません。ちょっとの動きでもきちんと目に留まるようにしておき、業務を標準化し、見えやすくしておくことも重要です。

「特化型」の事業では、そもそも自らが「何の軸で」特化しているのかが意外にわかりません。これを把握することが最初の一歩です。わかってしまえば後はやることは「規模型」と同じです。「手詰型」の事業は、文字通り手詰まっていますので、そのままにしておいても好転は望めません。構造改革を行うなり、業界あげての再編を行っていくなりしないと、閉塞していくばかりになってしまいます。

投資の回収はどう行われるのか

投資家的な視点でよく使われるのは、その事業がＰＬ型か、ＢＳ型か、といった分類です。投資と回収の時間の違い、と言ってもよいかもしれません。ＰＬ型は、投資から回収までほとんど時間がかからない型です。投資と回収が同年度の中で高速回転しているようなタイプです。外食産業などはかなりこれに近いといえます。一方、巨額の投資をしてから回収までに長い時間がかかる事業も多くあります。俗に、〝バランスシートヘビー〟な業種、と呼ば

図3－9　投資と回収の時間軸による分類

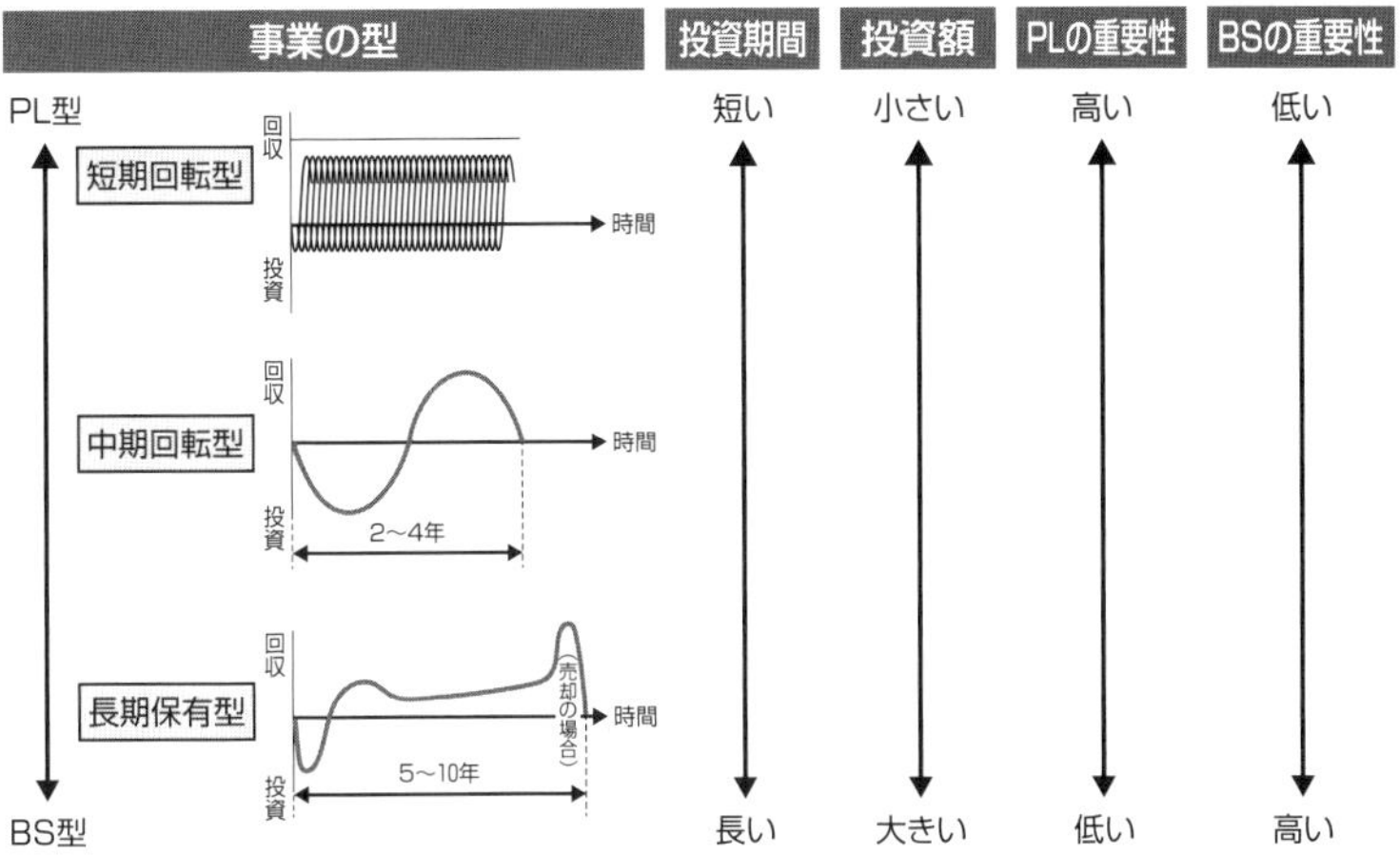

れるものです。インフラ系の事業はたいていそうですね。これは、バランスシートをしっかり見ないと、その事業で何が起こっているのかはなかなかわかりません。

同じ業界でも、何を営んでいるかによってこの型が異なる場合もあります。たとえば、不動産業界。ビルメンテナンスなどは典型的なPL型です。それもかなり回転期間が速く、言ってみれば「日銭商売」のようなものです。半年や1年を単位とした契約を行ってはいますが、サービス提供はほぼ毎日、それに対してかかる費用の多くは人件費で、これも日割りで計算できます。掃除用具その他におカネはかかりますが、それほど多額ではなく、何年もかかって償却する必要もありません。こうした業種において、バランスシートに必要以上に拘泥するのは無駄というものです。ほとんど活用していないのですから。それよりも損益計算書（ＰＬ）の項目を少しでも良くする、すなわち売上を上げるかコストを下げるか、という古典的な業務改善に邁進したほうが企業価値向上に役立ちます。また、ここまでデイリーのビジネスともなると、制度会計のルールに則って開示されたＰＬ項目はあまり意味を成しません。何と言っても日銭商売なので、制度会計よりも管理会計、それも日々のおカネの出入りをきちんとチェックすることにこそ意味が出てきます。当然、業績評価などもそうした管理会計指標をしっかり定めて行うことが有効です。非常に短期的なキャッシュフローが増大しているかどうかを見るということですね。

もう少し時間軸が延びてくると、制度会計上の数字も使えるようになってきます。たとえば四半期決算の数字などです。同じ不動産業界で言えば、マンション販売などはそれにあたるかもしれません。土地の仕込みから考えればけっこうな年月がかかっていますが、いざ企画して販売となれば、必要期間はおそらく2～3年です。それなりにバランスシートも使いますが、企業のバランスシートに長期にわたって影響を与えるほどのものではありません。借入れを行い、投資を行って、数年経ってマンションが無事に販売されれば資金回収、借入れも返済できます。ＰＬ型とＢＳ型の中間のような事業の型です。

一方、たとえば六本木ヒルズを開発するなどという事業はまったく別の事業の型です。六本木ヒルズの完成までには実に18年という年数を要しています。こんなに長期にわたるプロジェクトにおいて、四半期ごとのＰＬの数字を云々しても始まりません。それよりも、まず資金が調達できるのか、調達した資金をしっかりと適切なタイミングで投資に充当できるのか、返済すべきタイミングでキャッシュフローを上げられるようになっているのかなど、バランスシートを中心とした問題がこうした事業を営むうえでは重要です。もっと言えば、長期的なキャッシュフローが持つのかということでしょうか。こうした点も、ぜひチェックしていただきたいと思います。

■競争上の地位はどこにあるか

外部環境の中でも、今度は「競合」に関するフレームワークをみてみましょう。マーケティングの大家であるフィリップ・コトラーが提唱した「**4つの競争地位**」です。これは、先の「5つの力分析」の中の「業界内競合」をズームアップして分析してみたらどうなるか、ということでもあります。

これによると、業界内の競合のポジションは以下の4つに分けられます。

(1) リーダー

最大のマーケットシェアを持ち、業界を牽引する主導的立場にある企業です。自社のシェアを維持、増大させるだけでなく、市場全体を拡大させることが戦略目標となります。市場が拡大すればリーダーのマーケットシェアも拡大し、その結果を最も享受することができるからです。

（2）チャレンジャー

業界における、いわゆる「二番手」に位置する大企業で、リーダーに挑戦しトップを狙う企業です。「打倒リーダー」こそが戦略目標です。攻撃対象を明確にし、リーダーの弱点をつくなどしてシェアを高めることを戦略目標とします。したがって、リーダーとは「違ったこと」をやらなければなりません。差別化戦略を取ることになります。

（3）フォロワー

業界でトップ、二番手に続く大企業ですが、業界トップになることを狙わずに競合他社の戦略を模倣する企業です。製品開発や研究投資などはリーダーやチャレンジャーに任せ、その分のコストを抑え、新製品やサービスが出てきたら短い時間差で模倣することにより高収益の達成を戦略目標とします。

（4）ニッチャー

シェアは高くありませんが、ニッチ市場で独自の地位を獲得しようとする企業です。製品やチャネル、ターゲット等を限定し、専門化することで収益を高めることを戦略目標とします。ニッチ分野での名声やイメージなどを確立することも大事です。集中化戦略を取ることとなります。

チャレンジャーがリーダーを打倒するために「何か違うこと」をやってきたとしたら、リーダーが取るべき戦略も決まっています。「同質化戦略」です。これは「違いを消す」ということですね。チャレンジャーが差別化を図って投入した商品・サービスに対して、それを模倣したり、それに追随して差別化効果を台無しにしてしまう戦略です。何だか意地悪なようですが、放っておけばチャレンジャーが差別化の効果を発揮してリーダーの座を奪取しかねないわけですから、リーダーとしては行うべき必須の戦略となります。

■本当に怖いのは間接競合

上記のフレームワークが対象としているのは、同じ市場で戦っている、サービスや商品の内容が同じである同業他社です。これを「**直接競合**」と言います。誰もが認めるライバルですね。ベンチマーク対象になったり、様々な比較をされたりします。古くはトヨタと日産、キリンとアサヒ、コンビニ三社やメガバンク三行……など、ライバル視されてきた直接競合は、枚挙に暇がありません。企業内でも、直接競合は強烈に意識されていることでしょう。これは競合というにふさわしく、またわかりやすいですね。

ただし、競合にはもう1つあります。「**間接競合**」です。サービスや商品は違うのですが、顧客から見た場合、提供している価値が実は同じ、という存在をそう呼びます。先の「5つの力分析」で言えば、「代替品」を提供できるような相手です。こちらはなかなか見えにくいです。まったく違う業界であったり、思いもつかない存在であったりするので、戦っている企業自身も気が付いていないことが多いです。しかし、本当に怖いのはこちらの間接競合のほうです。なぜならば、間接競合が代替品を提供することに成功してしまうと、業界や製品分野自体が崩壊してしまうこともあるからです。たとえば、みなさんはいま、デジタルカメラ（デジカメ）を使っていますか？　多くの方はおそらくもう使っていないと思います。以前は、カメラ業界内でオリンパスやニコン、パナソニックやキヤノンなど多くの直接競合が、画素数やカメラの精度、さらにはデザインなど様々な市場ドライバーを巡り熾烈な戦いを繰り広げていました。しかし、当時はまったく別の業界だと思われていた携帯電話業界が、携帯にカメラを取り付けるということを始めた途端、カメラ付き携帯、さらにはスマホがデジカメをほぼ駆逐してしまいました。

最近では、新幹線の競合はＺｏｏｍである、などともいわれますが、これも間接競合の例ですね。こうした動きは、気が付いた時にはもう遅い、ということも多いです。そうならないうちに間接競合の存在をぜひ意識して考えてみてください。

自社の競合を規定する

もうひとつ、競合に関して考えておいてほしいことがあります。「自社の競合をきちんと規定する」ということです。上記の間接競合はともかく、直接競合など規定するまでもない、と思う方が多いのではないでしょうか。確かに、どう見てもすぐにわかる場合もあるかもしれませんが、実は必ずしもそうとは言い切れないのです。なぜならば、直接競合する企業であっても、まったく同じビジネスを行っているとは限らないからです。たとえば、先ほどアサヒとキリンの例を出しましたが、ビール事業という意味では直接競合であるこの2社も、行っている事業はいつの間にか少々異なってきています。

また、自社の目指す将来像から考えて、競合を設定し直す必要がある場合もあります。たとえば、数年後にはグローバルにビジネスを展開したいという戦略を描いているのに、そこで想定している競合が国内企業ばかりでは意味がありません。グローバルな市場で激突する競合こそしっかりと把握し、分析し、対策を立てる必要があります。こうした競合の設定は、戦略はもちろん、自社で働く人々の意識や組織の作り方にも影響を与えます。先ほどのアサヒとキリンは、国内では二大巨頭ですが、海外に目を転じれば、ビールの世界シェア（生産量ベース）をめぐる争いは、1位がベルギーの「アンハイザー・ブッシュ・インベブ」、2位にオランダの「ハイネケン」、3位に中国の「華潤雪花（China Resources Snow Breweries）」と続き、このTOP3だけで世界のビール生産量の約50％を占めるような状況です。アサヒのグローバルでのシェアは3・0％、キリンは1・5％に過ぎません。どの市場で、誰を競合として戦うかによって、戦略も組織も人の意識も変わってくることは自明でしょう。

他にも、たとえば我が国化粧品業界のガリバーともいえる資生堂は、国内では花王やコーセーといった企業が直接競合として挙げられますが、海外に行くと、はるかに大きいロレアルやユニリーバなどの企業が目白押しで、資生堂は大きいといえども大きく離れた世界第7位に過ぎません。このことは、資生堂自身がグローバル展開を考える際にも意識されていて、同社はその際に競合を国内中心からグローバルへと設定し直したという話を聞いたことがあります。

こうした競合の設定は、投資家に対してアピールする際にも必要です。ともすれば業種分類などで括られがちであり、また国内投資家の場合には国内での競合ばかりに目が向きがちですが、将来的に本当に戦わなければならない競合をしっかりと規定して、投資家にも理解してもらうことにより、みなさんの会社を外から見る眼も変わってくることでしょう。

第 4 章

事業戦略を考える(2)
——どのように事業を「設計」するか

4-1 内部資源を考える

■会社の宝物は何だろうか

長らく外部環境についての分析をみてきましたが、ここから先は、分析を行う対象事業の、内部における経営資源の分析に入ってきます。まずは、これまでもみてきたような外部環境の中で、当該事業がどのような地位を築いており、今後築いていくか、といったことを分析します。市場の中での存在の重要性、たとえば売上順位はどのくらいか、マーケットシェアをどのくらい確保しているか、といった基礎的事項はまず押さえなければなりません。そのうえで、本質的に重要なのは、「なぜそのマーケットポジションを得ることができたのか」に対する答えです。「何か」が他よりも優れていたから、であるはずですよね。その「何か」を特定することがここでの目標です。要するに、その事業が持つ「強み」ですね。他よりも優れているがゆえにいまの地位を勝ち得たその要素、企業にとっての宝物ということです。

さて、この「宝物」ですが、単に「いま持っている」だけではダメです。ここでみたいのは、「将来にわたってキャッシュフローを生み出す力」なのですから、それが「将来にわたっても維持することができるか」を見極めなければなりません。**将来も維持可能な強みがどこに**

図4－1　競争優位性とは何か

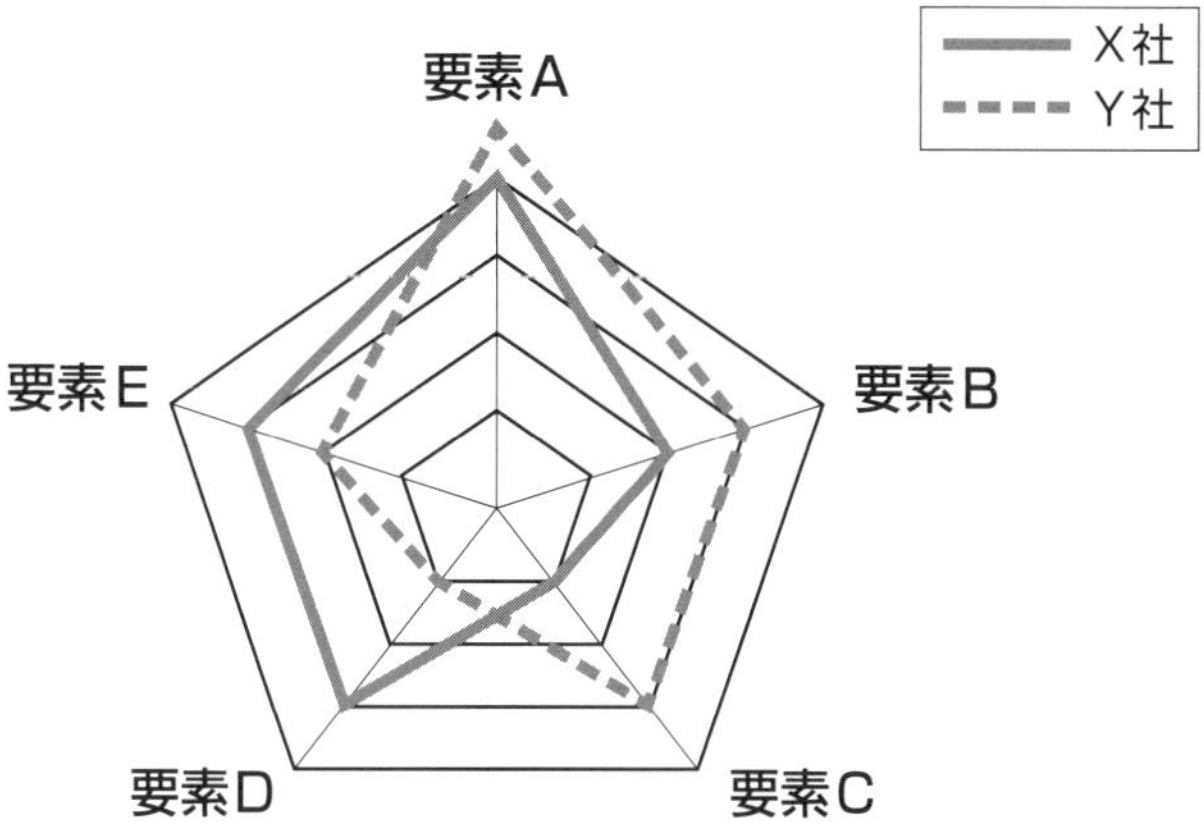

あるのか、ということがここでの分析のキーポイントです。

■競争優位性は単なる強みではない

ただ、誤解しないでいただきたいのは、ここで「強み」と言っているのは、単に自社が強いと思っている要素を示すのではないということです。したがって、間違えないように、この「強み」を称して「**競争優位性**」などという名前で呼ぶこともあります。何が違うかと言うと、図4－1を見てください。X社は、市場において「これさえ獲得すれば勝てる要素」、すなわち市場ドライバーのうち、要素Aについて確かにけっこう強そうに見えます。X社としては「自社の強みです」と言いたいところですが、残念ながらX社の「競争優位性」ではありません。なぜならば、この要素Aについては、競合であるY社に勝てていないからです。それよりも、競合が追い付くことのできない要素Dや要素Eこそが、X社の競争優位性であるといえます。こうした要素をしっかりと磨いていくことで、X社のポジションは確たるものになるはずです。

日本において、製造業に属する企業の多くは「自社の強みは〝技術〟です」と言います。確かにそれはそうなのでしょうが、多くの企業がそう言っている時点で、それは競争優位性としては意味をなしていません。誤解しないでいただきたいのですが、「技術」がダメというわけではないのです。強みであると言っている技術の「何」が、他には決して真似できない自社独自のものなのか、そこまで考え抜いてほしいのです。

よく言われる話ですが、富士フイルムホールディングスは、フィルムの需要が激減し、この先の事業展開を考える必要が生じた際に、「技術の棚卸し」をしたそうです。その際に発見されたのが、コラーゲン透過技術。写真の鮮やかな色を定着させるために、写真紙の孔からコラーゲンを透過させて定着させる技術を持っていました。これって、何に使えるでしょうか？　そう、化粧品ですね。肌の孔からコラーゲンを透過させてピカピカのお肌に♪　しかも、その技術は競合他社と比べても優位にあるということで、同社の化粧品事業はテイクオフしたわけです。

したがって、「我が社の強みは技術である」というところで〝思考停止〟している企業には、ぜひ2つのことを考えてほしいのです。1つは、「それは競合他社と比べて本当に優位に立っているような要素なのか」ということ、もう1つは、「それはもう少し掘り下げると結局どういう意味を持つのか」ということです。「強みがあるはずなのになぜ事業がうまくいかないのか」と悩んでいる企業には、共通してこれらの掘り下げが足りないという特徴があるように思われます。

内部資源に関するフレームワーク

さて、こうした「競争優位性」はどこから生まれ出るものでしょうか。マイケル・ポーターは「戦略は産業構造に依存する」としました。これに対して、「同じ産業にいて同じような戦略を取っているはずなのに成功している企業とそうでない企業がいるのはおかしいではないか」という反論が生まれ、ジェイ・バーニーをはじめとしてRBVの流れが生まれたのは先にみた通りです。実務的に言えば、「外部環境重視派vs内部資源重視派」とも言える戦いが勃発して長く続いたわけですが、どちらも大事なのは当然です。

ということで、そろそろ内部資源を考えることにいたしましょう。こちらを考えるにあたっても、いくつかのフレームワークがあります。ポーター先生に並び立つ内部資源重視派のバーニー先生が提唱した有名なフレームワークは、その名も「**VRIOフレームワーク**」というものです。これもまた小難しそうですが、先ほどと同じく、単に頭文字を並べただけですからご心配なく。すでにみた通り、経済価値（Value）、稀少性（Rarity）、模倣困難性（Inimitability）、組織（Organization）の4つです。自社の経営資源がこれらを有しているかどうかを考えることによって、内部資源が競争優位性の源泉となり得るかどうかをみる手法です。

図4－2　VRIOフレームワーク

●競争優位の獲得に重要な経営資源を特定するための4つの問い

Value―経済価値	Rarity―稀少性
・その企業の保有する経営資源や能力は、その企業が外部環境における脅威や機会に適応することを可能にするか？	・その経営資源を現在コントロールしているのは、ごく少数の競合企業だろうか？

Inimitability―模倣困難性	Organization―組織
・その経営資源を保有していない企業は，その経営資源を獲得あるいは開発する際にコスト上の不利に直面するだろうか？	・企業が保有する、価値があり稀少で模倣コストの大きい経営資源を活用するために、組織的な方針や手続きが整っているだろうか？

また、最も競争優位性のある内部資源は何かを理解するうえでも役立つといわれます。VRIOフレームワークでは、企業は生産資源の集合体（束）であり、個別企業ごとにそれらの生産資源は異なるという経営資源の「異質性」と、経営資源のなかにはその複製コストが非常に大きかったり、その供給が非弾力的なものがあるという経営資源の「固着性」を前提としています。

まあ、そうした難しいことはさておいて、まずはVRIOフレームワークの4要素についてみてみましょう。

これはYes／Noで答えるための「問い」として、下記のような順番で設定されています[1]。

(1) 経済価値に関する問い：その企業の保有する経営資源やケイパビリティは、

その企業が外部環境における脅威や機会に適応することを可能にするか。
（2）稀少性に関する問い：その経営資源を現在コントロールしているのは、ごく少数の競合企業か。
（3）模倣困難性に関する問い：その経営資源を保有していない企業は、その経営資源を獲得あるいは開発する際にコスト上の不利に直面するか。
（4）組織に関する問い：企業が保有する、価値があり稀少で模倣コストの大きい経営資源を活用するために、組織的な方針や手続きが整っているか。

いきなり問われても、何だかよくわかりませんよね。経済価値（Value）に関する問いというのは、内部資源に経済的な価値があるかどうかを聞いているわけですが、ここでの「価値」とはいわゆる企業価値や時価総額というよりも、外部環境が持つ機会に対してどれだけの付加価値を生み出す可能性があるのか、一方で外部環境における脅威をどれだけ無力化することができるのか、といったことを指します。これがなければ、そもそもその内部資源についての競争優位性はないということです。

稀少性（Rarity）とは、競合他社が持っていない内部資源があるかどうかをみます。その内部資源を持っているのが自社だけであったり、ごく少数の企業に限られていたりすれば、

1 ジェイ・B・バーニー著、岡田正大訳（2003）『企業戦略論【上】基本編―競争優位の構築と持続』ダイヤモンド社（2021年に改訂新版が出ています）

他に対して十分な違いがあるということでもあり、その内部資源を用いて何かを行うことに関して、需要が供給を上回るような状態が作り出せるということでもあります。これがない場合には、その内部資源には経済的な価値はあるものの、同質化の競争を招いてしまい競争均衡に陥るとされています。

模倣困難性（Inimitability）は、競合他社が真似することのできない内部資源があるかどうかをみます。真似することが難しければ、競争優位性を長期間維持することが可能となります。これがない場合には、その内部資源は経済的な価値と稀少性があるものの、模倣されてしまい一時的な競争優位しか築けないとされています。

模倣を困難とする要因は、主に以下の4点から説明されます。

（1）歴史性

内部資源が、企業独自の歴史的要因などで成り立っている場合、競合他社はそれを真似することは非常に難しくなります。こうした過去の出来事や経験などに依存することを経路依存性と呼びます。前例踏襲主義や過去に縛られた意思決定など、あまりよろしくないことに使われがちな「経路依存性」ですが、それが価値ある稀少な内部資源の成立要因となっていると、模倣は簡単にはできません。内部資源を獲得するために過去を再生することは他社にはできないからです。

（2）因果関係不明性（ブラックボックス化）

外部から見て、内部資源がどのような仕組みで作り上げられているのかわからない場合、それを真似することは困難です。要は、ブラックボックス化してしまっているので模倣しようとしてもできない状態ということですね。意図してそうする場合もあるでしょうし、当の本人である企業自身も、なぜそれができているのか気が付いていない場合もあります。あまりに細かい要因が絡み合っていたり、その企業にとっては当たり前すぎて誰も気にしていなかったり、無数の小さな意思決定をうまく行う能力に依存しているなど、外部からは目にすることができない場合もあり、これも模倣を困難にさせます。

（3）社会的複雑性

内部資源が、物理的な技術の複雑性などといったものだけではなく、社会的な要因も絡み合ってできあがっている場合、真似するのは難しくなります。たとえば、ある技術に依拠した製品が売れているので他社が真似をしようとしても、その技術は真似できても、顧客の間での評判や代理店の取扱いなど社会的な要因が絡み合ってくるところまでは真似できないというようなことはよくありますよね。

（4）特許等による制約

文字通り、特許による経営資源（知的財産）の保護の有無です。他社が利用しようとする場合には特許使用料が必要となるため、コスト面で大きな模倣困難性が生じます。

これら3つの問いをクリアして初めて、その内部資源には持続可能な競争優位性があるということになります。ただ、それだけでは不足で、最後に、それを生かせるような組織(Organization)になっているか、ということを確認する必要があります。内部資源を十分に活用できる組織体制が整っているかということや、レポーティングラインや経営管理の状況、報酬体系、さらには企業文化の醸成、意思決定の速さや柔軟性などが含まれてくるでしょう。ただし、組織という要素については、それだけで競争優位を主体的に生み出すことは難しいとされており、あくまでも補完的な位置づけです。V/R/Iを生かせるようなOになっているか？　ということです。

さて、VRIOフレームワークについて長々と話してしまいましたが、この分析、実務で使うのはけっこう難しいのではないかと個人的には思います。なぜならば、まずは内部の人間がこれらについて本当に冷静かつ客観的に判断を下せるのだろうか、という疑問がありま す。まあ、これを言ってしまうとすべての内部資源に関する分析は内部の人間にはできなくなってしまうので置いておくとしても、何が本当の価値なのかも少々わかりにくいですし、自社でさえ気づいていない因果関係不明性を解き明かすことなどさらに難しそうですよね。また、最も気になるのが、この分析では「競争優位が持続可能か」は判断できますが、その前提となっている競合状況というのはきわめて静態的なもので、すべての企業が同じ顧客を対象としており、その顧客層の求めるところも長期的に変わらず動かず、と言っているようにみえます。実際にそうした市場があるかというと、きわめて少ないのが現状ではないでしょうか。顧客の嗜好はあっという間に移り変わり、ニーズもふわふわと捉えどころがなく、企業の間ではそもそも目指すべき方向性さえ異なっているような状況で、クリアカットな答えが出るかどうかは少々疑問だったりします。

「じゃあ、何でこんな話を長々とするのだ」とお思いの方もいらっしゃるでしょう。もちろん、内部資源分析と言えばVRIOフレームワークといわれるように、内部資源分析の代名詞のようになっているからでもありますが、もう1つには、内部資源の分析は難しい、ということを知ってもらいたいからでもあります。組織文化などとも紐づいた、目に見えないものを相手にすることも多いので、曖昧さがどうしても残るのですね。しかし、そうした時に何も思考の補助線がないと、本当に混沌から抜け出すことができなくなってしまうかもしれません。したがって、こうしたフレームワークを頭の中に入れておくだけで、ずいぶん頭は回るようになるかと思います。

■マッキンゼーの7S

内部資源に関するフレームワークをちょっと弁護したついでに、もう1つフレームワークをみておきましょう。先ほども述べましたが、戦略コンサルティング会社のマッキンゼーが

図4－3　マッキンゼーの7S

■企業の内部構造を考える際に必要な要素
- 優れた企業では、各要素がお互いを補い、強め合いながら戦略の実行に向かっているとされる
- 企業の内部構造は、単に組織構造だけではなく、より有機的な諸要素の複合から成り立っている

■7Sは、ソフトの4Sとハードの3Sに分かれ、双方が融合していることが重要である

■ソフトの4S
①Shared Value（共有価値）
②Style（スタイル・社風）
③Staff（人材）
④Skills（スキル・能力）

■ハードの3S
⑤Strategy（戦略）
⑥Structure（組織構造）
⑦Systems（システム・制度）

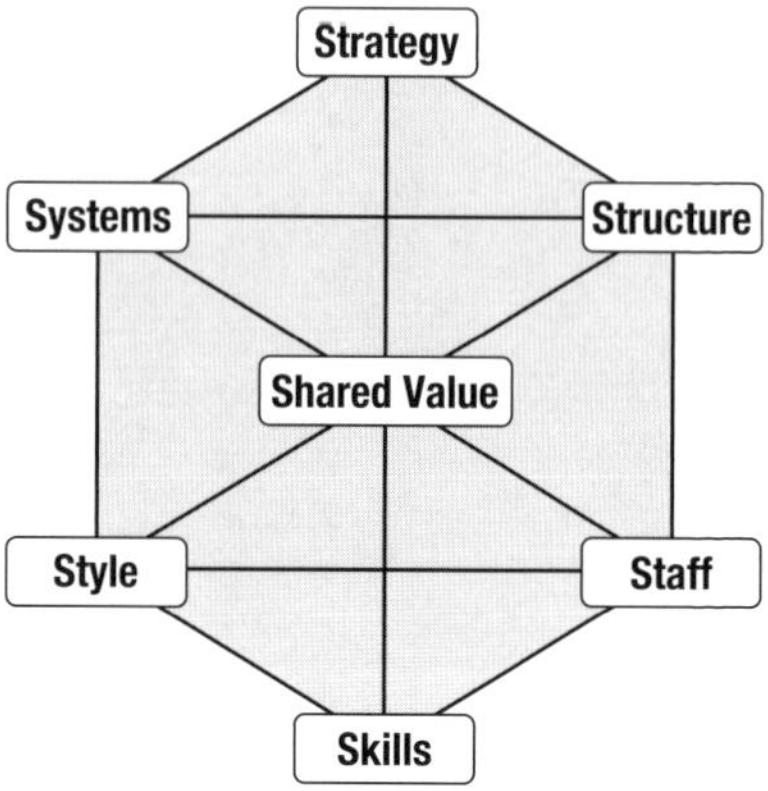

提唱した「7S」です。今度は要素が7つ。人間が覚えられる限界値ですね。この7要素は、「ソフトの4S」と「ハードの3S」に分かれます。前者は、①Shared Value（共有価値）、②Style（スタイル）、③Staff（人材）、④Skills（スキル）で、後者は⑤Strategy（戦略）、⑥Structure（構造）、⑦Systems（システム）ということになっています。このうち、Shared Valueはすべてに通底する最も大事な要素として位置づけられます。共有価値、そこにいる人々が共通して持つ基本の軸、企業理念などのことですね。

　このフレームワークは網羅的で良いのですが、戦略を作りたいと言っているのに、分析要素に「戦略」が出てくるのは困りものですし、何より7つも挙げるとさすがにわかりにくいような気もします。ただ、自

社がいまどのような状態にあるのか考えるためには役立つかもしれません。こうしたフレームワークは思考の補助線として、あくまで楽屋ネタとして使っていただきつつ、自社の内部資源の何が競争優位の源泉となっているのかを考えていただきたいと思います。

■バリューチェーン分析

組織のつながりに注目するならば、バリューチェーン分析についてもちょっと知っておいたほうが良いかもしれません。バリューチェーン（Value Chain）とは、原材料を調達し、商品やサービスが顧客に届くまでの様々な企業の活動の連鎖を「モノの連鎖」「価値の連鎖」として考えたものです。外部環境重視派であるマイケル・ポーターが「産業構造からだけの説明では、同じ環境にいるのにパフォーマンスが異なる企業の違いが説明できないではないか」と、内部資源重視派から攻撃されたのに対して打ち出した内部資源をみるためのフレームワークですが、これも万能というわけではありません。1つひとつの要素について細かいコスト計算をしてどこで価値が生み出されるのかを把握し、かつそれを競合と比べられれば大変意味がありますが、実際には競合のバリューチェーンを細かく知ることができなかったり、自社のコスト計算でさえ煩雑を極めたりします。とはいえ、これも思考の補助線として使うのには有用でしょう。業界によって、どの活動が競争優位を決定するかは異なりますし、同じ業界でも、業態によって、あるいは企業によって価値が生み出される活動は違う可能性があります。どの活動で競争優位なのか、あるいは競争劣位なのかを知ることができるのは大事です。

バリューチェーンは「主活動」と「支援活動」との2種類の企業活動から成ります。「主活動」とは、製造業でいえば原材料から製品を作り、顧客に届けるまでの一連のプロセスを意味します。購買物流、製造、出荷物流、マーケティング・販売、サービスといったところですね。「支援活動」は「主活動」をサポートする活動を指します。調達、技術開発、人事管理、全般管理がそれに当たります。これらすべてにかかるコストが「価値を作る活動の総コスト」であり、そこに「マージン」を加えたものが「総価値＝総収入」となります。また、主活動にも支援活動にも「直接的活動」「間接的活動」「活動の質の保証」の3つの活動タイプが存在しています。直接的活動とは、価値を生み出すことに直結する活動であり、間接的活動は、直接的活動が継続的に行えるように補助をする活動、活動の質の保証は、直接的活動や間接的活動の質を保つための活動です。要は、直接的活動が製品を製造することだとしたら、間接的活動はその製造工程の管理であり、活動の質の保証は製造された製品の検査を行うこと、と考えるとわかりやすいかもしれません。したがって、「活動の質の保証」はけっこう重要です。ここで、製品の質の保証ではないことに注意してください。すべての活動が最大限の効果を発揮してこそ価値が生み出されるわけですから、着目すべきは「活動」です。

なお、間接的活動は、間接部門や間接費を表すわけではありません。あくまでも、直接的活動が継続的に行えるように補助をする活動のことです。また、間接的活動のコストを増や

図4－4　価値連鎖（バリューチェーン）分析

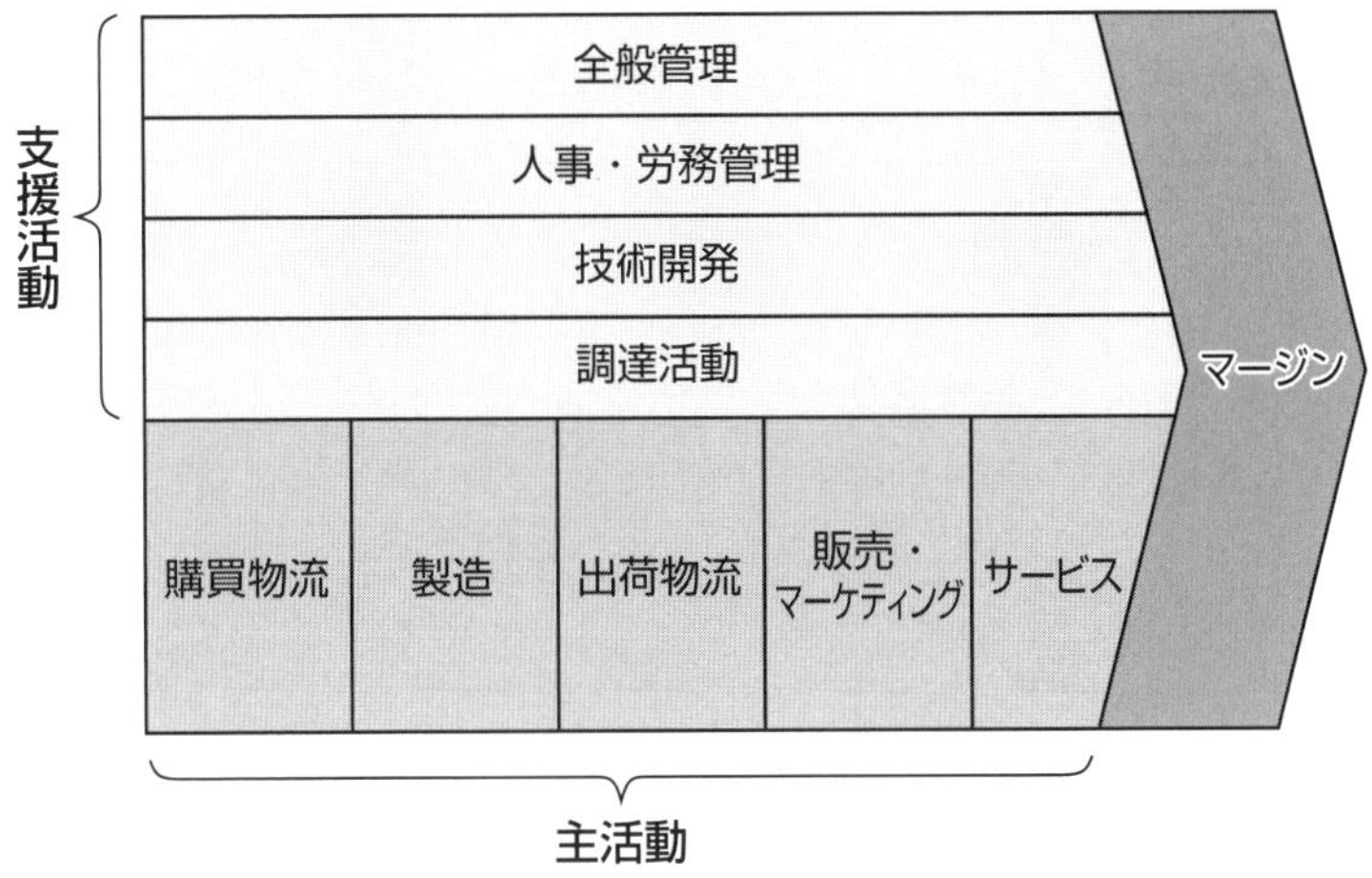

すと、直接的活動のコストが減る場合があります。たとえば、メインテナンスコストを増やすと、機械の交換や購入のコストが減るといった具合です。同様に、活動の質の保証のコストを下げることも考えられます。工程管理を厳しく行うことにより、製品検査の時間が節約できるなどです。したがって、この3つの活動タイプは明示的に分ける必要があります。

もう一言だけ。バリューチェーンは、サプライチェーンとは似て非なるものです。どちらも活動の連なりを意味するものですし、これらに着目して事業活動の改善を図ったりすることが多いわけですが、バリューチェーンは、自社の事業活動の流れにおける「価値連鎖」に注目しており、サプライチェーンは物やお金の流れの「供給連鎖」を表す意味で違いがあります。

4-2 「戦略」とは統合して考えるもの

■様々な経営学の蓄積のミックス

さて、延々と「外部環境分析」と「内部資源分析」の話をしてきました。それらに関わる学問的な部分にも若干触れましたが、学者がどう論争しようと、実務の世界に生きている我々は、どれか1つの考え方や立場に固執して戦略というものを考える必要はありません。それどころか、そうした狭い視点で考えるのは誤りだという援護射撃もあるくらいなので、そろそろ様々な分析のまとめに入りましょう。

そう、分析をしているばかりでは意味がありません。分析のことを**アナリシス**（**Analysis**）といいます。もちろんこれは大変重要ですが、分析した後にはその結果を統合しなければなりません。統合のことは**シンセシス**（**Synthesis**）と呼びます。戦略策定にはこのプロセスが必要です。と言うより、戦略とは統合して考えることである、と言っても良いくらいです。

当然ながら、外部環境分析と内部資源分析の双方の結果を土台にしなければなりませんし、どちらが大事などと言っている場合ではありません。それらを土台にして、競争優位の確立と維持を考えていくのが事業戦略の立案です。市場の環境がどうなっているのか、これからどうなるのか、その中で競合は何をしようとしており、それに対して自社は市場の方向に合致し、競合を寄せ付けないような「強み」を活かしていけるのか、「現在がそうである」だけではなく、「将来的にも維持可能」であるのか、について考える必要があります。もしかしたらいくつかの選択肢が出てくるかもしれません。

これを「**戦略オプション**」と言いますが、選択肢であるのでどれもすべて選ぶことはできません。「どれか」を選んでください。間違ったら直せば良いだけです。ただ、そのためにはしっかりと「シナリオ」ができている必要があります。「ストーリー」「物語」と言っても良いでしょう。そのような形で統合することで、初めてそれぞれの要素の間の関係性や問題点がみえてくるからです。戦略がうまくできない場合、たいていは、市場─競合─自社に関する様々な認識や分析の間に齟齬があることが多いです。市場に対する思い込みが強すぎたり、自社に関する認識が甘かったり。こうした齟齬のあるシナリオは、伏線が回収されないミステリや、独りよがりの下手なポエムと一緒です。読むに堪えないといわれないように、まずは自分自身が最初の読者として冷静な目線でシナリオを評価しましょう。多くの場合には、あれこれと色々なものを詰め込み過ぎて身動きがとれなくなっています。ゆえに、戦略とは「何を捨てるか」がカギとなるとよく言われるわけですね。「物語」の作者も同様です。たいていの作家は、たくさん書いた後の推敲で多くを削り落とします。それによって余計な雑音がなくなり、伝えたいことがストレートに伝わるようになります。もし、改めて読み直してみても何ら齟齬が見つからなったら？　もしかするとあなたの（チームが）作った事業

図4－5　SWOT分析―外部環境と内部資源をまとめて考える

	プラスの点	マイナスの点
内部資源分析	S (Strengths) 強み	W (Weaknesses) 弱み
外部環境分析	O (Opportunities) 機会	T (Threats) 脅威

戦略はベストセラー間違いなしの素晴らしい内容かもしれません。齟齬が見つからなければ、あとはさっさと実行するだけです。

■SWOT分析の功罪

「あとはやるだけ」と言っておきながら何ですが、外部環境分析と内部資源分析を統合して考える段になってくると、必ず出てくるフレームワークが「SWOT分析」と言われるものです。Strengths（S、強み）、Weaknesses（W、弱み）が内部資源の分析におけるそれぞれプラス面とマイナス面、Opportunities（O、機会）、Threats（T、脅威）が外部環境分析におけるそれぞれプラス面とマイナス面、に相当します。たいていは上図のようになっています。

みなさんもどこかでやったことがあるのではないでしょうか。これまでの分析をまとめるためには大変便利なフレームワークに見えますね。ただ、これもまた、「やってはみたけれど使えない」分析で終わる可能性の大きいフレームワークでもあります。それぞれの象限に色々な要素を書き込んで、何となくできた気になっていませんか。まさに「それで？(So What?)」です。そこからは何の打ち手も出てきません。分析の結果を書き込んでみただけだからです。確かにMECE（漏れやダブりがない）であり、現状を見つめ直すにはわかりやすいかもしれません。その意味ではスマートで使いやすいフレームワークですが、あまりに静態的であり、この先に進めない感じが満載です。どうすれば良いでしょう？

まあ、そこまで問題のあるフレームワークなら使わないほうが良いのですが、もし活用するとしたら、さらにクロス分析をしてみるという方法はあります。もう一度これらの要素を掛け合わせるのです。これを、SWOTを逆にしてTOWS分析、あるいはTOWSマトリックスといったりもしますが、別に名前はどうでも良いかと思います。[2] 重要なのは、このように掛け合わせた時に、何ができるのか、具体的なアクションプランを書き込めることです。すなわち、こちらは分析した内容がそのまま打ち手につながるという意味できわめて動態的、実用的です。

また、四象限すべてが大事なわけでもありません。この象限をすべて埋めるのか、と考えただけで頭が疲れますね。そんな必要は実際にはありません。なぜなら、圧倒的に重要なの

2 とはいえ失礼なので紹介しておくと、このTOWSマトリックスは、サンフランシスコビジネススクールのハインツ・ワイリック教授が1982年に提唱したものです。

図4－6　TOWS分析

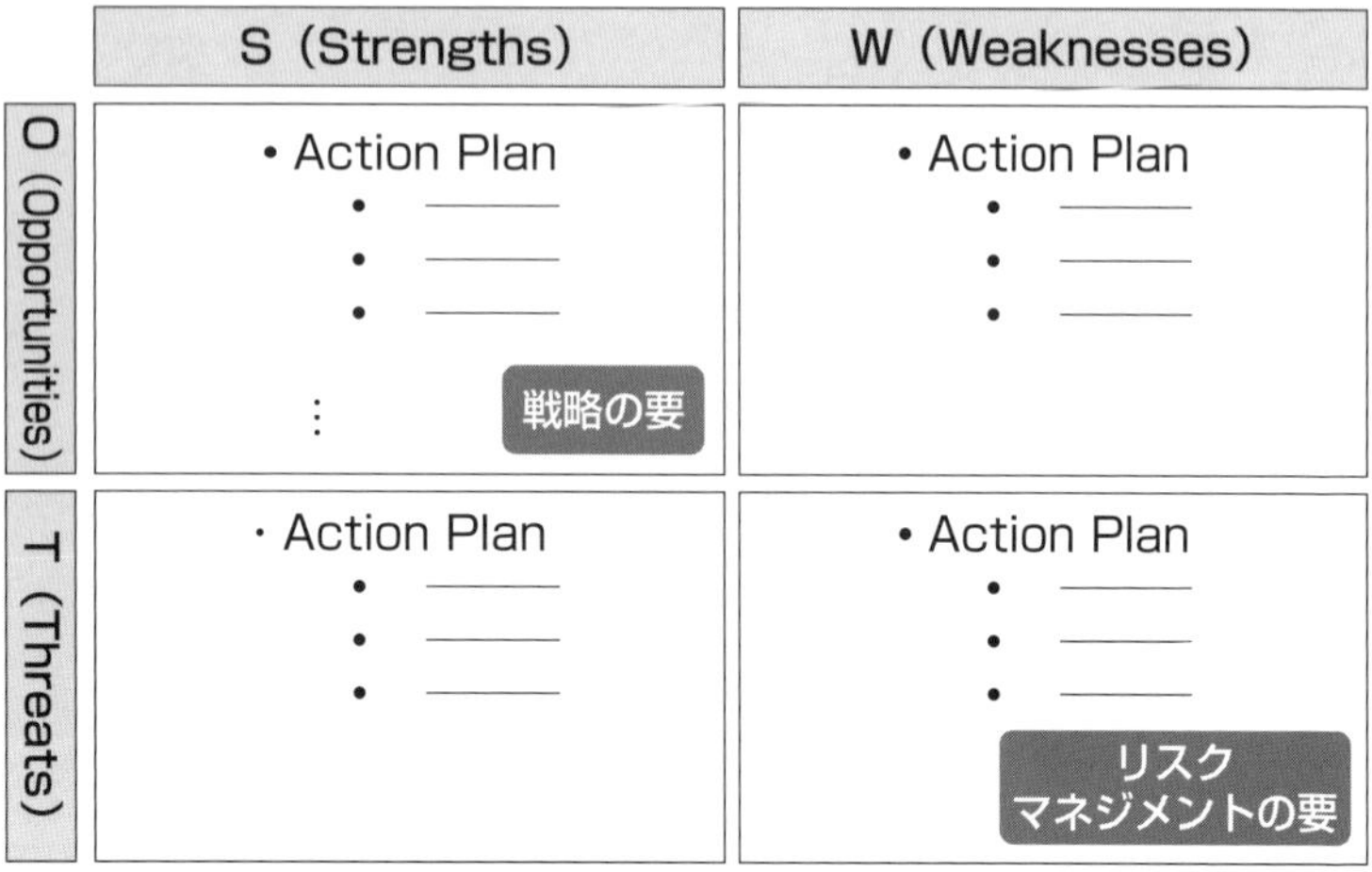

は強み（S）と機会（O）の掛け合わせだからです。当然ですよね。これまで長らく、「自社は市場の方向に合致し、競合を寄せ付けないような強みを活かしていけるのか」について考えてきたわけですから、そこだけ見れば十分です。「S」×「O」の象限に集中して、「強みを機会の中で最大化するためには何をどうすれば良いか」を考えましょう。悲しいことに何も浮かばなかった時だけ、他の象限に目を向けてみればそれでけっこうです。

　ただし、「弱み（W）」と「脅威（T）」の掛け合わせのところは、少し時間をかけて考えてみても良いかもしれません。なぜなら、この象限に当てはまる打ち手は、そのままリスクマネジメントとして行うべきアクションだからです。これも当たり前ですよね。脅威や弱みが実際に悪さをするようであれば、それは企業や事業にとって大きなリスクです。前もって手を打っておくに越したことはありません。

■3つの基本戦略

さて、「戦略作りは統合にあり」と言っておきながら何ですが、かの分析的手法の代表的人物であるポーター先生も、基本的な戦略の「型」についてまとめてくれています。**3つの基本戦略**といわれるものです。

「3つ」と言いながら、四象限あるように見える（次ページ図4－7参照）ところが何となくすっきりしない気もするのですが、気を取り直してこのように考えてみたらいかがでしょう？

まず、横軸にあるのは戦略ターゲットです。言い換えれば、どのような「市場」を対象とするのかということであり、外部環境分析を行った結果、自社の事業がどこをターゲットにすれば良いかをまず定めるものです。選択肢は2つ。広い業界全体を対象とするのか、それともその中の特定の狭い分野を対象とするのか、ということです。アパレル業界で言えば、ファーストリテイリングのように「世界中のあらゆる人々に、良い服を」と企業理念にまで書き込んでいるような場合には前者、パリのオートクチュールのようにごく一握りの大富豪以外目もくれない場合には後者、ということですね。後者は先述した市場地位におけるニッチャーの立場でもあります。

図4－7　3つの基本戦略―コスト、差別化、集中のどれを選ぶか

ターゲット／競争優位性	他社より低いコスト	差別化要素
広いターゲット	1. コスト・リーダーシップ戦略 ・規模の経済の追求 ・独自の技術や有利な原材料確保によるコスト優位の追求	2. 差別化戦略 ・製品やサービスの質、機能など顧客が求める差別化要素の追求
狭いターゲット	3a. コスト集中戦略 ・特定のターゲットに限ったコスト優位の追求	3b. 差別化集中戦略 ・特定のターゲットに限った差別化の追求

3. 集中戦略（3a・3bをまとめて）

一方、縦軸は戦略の優位性です。こちらは内部資源を考えたうえでの自社の強みがどこにあるかということで、こちらも二択。「他社より低いコスト」をもって戦うか、「差別化要素」をもって戦うか、です。この時、注意していただきたいのですが、「他社より低いコスト」をもって戦うというのは、決して「価格競争に打って出る」ということではありません。価格を引き下げるのではなく、自社のコストを他社より引き下げられるかどうかの問題です。引き下げられる理由は何でも良いのです。アドバンテッジ・マトリックスで取り上げたような「規模が効く」ということでもかまいませんし、技術的な優位があったり、原材料が安く手に入ったり、とにかくコストを引き下げることにより、同じ価格で売っていても他よりも利益が出せる、というところが

重要です。

また、「差別化要素」をもって戦う、というのも「高く売ればいいだろう」という話ではありません。「違うもの」を売る必要があります。そして、その違いを顧客が認めてくれるかどうかが重要です。顧客に認められるような特質があれば、それに対して余分なおカネを払ってくれるわけですから、それによって他よりも利益が出せます。

これら縦軸と横軸、言い換えれば外部環境分析の結果と内部資源分析の結果の組み合わせで、基本的な戦略は3通りできるというのがこのフレームワークの考え方です。まず、広いターゲットに対して低いコストで挑むのが「**コスト・リーダーシップ戦略**」。同様に、広いターゲットに対して顧客が認める特質性で挑むのが「**差別化戦略**」。そして、狭いターゲットに対しては、低いコストで挑む場合にはコスト集中戦略、特質性の場合には差別化集中戦略とされていますが、2つを合わせて「**集中戦略**」ということで、全部で3つです。

こんなに簡単でいいのか、と思ったあなた、確かにそうかもしれません。しかし、この基本戦略は、ポーター自身が「日本企業がきちんとできていない」と名指ししてもいるのです。ポーターはまた、成熟期にある業界の場合には特に、これらの戦略のどれを取るかを明確にしないと生き残れないとも言っています。多くの日本企業は、コスト・リーダーシップ戦略を取ろうとしているのか、差別化戦略を取ろうとしているのか、集中戦略を取ろうとしているのか、自覚していません。特に、低コストという要素と、差別化という要素を同時にこなそうとする傾向があります。時間軸が違えばまだしも、これは同時に両方を追えるような代物ではありません。思い出していただきたいのは、戦略とは「AかBか」であるということです。それができなくて南方にも北方にも戦争を仕掛けた挙句に敗戦国となった昔を忘れてはいけないはずなのですが。

なお、これらの戦略を取る際にはそれぞれリスクもあります。コスト・リーダーシップ戦略を取る場合には、コストへの過度な圧力で低価格原材料を使用することにより、品質問題が生じるリスクや多額の投資がかかりがちであり負担が過大になるリスクが考えられます。差別化戦略を取る場合には、競合の模倣により、顧客からみて差別性が感じられなくなるリスクや、差別化によるプレミアムを考慮するあまり、競合との価格差が拡大しすぎるリスクがあります。集中化戦略を取る場合には、集中化したはずが、市場の全体と一致してしまうリスクが日立ちます。自社がどの戦略を選択しているかということに自覚的になるとともに、それに伴うリスクもぜひ意識していただければと思います。

■業界の特徴と戦略

●先端業界の戦略

ポーターはまた、自分の作った戦略のフレームワークを、実際の業界分析に活用していくつかの特徴的な業界における競争戦略の骨子も説明しています。ここでは、先述したプロダクト・ライフサイクルに基づいて、導入期—成長期—成熟期—衰退期、それぞれにあたると考えられる戦略について簡単にみてみましょう。[3]

まずは導入期。先端業界の戦略ということでまとめられています。ここではまだ、技術の将来性が定かではありませんし、どこの企業も確たる戦略が定まっていない状況です。コストは当初は高いですが急速に下がることが多く、業界内ではスピン・オフ企業が次々に生まれます。顧客は初めての買い手ばかり。お互いに暗中模索で、時間的視野も狭い状況です。

一方、その事業を育てたいという政府の意向などで助成金等が出ることもあります。いまで言えば、クリーンエネルギーの先端分野などはこのような状況かもしれませんね。こうした業界の発展を妨げる要素としては、原料や部品の入手ができないことや原料価格が急騰すること、産業基盤ができていないことなどが挙げられます。また、次々に良いものができそうだとの予感はある一方で何が出るのかわからず顧客が混乱したり、製品やサービスの質がばらついたりするリスクもあります。法規制上の認可が難しかったり、既得権益の抵抗が大きかったりもします。また、資金を調達するに際して金融界での信用が確立されていないことがネックとなるケースもあります。

先端業界での戦略策定で重要なのは、何と言ってもデファクトスタンダードとなることです。業界の秩序を作り、業界発展と自社利益のバランスをうまく取ることが重要です。何やら現在、クリーンエネルギーで欧州が行っていることそのもののような気もしますが。また、移動障壁を変化させることも必要です。移動障壁というのは、同一分野内で別の戦略を取る

3 詳しくは、ポーターの著作をお読みください。

ことを困難にしている要素のことです。初期に存在しがちな移動障壁としては、技術が特許で独占されていたり、流通チャネルや熟練労働力を押さえられていたりすることが挙げられます。

●多数乱戦業界の戦略

次に、業界がもう少し育ってくると成長期となりますが、ここでは多くの参入者が現れ、業界は多数乱戦となりがちです。多数乱戦業界もまだ新しい業界であることが多く、規模の経済性、学習曲線といった〝累積によりコストを削減する〟という特徴を打ち出すことができません。たとえ生産の規模が効いても、物流コストが高くてそれを打ち消してしまったり、在庫コストが高く、売上変動が大きかったりする場合もあります。人的資源に頼る割合が高いことも多いです。市場には多様なニーズがあり、なかなか売れ筋を絞り込めません。また、買い手や供給業者が強すぎて大手でも取引が有利にならなかったり、各地域の条例等が経済合理性を妨げたり、政府による企業集中の禁止がなされたりしている場合には、成長期ではなくても多数乱戦のまま疲弊した業界になることもあり得ますし、撤退障壁があればなおさらです。撤退障壁というのは、その名の通り撤退を妨げる要素のことです。内的な障壁と外的な障壁があるとされ、前者の例としては撤退後の人材の受け入れ先がなく固定費負担に耐えられないことなどが、後者の例としては製品の供給責任やメインテナンス責任を負っていることなどが挙げられます。こうなってくると、「やめたくてもやめられない」状態になっている企業が業界内に多くいるという状況になってしまいます。

こうした状況になっている場合には、多数乱戦の主原因を無力化する、切り離すことが最も重要です。そして、規模の経済性、学習曲線などが作用する条件を作り出したり、多様な市場ニーズに標準品で対応する、高付加価値化を進める、専門性を高める、といった手段を取ったりすることも有用です。また、特定地域への集中も意味があります。要は、全方位戦略を取っていると疲れるだけということですね。さらに、当然のことですが、プレイヤーを減らすことも考えなければなりません。M&Aなどで水平統合を進めるといったことです。

●成熟期の業界における戦略

業界が成熟期に入るとどうなるでしょうか。間違いなくシェア競争が激化します。成長期を潜り抜けて生き残った比較的大きな企業が、もう伸びない市場で争うのですから当然です。こうした中では、成長期とはすべてが異なってきます。新製品や新用途などは現れにくくなり、競争の重点はコストとサービスに移ります。顧客は買いなれた客ばかり。流通業者のマージンは減りますが力は強まり、成熟期に移行する過程で業界の利益水準は低下します。その後、戻る場合もありますが戻らない場合もあります。設備能力と人員の過剰が出ないようにうまく増強するのが難しい状況になってきます。状況打破のために国際競争に打って出るプレイヤーも出てきます。

こうした業界では、先ほど述べた通り、コスト・リーダーシップ／差別化／集中戦略のどれを取るのか明確にしないと生き残れないとされています。また、精度の高い原価分析や、製品構成の合理化、正しい価格政策が重要になってきます。製造工程の革新、製造に適した製品設計も必要ですし、顧客の購買幅を広げる努力もしなければなりません。要は、なんとかしてコストを下げ、価格を適正化してマージンを確保するということですね。

●衰退期の戦略

最後は衰退期の戦略です。需要は不確実性が強まり、残っている需要領域の性質が今後の利益を左右します。これが価格競争になるとかなりつらいということですね。衰退の原因は何かを考えることも必要ですし、先ほどの撤退障壁の有無も大きな検討事項になります。

衰退期に取るべき戦略はいくつかあります。1つはリーダーシップ戦略です。シェアを獲得してリーダーシップを握り、残存者利益を取りにいくというものです。また、ニッチ確保戦略というのもあり得ます。とにかく特定のセグメントで強力な地位を築き、それを防衛することで生き延びるということです。刈取り戦略というのもあります。持てる力を活用してうまく操作し、投資を回収するということです。長期間にわたって段階的に撤退を計画し、最大限の収益を確保します。たとえば、扱う製品数や利用する流通業者の数を減らしたり、小口の顧客を切ったり、配送時間、修理時間、販売援助などのサービス水準を下げたりすることです。最近、我々消費者としてはあちこちで刈取り戦略をされているような気もしますが。最後に挙げるのは即時撤退戦略、これは文字通り、すぐに撤退してできる限り早く投資を回収することです。まあ、それができれば苦労はしないともいえますが、いたずらに意思決定を長引かせるのも傷口を広げるだけだったりします。

不確実性に対処する

ポーター先生の著作を読めば、どんな状況でもたちどころに戦略が作れるような気もしてきます。そこで終わらせれば速やかに先に進めるのですが、1つだけ、もしかしたらみなさんが気になっているかもしれないことについて補足しておきます。

それは、「外部環境分析を行って、内部資源分析を行うのはいいとして、それらで戦略を語れる割合は確か60％なのではなかったっけ？」という疑問です。思い出していただけましたでしょうか。ポーター派対バーニー派の論争は結局「どっちも大事に決まってるじゃない」となったわけですが、ポジショニングで説明できるのは全体の15％、リソースで説明できるのは全体の45％に過ぎなかったのでした。そして、残りの40％は〝pure luck（純粋なる運）〟、もしくは不確実性によるものと考えられているということを先ほどご紹介しました。要は、いくら一生懸命事前に戦略を練ったとしても、残り40％の不確実性によって、結局のところパフォーマンスはかく乱されるということですね。何だかやる気がなくなってしまいますね……。ただ、よく考えれば近年においてもコロナ禍やウクライナ危機など、当初は想定もしていなかったことが日常的に起こるようになってきています。「そういうことが起こるのであればもう何も考えない！」と投げ出してもいいのですが、そうすると確実にただ漂流するだけになってしまいます。ポーターがポジショニングを提唱し、バーニーがリソースを重視し、それらの分析的な手法をミンツバーグが批判して以降の経営戦略論は、簡単に言えばこの不確実性を巡る展開だったといえます。

たとえば、競争の軸が忽然と変わってしまうような破壊的イノベーションの出現も、技術の不確実性として考えればこの中に含まれます。クレイトン・クリステンセンの『イノベーションのジレンマ』に詳しく書かれていますね。また、リーン・スタートアップといった手法も、基本的には、「不確実性の高い時には、とにかくまずは少額でもいいから投資をしたり、小ロットでいいから製品・サービスを市場に出したりして反応を見てから考えよう」というものです。少額投資や少量生産なら失敗した際のダメージも少なく、一方で、当たった時のリターンは非常に大きくなります。ちょっとリアル・オプションに近い考え方です。

他にも、経済学の分野からゲーム理論や行動経済学などの考え方が取り入れられるようになってきたり、デザイン思考やオープンイノベーションなど、創発的な経営戦略につながるような考え方も多く打ち出されてきているのも先にみた通りです。本書でも、実はその１つである仮説思考計画法やシナリオ分析などを下敷きにしています。それゆえに、バックキャスティングをしてシナリオをいくつか作っておくことをお勧めしているわけですね。Ｘという状況の場合には当初決めたシナリオＡでいく、ただしＹという状況に変わった場合にはシナリオＢを発動、というような形です。それほどたくさん作れるわけではないのが泣き所ですが、そのシナリオのキモとなる部分、判断のポイントとなる部分をきちんと整理したうえで、現段階で、将来発生するかもしれない不確実性に対して一定の準備をしておくことは、今後ますます必要になると思われます。

第 5 章

事業戦略を考える(3)
——サステナビリティを経営戦略に取り込む

5-1 「アルファベット・スープ」と格闘する

■ESG投資の隆盛に至るまで

近年の経営戦略策定においては、忘れてはならないことがあります。サステナビリティを巡る流れです。すでに何回も登場していますが、ここで少しまとめておきましょう。ポーターらしく言えば、戦略的に社会問題に取り組むことでその活動を競争優位に結びつけ、企業も社会もお互いにメリットを享受できることといえます。サステナビリティは、ぜひ考えておかなければならないことでしょう。

ところがこの分野は、一生懸命に取り組めば取り組むほど悩みが深くなります。**持続可能な開発目標**（**SDGs：Sustainable Development Goals**）や国連グローバル・コンパクト（UNGC：United Nations Global Compact）の示す内容を整理し、然るべき団体に加入し、CDP（Carbon Disclosure Project）などから送られてくる質問状の山に追われながら、コーポレートガバナンス・コードにも明記された**気候関連財務情報開示タスクフォース**（**TCFD：Task Force on Climate-related Financial Disclosures**）に沿った開示に努め、**国際サステナビリティ基準審議会**（**ISSB：International Sustainability Standards Board**）の動向など外部からの要請

図5－1　サステナビリティを巡る枠組み

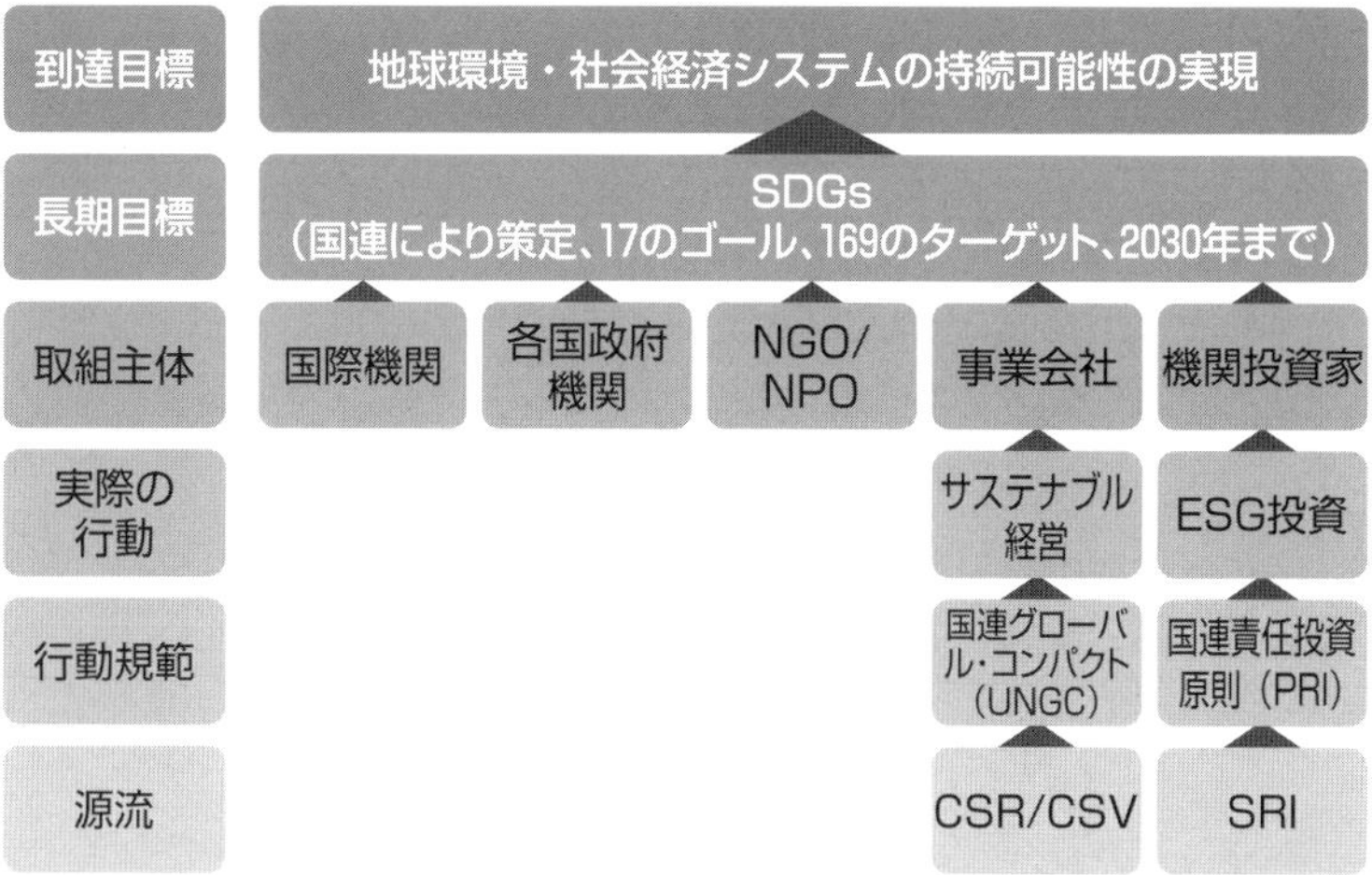

をくまなく参照し、MSCI（Morgan Stanley Capital International）やFTSE（Financial Times-London Stock Exchange）、Sustainalytics等のESG格付をなんとか良くしようと必死になる、といった状況です。

これだけでもう嫌ですよね。そうなのです、この分野は世界的にも「アルファベット・スープ（英文字略称の氾濫）」と揶揄されるほど、意味不明な英文字略称と戦わなければならず、しかもそれらを経営トップや関係部署等に説明して理解を得なければならない（でもなかなか得られない）という悩みがあります。

究極の目標は、壊れゆく一方の地球環境、そしてその中に存在する我々の社会経済システムを、なんとか持続可能、サステナブルにしていこうということです。逆に言えば、「ここで頑張らなければもう駄目かもしれない」という危機感がようやく少しは醸成されたということなのかもしれません。ただ、漠然と持続について叫んでもたぶん誰も何もしません。したがって、国連が「具体的に17のゴールについて頑張ろう」と定めたのが、先にみたSDGsです。[1] SDGsは広く人口に膾炙しましたが、これは企業だけに「頑張れ」と言っているわけではありません。取組主体は地球に存在する個人、法人すべてです。

そうした取組みのうち、投資家が行っている活動がESGです。方針を定めるにあたっては、投資にESGの視点を組み入れることなどを原則として掲げる国連責任投資原則（PRI）が大きな働きをしました。日本でも、年金積立金管理運用独立行政法人（GPIF：Government Pension Investment Fund）が2015年にPRIに署名したことを受け、ESG投資は加速度的に広がりをみせ、今日に至っています。

最近では、ESGという概念に批判も出てきました。ESG投資の流れはバブルの一種に過ぎないのではないかとか、実際に企業価値の向上に貢献しているのかといった疑問も聞かれるようになりました。また、ESG投資の皮を被っただけの金融商品などもみられるようになり、「ESGウオッシュ（やったふり）」などという言葉も生まれています。さらに、ウクライナ危機に端を発するエネルギー問題の深刻化も、特に環境（E）における取組みのあり方に影響を与えています。

ただ、こうした揺り戻しがあったからといって、ESG投資の流れが消えてなくなってしまうことはないでしょう。むしろ、「ESGについて考えるのは当然のこと」として、企業分析や投資判断に当たり前に組み込まれていくのではないかと思われます。急成長はしましたが未だ安定はしていないESG投資の世界を、より成熟したものにしていこうと、ESGに関する開示の枠組みや評価機関のあり方などに規制当局の眼が及ぶようにもなってきています。これについては後述しますが、企業の側としては、社会的な価値と経済的な価値の両立については、これまで以上に問われることが増えこそすれ、減ることはないと考えておいたほうが良いでしょう。

■CSRの取組みからサステナブル経営へ

そうは言っても、企業の側の状況はもう少し複雑です。企業においては先述の通り1990年代からCSRへの取組みが行われていました。これが「社会的責任」を強調するあまり、「経済的責任」から乖離したものになってきてしまったこと、それゆえマイケル・ポーターによってCSVが提唱されたことは先にもみました。もし、CSRがCSVに順調に取って代わられていれば、企業側の混乱も少しは低減できたかもしれません。ただ、それを待つ間もなく、ESGの奔流が企業を襲い、企業側の概念整理が追い付かないまましばらく混乱が

1 SDGsは、2015年9月の国連サミットの採択内容に基づく2016年から2030年までの国際的な長期目標です。実は、それ以前には2001年に策定されたミレニアム開発目標（MDGs：Millennium Development Goals）という長期目標がありました。あまり知らないですよね。MDGsに比べSDGsが一躍有名になったのは、もしかしたらこの期間の人間の進化を示すものかもしれませんし、あるいは女性誌も飛びつく優れたデザイン性にあったのかもしれません。

続きました。時には、本来は投資家側の言葉であるＥＳＧを冠して「ＥＳＧ経営」などという、よく考えてみれば摩訶不思議な言葉も使われたりしました。要は「企業側で、ＥＳＧ投資にきちんと対応できるような経営を何と呼ぼう？」と困ってしまっていたのですね。最近になってようやく、「サステナビリティへの取組み」「**サステナブル経営**」などという言葉に落ち着いてきたようにもみえます。ＣＳＲ推進部門からサステナビリティ推進部門へと、名称変更もだいぶ進んできました。

しかし、もちろん看板を掛けかえただけでは意味がありません。サステナビリティ要素はもはや経営戦略と切っても切り離せないものとなっています。たとえば金融機関。環境団体などが「石炭火力発電への融資を止めるべき」と主張し、それを株主総会における株主提案とするようになったりしています。これがもし通れば、地球温暖化対策の国際的枠組みに沿った経営戦略を開示しなければならないのですから、本業に与える影響は甚大です。将来の融資内容や取引先との関係にも大きな影響を与えます。また、このように、事業におけるマイナスの要素に対処することばかりが、サステナビリティを包含した経営戦略というわけではありません。事業におけるプラスを創り出すという意味でも、サステナビリティ要素を考える必要があります。先に挙げたクリーンエネルギーへの取組みなどはその１つでしょう。

ここまで、企業が将来の姿を表現するにあたって、企業理念に始まり、長期のビジョンを示し、それに基づき中期の戦略を立ててそれを開示するという内容をみてきました。**この体系の中に、経済的価値を如何に生むか、という面と、社会的価値を如何に実現するか、とい**

う面の双方をしっかり入れ込んでいくことこそ、いまの企業が目標とすべきこととなっています。サステナビリティとは、よく「持続可能な成長と中長期的な企業価値の向上を目指す取組み」と定義されます。企業に対して、自らの「経済的価値」と「社会的価値」を統合した究極の目標は何なのか、それをどのような形で表現すれば良いのか、といった問題が突き付けられているということです。

みなさんの会社では、経営企画部門（など戦略立案を行う部署）とサステナビリティ推進部門は近しい位置関係にいるでしょうか。往々にして、この2つは遠く離れています。そうなると、戦略立案はサステナビリティ要素を無視して行われ、サステナビリティレポートは戦略の「せ」の字もないポエムのようなものになりがちです。経済的な企業価値の向上と社会的な価値の実現を統合して考えるためには、部門間の連携もいままで以上に必要になってきていますし、もしかすると部門の縦割りによるサイロ化が、企業のサステナビリティへの取組みを阻害していることもあるかもしれません。ぜひ取組みのフォーメーションも見直してみてください。

5-2 経済的価値と社会的価値を統合する

■経営戦略とESG

経済的価値と社会的価値を統合せよ、と謳うのは簡単ですが、では具体的にどうしたら良いのでしょう。ここまでみてきた外部環境と内部資源の分析に、ESGの要素を組み込んでみると、おそらく図5－2のようになると思われます。

環境（E）は、その名の通り企業を取り巻く外部の環境です。従来は、直接競合や間接競合、それらが切磋琢磨する市場の状況や顧客の動向、それらを取り巻く政治や経済などのマクロ動向を考えていれば良かったのですが、そうした我々が作った社会の動向に加えて、自然環境も社会に大きな影響を与えるようになってきましたし、そのことはもとはと言えば、我々の社会やそこに生きる企業や個人が自然環境に大きな影響を与えてきたからでもあります。したがって、企業の戦略策定においては、「自社のビジネス（を営む業界）が環境に与える影響」と「環境が自社のビジネス（を営む業界）に与える影響」を考えることになります。特に自然環境に関しては、いったんは業界共通の問題として扱ったほうが適切に考えやすいでしょう。そのうえで個社の戦略に落としていけばいいことです。

図5－2　戦略構築における外部環境と内部資源、ESGとの関係

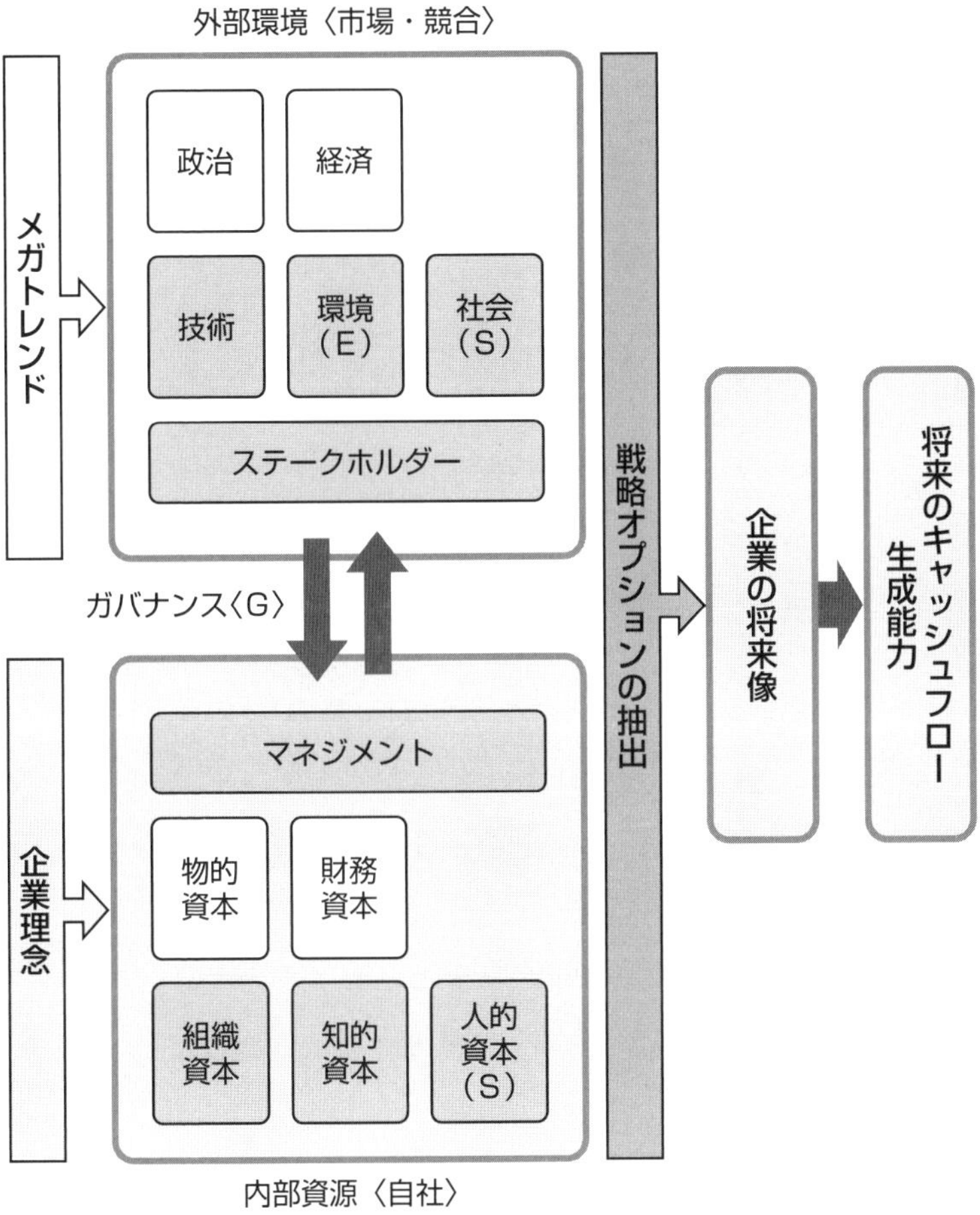

次に社会（S）です。これが最も複雑かもしれません。もともとの設定が曖昧、というよりも広すぎるからです。「社会」という言葉は自然環境以外のほとんどすべての人間の営みを含んでしまいます。まあ、だから「環境」と「社会」であるわけですが。さて、その人間の営みとあなたのビジネスとの関係を考えてみると、外部環境の変化として考えたほうが良い面と、内部資源の問題として考えたほうが良い面の両方あることがわかります。前者は、人権問題の深刻化、意識の強化といった流れが代表的なものです。ウイグルの状況がアパレル業界を直撃していることなどを考えれば問題の深刻さは実感されるところでしょう。一方、後者については何と言っても人的資本の活用が焦点です。昔は従業員というのは労働力であり、コストのかかる存在でした。しかし、知識やアイデアを売る時代になると、多様な従業員の才能こそが会社の重要な資産であり、価値創造の源泉となります。詳細は後述しますが、こうした才能ある人々を繋ぎ留めておくために企業はどうするべきか、というのはこれからの企業においての重要な課題です。

本来は、人権問題など外部環境としての側面と、人的資本といった内部資源としての問題はシームレスにつながっています。何と言ってもヒトの営みですから。企業内部においても人権問題は重要ですし、企業外部においても多様性は尊重されなければなりません。そうしたシームレスな営みを、敢えて人工的に作った企業という組織の壁によって内外に分けているだけの話です。

ガバナンス（G）においても「人工的に作った企業という組織の壁」があることが関係し

てきます。その組織を動かしていくためにマネジメントが必要であり、それをチェックするのがガバナンスだからです。マネジメントがきちんと機能していなければ外部のステークホルダーに影響を与える可能性があります。マネジメントが外部のステークホルダーから影響を受けることによる変化も考える必要があります。外部環境変化も大きく関係していまして、たとえば資本市場がエクィティガバナンスへと大きく舵を切ったり、そのために法律の枠組みが変わったりすることの影響を企業は大きく受けているわけですね。

■将来シナリオの策定と開示

ＥＳＧという「不思議な言葉」を、上記のように分解して経営戦略策定のための枠組みに落とし込むと、そこから考え得る将来のシナリオは複数出てくるのが普通です。こうした複数の戦略の選択肢を戦略オプションと呼びます。これらを比較検討することで、企業が現段階において考える将来像を１つに絞っていきます。その時の判断要素は、単にいますぐ儲かればいい、あとは野となれ山となれ＝経済的価値だけの追求、でもなく、社会のために役立てば死んでもいい、採算度外視＝社会的価値だけの追求、でもありません。それを統合した将来像となっているかどうか、が重要です。そして、それは持続可能でなければなりません。すべてのステークホルダーにとっても、当事者である企業にとっても、快活明朗、元気で長生きを約束してほしいということでしたね。そのためにベストなシナリオを選んでいただきたいと思います。

さて、ベストなシナリオを選んでいただいたら、次は「それがどこまで悪くなるのか」の検討です。「せっかくベストを選んだのに、悪くなるなんて考えたくない」という声が聞こえてきそうですが、戦略オプションの選択肢の中であるシナリオがベストということと、それが将来どのくらい下振れする可能性があるのかを見極めることは別物で、両方必要です。一定以上、下振れした場合に、状況変化への対応策を発動する際のアラームにもなります。

これまでの分析結果などから最もあり得そうな将来予測を「ベースケース」と呼びます。ここから上振れしてもっとスゴイことになった、というケースを「楽観ケース」として作っていただいてもけっこうですが、その作業はあとにしましょう。大事なのは「悪くなっても大丈夫か」という点の確認です。ベースケースを構成している重要な要素について改めて検討し、①悲観的に見た場合にはどのくらいになりそうか、②考えられる最悪の場合にはどうなりそうか、という2点を考えて、それぞれについて「悲観ケース」と「最悪ケース」を作りましょう。ここでは、ベースケースを作った当事者だけではなく、リスク統括部門やCFO分野の方々など、色々な立場からみてもらうことも有用です。社外取締役などの意見も、ぜひ策定の途中から聞きましょう。もちろん、こうしたことは戦略オプションの決定においても必要なことですが、いったんベストシナリオを選んでしまうと、段々愛着がわいて目が曇ることも多いものです。もう一度フレッシュな目で見てもらいましょう。

そのうえで、定性的なシナリオが固まったら、ぜひ定量的な予測に落としましょう。いわゆるファイナンシャルプロジェクションです。将来の簡単な財務三表を作っておくということとですね。これによって、先ほど述べた「状況変化に対する見直し」がやりやすくなります。現実の推移は数値として出てきますので、それと比べてどうかという数値予測を作っておけば、乖離が定量的に測れるということですね。事業部門の目標値としている指標、経営陣の報酬に関係する指標などがどのようになっていくかについても視覚化することができます。この辺りの管理についてはのちほどじっくり見ることにします。

■TCFDの枠組みにみるシナリオプランニング

ここまで述べてきたシナリオ分析は、実はサステナビリティ要素の如何にかかわらず、戦略策定上必須の要素なのですが、ここで改めてサステナビリティの話に少し戻りましょう。こうしたシナリオ分析がサステナビリティを考えるうえでも重要である理由があります。TCFDの枠組みの中で要請されているからです。

TCFDは、企業が、気候変動に関するリスクや機会の情報を、シナリオ分析とともに投資家などへ一貫した枠組みで伝えることを提言しています。枠組みの骨子は、「**経営戦略**」「**リスク管理**」「**指標と目標**」「**ガバナンス**」の4要素です。この枠組みは、経営戦略を考える視点からもけっこう味わい深い内容です。様々な要因を予測して、将来の目標に至る道筋についてシナリオを描き、リスク要因に関し感度分析を行うことは、経営戦略を策定する際の定石です。そのシナリオを定量化し、目標を設定し、指標を用いて経営管理を行うことも必要です。そうしなければ経営を行う執行の側もコーポレートガバナンスを司る監督の側もチェ

図5－3　サステナビリティに関する開示のフレームワーク

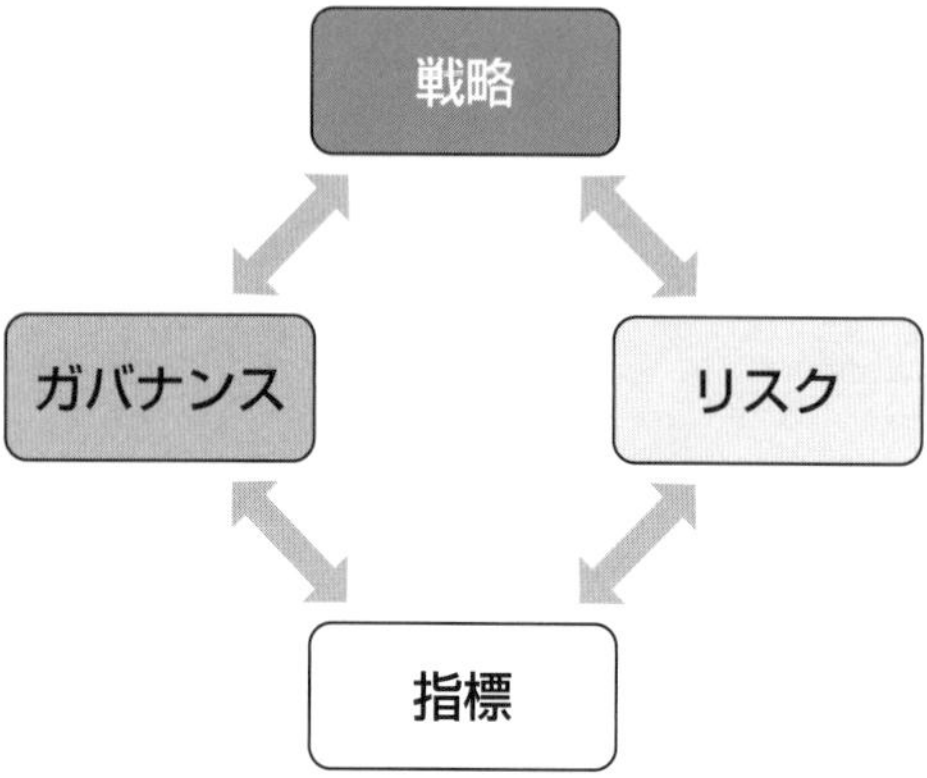

ックのしようがありません。こうした一連のマネジメントプロセスが行われているという前提で、その中から重要な要素を抜き出したのが、「戦略」「リスク」「指標」「ガバナンス」であるといえましょう。したがって、そもそもの事業の将来を考えるうえでも重要な枠組みであるのはもちろんのこと、これから先、サステナビリティを巡る情報開示でも重要となってくるでしょう。これに対処するためには、経営戦略のレベルでしっかりシナリオを描き、そのシナリオと各種の開示を連動できるのかを考えるのが結局は早道ともいえます。

ＴＣＦＤはこの枠組みを「気候変動」というテーマについて提言しているわけです[2]が、当然ながら企業がやるべきことは気候変動への対応ばかりではありません。その他の要素に関しても当然にこうした対応が必要であるはずです。逆に言えば、気候変動だけ取り出して研究室での実験のように報告を行ったとしても企業の実態に関する十分な情報開示にはなりません。企業は生き物です。気候変動のような外部環境として大きな影響を与えるような要素から、本業におけるビジネスモデルの優位性や人的資本の重要性など、様々な要素から成り立っているわけです。これを戦略としてまとめて考えたほうがよほど生産的です。

こうした対応にはヒトも時間もコストもかかります。しかし、実は同じような、もしかしたらそれ以上の時間をすでに中期経営計画や年度計画策定という作業にかけてはいないでしょうか。経営視点からの将来予測の策定にその時間と労力はシフトしたほうが良さそうです。コーポレートガバナンス・コードにおけるTCFDを用いた開示の要請は、もちろん気候変動を念頭に置いたものですが、これを契機に、自社のプランニングの内容やプロセスそのものを見直してみる必要があるのではないでしょうか。

2　TCFDでは、企業に対して4提言11項目を、気候変動への情報開示として推奨しています。4提言とは、本文中の「ガバナンス」「戦略」「リスク管理」「指標と目標」を指しています。この4提言の下には11項目が設けられており、それぞれの提言に開示を求める「項目」が付きます。ガバナンスには、「①取締役会における監視体制」「②経営者の役割」、戦略には「③リスクと機会」「④事業・戦略・財務計画への影響」「⑤シナリオに基づく戦略のレジリエンス」、リスク管理には「⑥リスクを評価・識別するプロセス」「⑦リスク管理プロセス」「⑧組織全体のリスク管理体制の統合」、指標と目標には「⑨リスクと機会の評価に使用する指標」「⑩スコープ1、2、3のGHG排出量の開示」「⑪リスクと機会の管理に使用する目標と実績」といった具合です。

5-3 非財務情報とは何なのか

■財務情報と非財務情報

サステナビリティについて考えるうえで、事前に1つ整理しなければならないことがあります。「非財務情報」です。みなさんは、これをどのような意味で使っていますか。けっこう多くの方が、非財務情報とはCSR情報のこと、と思っているようです。しかし、これは間違っています。コーポレートガバナンス・コードの定義を見てみましょう。

●コーポレートガバナンス・コード　基本原則3　考え方

> 我が国の上場会社による情報開示は、計表等については、様式・作成要領などが詳細に定められており比較可能性に優れている一方で、会社の財政状態、経営戦略、リスク、ガバナンスや社会・環境問題に関する事項（いわゆるESG要素）などについて説明等を行ういわゆる非財務情報を巡っては、ひな型的な記述や具体性を欠く記述となっており付加価値に乏しい場合が少なくない、との指摘もある。取締役会は、こうした情報を

含め、開示・提供される情報が可能な限り利用者にとって有益な記載となるよう積極的に関与を行う必要がある。

出所：東京証券取引所（2021）「コーポレートガバナンス・コード」

これを見ると、環境や社会、ガバナンスなどのESG情報はもちろんですが、重要なのは財政状態や経営戦略、リスクについてであることがわかります。すなわち、これまで述べてきたことすべてが問われているわけですね。

そうであればそうと書けばよいのに、何だか「非財務情報」というのは捉えどころのない言葉です。誤解を招くばかりなので「非財務情報」という言葉自体、海外ではあまり使われなくなっているとも聞きます。それもそのはず、この言葉は実は以下の4つの要素をごちゃまぜにしているからです。

- 数値情報なのか、非数値情報なのか（定量情報なのか、定性情報なのか）
- 過去情報なのか、将来情報なのか
- 経済的価値に関する情報なのか、社会的価値に関する情報なのか
- 強制開示情報なのか、任意開示情報なのか

図５－４　財務情報と非財務情報

	過去情報	将来情報
経済的価値	〈1〉 ・強制的開示 ・数値情報 ・例：財務三表、セグメント情報	〈3〉 ・自発的開示 ・数値情報／非数値情報 ・例：事業の将来予測
社会的価値	〈2〉 ・自発的開示 ・数値情報／非数値情報 ・例：CO_2削減量、人権への取組み	〈4〉 ・自発的開示 ・数値情報／非数値情報 ・例：環境や社会の将来予測

これらの組み合わせで、財務情報・非財務情報といわれるものは成り立っています。上図のようにまとめるとわかりやすいかと思います。

このうち、〈1〉の象限に属する情報が、コーポレートガバナンス・コードにおいて「優れている」とされる計表等、すなわち会計情報です。特に制度会計に基づく情報は、上場企業であれば微に入り細に入り開示していることでしょう。「数値情報」であり「過去情報」、そして「経済的価値に関する情報」であり「強制的開示情報」であるというカテゴリーですね。これが一般に「財務情報」と言われる分野です。

この〈1〉の分野が「財務情報」と呼ばれたがために、それ以外の〈2〉〈3〉〈4〉がまとめて「非財務情報」と呼ばれてしまっているわけです。では、これらを十把一絡げにしておいて良いのでしょうか。答えは否です。情報の内容も、それを必要とする情報の受け手も、まったく異なるからです。

〈2〉の象限の情報は、「過去情報」であり「社会的価値」に関する情報です。たとえばCO_2の削減量や、女性管理職比率などであり、多くの場合は数値で表され、数値でない場合にも、Yes／Noといった二者択一で表されることが多いため、定量情報として扱える内容がほとんどです。これらの情報については、すでに企業内にデータ自体は存在するはずです。もちろん、それを収集し、加工し、開示できるようにするまでには大変な努力を伴いますし、そのためのリソース不足にどこの会社のサステナビリティ推進部門も悩んでいます。こうした分野こそDX（デジタル・トランスフォーメーション）を生かす領域ではないかと思うわけですが、それはそれとして、これらの情報を扱う主役はミドルマネジメントの方々です。しっかりと過去の数字を見せられるようにしておけば良いということです。最近では、社会的価値に関する定量情報を主体とした過去情報について、強制的開示の動きも盛んになってきています。〈2〉の象限についての強制的開示は今後も増えることでしょう。

また、こうした情報を必要とするのは、主にインデックス運用を行うパッシブ投資家の方々です。投資手法はパッシブ運用とアクティブ運用に大別されます。アクティブ運用はベンチマークとなる指数を上回る運用を目指し、パッシブ運用は市場全体の動きと連動することを目指します。後者の1つのあり方として、特定の指数に連動することを目指すインデックス投資があります。このインデックスを作る際には〈2〉の象限の情報が必要です。定量情報については、経済的価値に関するものであればすでに財務情報として強制的に開示されていますので、ESG要素を組み込もうとする際には、社会的価値に関する過去情報かつ定量情報を「追加的に」求めることになります。「FACTBOOKの内容を充実してほしい」「ESGに関する情報を数値化してほしい」と求めるのはこのカテゴリーの投資家です。

一方、〈3〉および〈4〉の象限の情報を求めるのは、アクティブ投資家です。彼ら彼女らは、人と同じことをやっていては儲かりません。企業における過去の数字はすでに決まっており動かしようがないので、そんな情報に依拠して投資をしても指数を上回るリターンは得られません。勢い、個々の企業の将来を予測し、その成長ストーリーに賭けることになり、これからの経営戦略が彼ら彼女らの最大関心事です。こうした投資家が将来情報であります。定性情報を重視するのは当然ですね。こうした中には、「我々は社会的価値など評価しない」というショートターミズムのハイエナファンドもいるでしょうから、こうした人たちは先ほどの図ならば〈3〉だけを見ることになります。また、「儲かるかなど関係ない。環境を壊すな」というアグレッシブな環境保護派が株を持っている場合もあります。こうした人たちが見るのは〈4〉だけですね。しかし、多くの場合、投資家は「**ESGインテグレーション**」という手法を使っています。すなわち、経済的価値と社会的価値を一体として捉えた「統合的な」将来の姿に関する情報を求めているということです。

こうした〈3〉〈4〉の象限の情報を充実させるためにはトップマネジメントの関与が不可欠です。どのような将来の姿を描くのかというのはトップマネジメントが意思決定すべき重要事項ですし、責任をもって進められるのは彼ら彼女らしかいません。先ほどの〈2〉に属する情報とは、社内でも扱い方が異なるということですね。「非財務情報」という雑な定義を見直し、情報の種類によって取組みを分けていくことが必要です。

■強制的開示への流れが強まる

この先、〈2〉や〈3〉&〈4〉の開示はどのようになっていくのでしょうか。一言で言えば「強制的開示への流れが強まる」ということです。欧州連合（EU）では欧州委員会が2021年4月に開示を求める指令案を公表しました。イギリスでは、上場企業や大企業に気候変動に関する開示が義務付けられました。日本でも、2021年6月に東京証券取引所がコーポレートガバナンス・コードにおいてプライム市場上場企業に開示の充実を求めるようになり、2023年3月からは人的資本に関する開示が有価証券報告書において義務化されるなど、流れは急です。また、世界的な枠組み作りも進みつつあり、IFRS財団傘下のISSBが国際的な開示基準案を2022年3月に公表、まずは緊急性の高い気候変動、そして生物多様性や人権へと、開示の枠組みを定めていこうとしています。日本における情報開示の義務化については後述します。

●気候変動を巡る情報開示

サステナビリティ要素の中でも、最も投資家の関心が高いテーマは、気候変動です。ここ

図5－5　非財務情報に関する開示義務化の主な流れ

年	事　　項
2015	国連総会で持続可能な開発目標（SDGs）採択
	第21回国連気候変動枠組み条約締結国会議（COP21）でパリ協定提言
	日本におけるコーポレートガバナンス・コード導入
2017	気候変動財務情報開示タスクフォース（TCFD）が企業の自主開示を促す提言
2018	コーポレートガバナンス・コード改訂、非財務情報としてESG関連情報追加
2019	世界経済フォーラム（WEF）年次会議（ダボス会議）で自然関連財務情報タスクフォース（TNFD）に言及
	日本において官民共同のTCFDコンソーシアム設立
2020	日本政府による2050年のカーボンニュートラル、脱炭素社会の実現宣言
	金融庁がサステナブルファイナンス有識者会議設置
2021	欧州委員会による上場企業・大企業に対するサステナビリティ開示指令案公表
	コーポレートガバナンス・コード再改訂、サステナビリティ関連原則の大幅増加
	IFRS財団による国際サステナビリティ基準審議会（ISSB）の設立公表
	英国における上場企業・大企業に対する気候変動関連情報開示の義務付け（会社法改正）
2022	米国証券取引委員会（SEC）による気候変動関連情報開示の規則案公表
	国際サステナビリティ基準審議会（ISSB）による国際的な開示基準案公表
2023	サステナビリティに関する情報開示の義務化

数年、気候変動リスクに関する監督や規制の枠組みが格段に強化されたこと、実際に気象災害による保険金の支払いが全世界的に増大しており、気候変動のインパクトが懸念されていることが背景にあるとされます。自然災害に比較的慣れている日本と異なり、欧州などでは感覚的にも危機感が強いという事情が影響しているのかもしれません。また、投資先である企業にとっても、気候変動リスクが具現化した場合の影響は大きく、キャッシュフローへの打撃はもちろんのこと、気候変動リスクに取り組まない企業には深刻なレピュテーションリスクも生じかねない状況にあります。

日本において、気候変動リスクへの関心が飛躍的に高まったのは、コーポレートガバナンス・コードの再改訂において、TCFDについて言及されてからでしょう。プライム市場に上場する企業は、TCFD又はそれと同等の国際的枠組みに基づく気候変動開示の質と量を充実させることが求められています。「それと同等」とは、具体的には先ほど出てきたISSBの枠組みのことを指します。

もともと日本は、政府機関がTCFDに関するガイダンスを作った初めての国でもあり、TCFDに賛同する企業も2022年11月末で1139社と世界中で最多です。開示率も上昇しており、2022年3月期ベースでは、非金融事業における賛同企業1028社中360社（全体の35％）、金融事業を営む企業においては117社中60社（同51％）と、前年同月にはそれぞれたったの10％、24％しか開示していなかったことからすると大幅な伸びを示しています。

しかし、まだ道半ばと思える状況でもあります。先ほどの4提言11項目についてどのくらい取り組まれたか調査したところ、11項目すべてに対応している企業はわずか4％だったというのが実情です。これは世界的な調査の結果なので、日本企業だけが遅れているというわけではありませんが、企業が対応に苦慮している状況が目に見えるようです。特に苦労しているのはどの辺りでしょうか。少々時点は異なりますが、図5－6を見てみましょう。この図からは、企業が開示できている項目、できていない項目にかなりの偏りが見られることがわかります。

「指標と目標」といった数値で表せる内容、あるいは「リスクと機会」など他の開示要請に基づきすでにリストアップしている内容などは開示している割合が多い一方で、経営戦略への影響やシナリオ分析、あるいはリスク管理全般などは開示割合が格段に落ちます。形式的にも対応しやすく「静態的」な数値やリストで済まされる内容は開示する一方、より「動態的」で実効性のある内容が求められる「経営戦略」などについては手付かず、といった状況が浮かび上がります。こうした状況を受けて、サステナビリティ開示においても「戦略」及びそれに基づいて設定されるはずの「指標」が必須記載事項から外されたのかもしれません。しかし、弱いからやらないでは済まなくなってくるでしょう。TCFDが求めているのは、自社事業における気候関連のリスクと機会を把握することばかりではなく、それを経営戦略に組み入れ、シナリオ分析を行うことでそのインパクトや企業価値への影響に至るまでを説明すべしということだからです。しかも、それは一度で終わりではなく、継続的に見直

図5−6　開示項目数別の11項目開示状況

（調査対象媒体のいずれかで各項目に該当する情報を開示している企業の開示項目数別の割合。括弧内は社数）

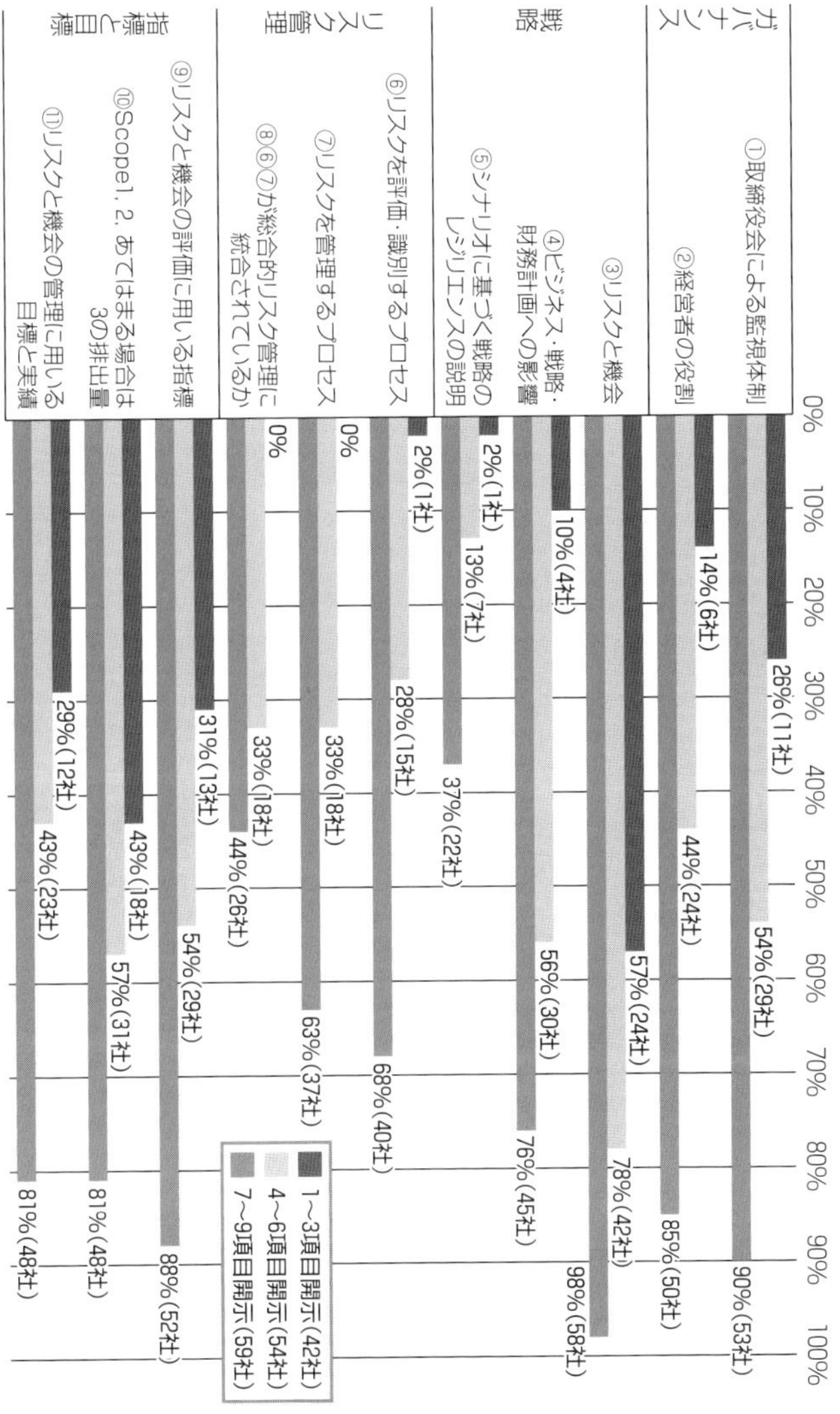

出所：株式会社日本取引所グループ（2021）「TCFD提言に沿った情報開示の実態調査」

しを続けて、経営戦略とリスクや機会との統合を図っていかなければなりません。

●有価証券報告書における開示の義務化

最近、企業を悩ませているのは有価証券報告書における情報開示の義務化でしょう。ここまでみてきた開示のフレームワークを土台とし、統合報告書やサステナビリティレポートなど、企業が任意に作成する資料における自発的開示ではなく、**有価証券報告書における強制的開示**なのですから影響は甚大です。非財務情報というだけでも先にみたようにいくつもの意味合いがあり整理はまだ途上であるところ、企業の負担はかなり重いと考えられます。それに配慮したのか、金融庁の方針も、世界的な潮流から見ると現状では少々腰が引けているようにも見えますが、「サステナビリティ情報については、現在、国内外において、開示の基準策定やその活用の動きが急速に進んでいる状況であるため、サステナビリティ情報の開示における『**重要性**（**マテリアリティ**）』の考え方を含めて、今後、国内外の動向も踏まえつつ、本原則の改訂を行うことを予定しています。」ともありますので、現状発表されている内容はこれから進んでいく開示義務化の「最初の一歩」という感じでしょうか。

具体的には以下の通りです。改正されるのは「企業内容等の開示に関する内閣府令」をはじめとした一連の開示関連法令であり、有価証券報告書及び有価証券届出書（以下「有価証券報告書等」）の記載事項について、サステナビリティに関する企業の取組みの開示の新設、およびコーポレートガバナンスに関する開示の強化が行われます。このうち、コーポレートガバナンスの開示強化についてはのちほどみるとして、まずはサステナビリティについて開示しなければならない内容をみてみましょう。大別すると「サステナビリティ全般に関する開示」と「人的資本、多様性に関する開示」の2つに分かれます。前者は、有価証券報告書等に、「サステナビリティに関する考え方及び取組」の記載欄を新設し、「ガバナンス」及び「リスク管理」については、必須記載事項とし、「戦略」及び「指標及び目標」については、重要性に応じて記載を求めるとされています。[3]

●人的資本に関する情報開示

後者については、人材の多様性の確保を含む人材育成の方針や社内環境整備の方針及び当該方針に関する指標の内容等について「戦略」と「指標及び目標」において記載が必須とな

3 なお、サステナビリティ情報の開示における考え方及び望ましい開示に向けた取組みとして、金融庁では「気候変動対応が重要である場合、『ガバナンス』、『戦略』、『リスク管理』、『指標及び目標』の枠で開示することとすべきであり、GHG排出量について、各企業の業態や経営環境等を踏まえた重要性の判断を前提としつつ、Scope1・Scope2のGHG排出量については、積極的な開示が期待されること」としています。重要だと思ったら、4項目きちんと対応してね、ということですね。GHG排出量についてはScope1・Scope2についてのみコメントしていますがいずれも任意開示の範疇であり、企業の負担が大きいScope3は開示対象に含めていません。企業としてはほっと一息かもしれませんが、これはISSBがまとめようとしている案よりも後退している状況にありますので、この先どうなるかはわかりません。またこの先、ISSBは気候変動に加えて、生物多様性、人権、とルール整備を急ごうとしています。企業にとっては負担が増えこそすれ、減ることはまずないでしょう。

ります。また、「女性管理職比率」、「男性の育児休業取得率」及び「男女間賃金格差」を公表している会社及びその連結子会社に対して、これらの指標を有価証券報告書等においても記載を求めるものとなっています。これらはすでに女性活躍推進法などで一定規模以上の企業に公表が義務付けられており、公表している企業において、有価証券報告書への記載が必要になるということです。

企業側で頭が痛いとされているのは「男女間賃金格差」でしょう。女性に非正規社員が圧倒的に多かったり、男性ばかりが役職者に昇進したりしている企業では当然ながら格差は大きくなり、その状況も明らかになってしまいます。過渡期の現象として「女性労働者の新規採用を強化する等の女性活躍推進の取組により、相対的に男女の賃金の差異が拡大する」などと理由付けはできるでしょうが、長期にわたれば徐々に説得力を失います。「女性管理職比率」や「男性の育児休業取得率」にしても、あまりの数字の低さや実態の伴わなさが知れ渡っている状況です。女性管理職比率などは、開示を要請する政府自体が、「2020年には指導的地位に占める女性の割合は30％程度」といった目標を早々にとりやめ「30年までの可能な限り早期」と〝遠投〟を図っている状態なのですから。

民間企業でも女性管理職比率の現状や目標についての開示が進みつつありますが、目標レベルで一桁台といった企業も多いです。男女雇用機会均等法から40年近くも何をやっていたのでしょう。「男性の育児休業取得率」も、2021年度過去最高を更新したと言いながらたったの13・97％です。政府が掲げる「2025年度までには30％」という目標には遠い

図５－７　有価証券報告書における人的資本開示の義務化

（１）サステナビリティ全般に関する開示

有価証券報告書等に、**「サステナビリティに関する考え方及び取組」の記載欄を新設**し、**「ガバナンス」及び「リスク管理」については、必須記載事項**とし、「戦略」及び「指標及び目標」については、重要性に応じて記載を求めることとします。

（２）人的資本、多様性に関する開示

人材の多様性の確保を含む人材育成の方針や社内環境整備の方針及び当該方針に関する指標の内容等について、必須記載事項として、サステナビリティ情報の「記載欄」の**「戦略」と「指標及び目標」**において記載を求めることとします。

また、女性活躍推進法等に基づき、**「女性管理職比率」、「男性の育児休業取得率」及び「男女間賃金格差」**を公表している会社及びその連結子会社に対して、これらの指標を有価証券報告書等においても記載を求めることとします。

出所：金融庁（2022）「『金融資産等の開示に関する内閣府令』等の改正案の公表について」

有価証券報告書の開示項目		
全企業対象	記載欄	開示項目
	従業員の状況	女性管理職比率 男性育休取得率 男女間賃金格差
	サステナビリティ情報（新設）	人材育成方針 社内環境整備方針
		人的資本や多様性の測定可能な指標と目標

ですね。加えて、実態面を見るととにかく取得期間が短いことに驚きます。3日だろうが1週間だろうが「取得」としてカウントされてしまうのです。これを育児休業と呼べるのかという点は大いに疑問が残ります。

こうした状況を見ると、定量指標の開示もけっこう重要であるという気もしてきます。少なくとも図5－4の〈2〉の象限の情報を出しただけで、その企業の状態がつかめなくもないわけですから。ただ、それだけを見ていると、背後にある現実を見失いがちでもあるかもしれません。出された情報を鵜呑みにせず、十分に背景を深掘りすることが、投資家やステークホルダーの側には求められます。

●本来は「四位一体」であるはずの枠組み

なんだか暗くなってきそうですね。一応、金融庁も企業に配慮し、比較的開示しやすい項目を選んで義務化するようですが、それにしても書きにくそうです。とりあえず手元にあるオペレーショナルな「方針」をそのまま転記したり、なんとか適当に作文したりして急場をしのぐ企業も多そうです。ただ、それで良いのでしょうか。

本来であれば、企業理念から長期ビジョン、そして中期の経営戦略を実行に移していくためにどのような経営資源が必要なのか、経営資源の中でも重要な「ヒト」の要素には何を求めるのか、それを企業内でどのように育成するのか、社内の環境をどう整えるのか、こうした一連の内容が語られていることが必要です。そこには当然ながらリスクもあります。それらを管理しながら、目指すべき将来像に到達するために、具体的な目標や指標を置いて物事を進めていければ効果もありそうです。ガバナンスの担い手も、こうした一連の事柄を知りたいわけですね。ここで話は先ほどのサステナビリティ開示の枠組みに戻ってきました。「経営戦略」「リスク」「目標と指標」「ガバナンス」から成る枠組みでしたね。これが揃っていれば完璧です。ただ、今回の義務化の内容をよく見ると、「サステナビリティ全般に関する開示」では「戦略」及び「指標及び目標」が必須記載事項となっていません。全上場企業に適用されるだけに、企業側の負担を配慮したのかもしれません。

ただ、このように別々に扱ってしまうと、本来の趣旨がわかりにくくなるようにも思えます。これらの4要素は別々に扱って良いものではなく、本来は「四位一体」と言えるようなものではないでしょうか。分断するほど将来像はわからなくなってきてしまいます。経営戦略の真髄は、分析（Analysis）だけで終わるのではなく、統合（Synthesis）にあります。すべての企業にすぐやれというのは難しいかもしれませんが、義務化された部分だけを摘まみ食いのように取り上げて対応するよりも、**全体の流れを考えて四位一体の枠組みを作り上げたほうが、結局は企業のためになる**ような気がしてなりません。そうしなければ、本来的な〈3〉&〈4〉の情報としては使えないからです。ミドルマネジメントの作業に委ねられてしまい、トップマネジメントの意思も入らなくなってしまいます。そうならないように願うばかりですが。

●セーフハーバールール

これらの開示義務化で企業が心配するのは、「虚偽記載をすれば罰則の対象になるのではないか」という点でしょう。有価証券報告書は金融商品取引法に基づく法定開示の1つなので、守らなければ罰則があるはずです。ただし、金融庁もこれらのサステナビリティ開示に関して、「努力したけれどできませんでした」という企業に軒並み罰則を科すのは現実的ではないと考えたらしく、記載した内容と実際の結果が異なっても、一律には虚偽記載に問わない方針とされています。これは米国証券取引委員会（SEC）が採用する「セーフハーバールール」の考えを取り入れた形となっています。

その他、企業の開示責任負担にはあちこちで配慮しているようで、サステナビリティ情報等の詳細な情報については自発的開示書類を参照できるとしたうえで、それらの自発的開示書類の参照自体が有価証券報告書の重要な虚偽記載等になり得る場合を除けば、単に自発的開示書類の虚偽をもって直ちに虚偽記載等の責任を問われるものではない、などの断り書きもあります。要は、引き続き自発的開示である統合報告書やサステナビリティレポートなどを使っていいよ、それが多少間違っていたりできなかったりしても罪には問わないよ、ということですね。これくらい言われないと企業としては罰則が怖くて委縮した情報開示になってしまうと思われたのでしょうか。とはいえ、どこまで積極果敢に記載できるかは未知数ともいえます。サステナビリティへの取組みに消極的な企業の背中を押すには役立つでしょうし、企業間の比較はしやすくなるでしょうが、投資家が有用と考える情報が本当に開示されるのかどうかは、これからの取組み次第といえそうです。

また、金融庁が作っている現在の枠組みは、グローバルな基準となるISSBの考え方とはやや異なっています。グローバルなベースとしてのISSBの気候変動に関する開示基準が確定した場合、いずれはそれと歩調を合わせなければならないようになってくるでしょう。

ちなみに、ISSBの基準では4項目はもちろんデフォルトで開示ということになっていますし、GHG排出量については、現状強制的開示にはなっていないものの、Scope3についても言及されています。いまのところ強制的開示の対象になっていないからいいや、と考えるよりも、まだ若干余裕のあるうちに、経営戦略と連動させてしっかり考えておこう、という姿勢のほうが今後役立つように思えます。

■統合報告書はより重要になる

●自社の将来について語ることができるか

強制的開示項目が増えると、自発的開示については不要になってくるのでしょうか。おそらくそうしたことはなく、強制的開示を大いに補完するものとして、さらに重要性を増していくのではないでしょうか。特に、企業の将来情報である先述の〈3〉&〈4〉に該当する情報については、非常に個別性も強いため、企業独自で効果的な開示や対話を進めていく必要もより強くなりそうです。そのためのツールとして、統合報告書というのはかなり一般的になってきているようにみえます。

図５－８　統合報告書発行企業推移

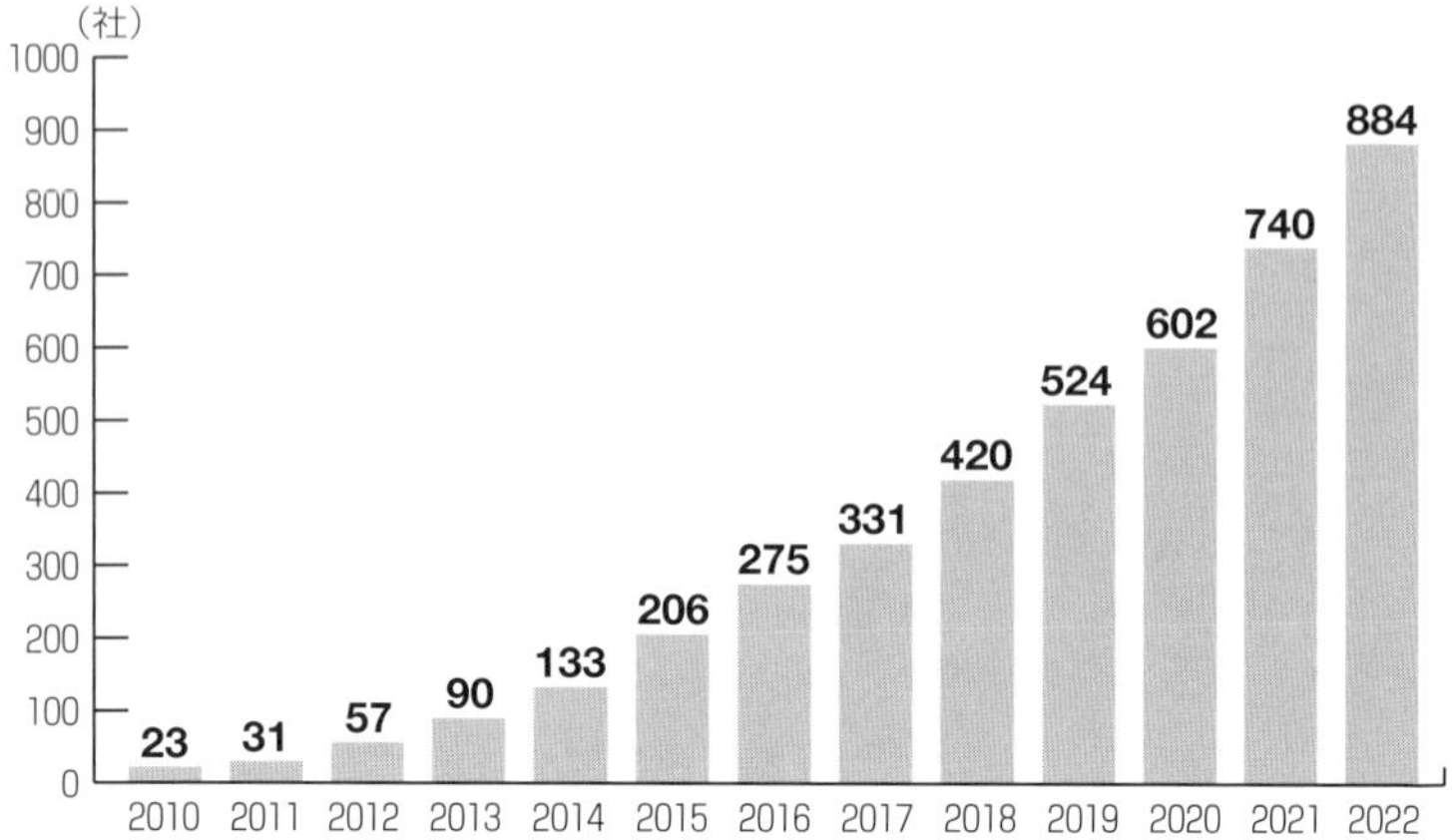

出所：KPMGジャパン「日本の企業報告に関する調査2022」
注記：発行企業数は企業価値レポーティング・ラボ「国内自己表明型統合レポート発行企業等リスト2022年版」に基づく

上図のとおり、２０２２年に統合報告書を発行した国内企業数は８８４社と過去最多となっており、その数はさらに増えつつあります。

また、内容の充実も図られてきています。しかし、なかには「他社が作ったからウチも」「流行に乗り遅れないようにとりあえず」的な対応も目に付きます。しかし、強制的開示でもないのに、わざわざ自発的に出す情報について、そのような消極的な対応で良いのでしょうか。それだったら出さないほうがましです。真摯に考えて作っている企業の統合報告書が年々進化していくなか、単なる悪目立ちになってしまう可能性大ですから。

特に、統合報告書と言えばこれ、とばかりに国際統合報告評議会（ＩＩＲＣ[4]：International Integrated Reporting Council)

が公表してきた「価値創造プロセス」の図をそのまま自社にあてはめて使っている企業も目立ちます。蛸足配線図みたいですが、通称も「**オクトパスモデル**」と呼ばれます。もともとはよく考えられてできているのですが、本来の内容をよく考えずに、細かく注釈や吹き出しを付けたり、コメントを増やしたりして、蛸のお化けか出来損ないの歯車みたいな巨大な図を見開き2ページも費やしてどっかりと載せている企業はけっこう多くあります。

先進企業がこの内容を咀嚼して、独自のわかりやすいモデルを試行錯誤しつつ作り上げているのとは対照的に、本当に内容は伝わっているのか、自社の言葉でしっかりと語ることができるのか、見ていると不安になってくる企業も数多いのが現状です。統合された自社の姿をしっかり説明できれば、文章だろうが、独自の図だろうが、なんでも良いのです。自社の姿が蛸のお化けで表されて良いものかどうか、じっくり考えてみてください。

●アウトプットとアウトカムはどう違うのか

せっかくの価値創造ストーリーが蛸のお化けになってしまう理由の1つに、言葉のわかりにくさがあります。1つは「ビジネスモデル」。これを、なんだか素敵なアイデア、のように思っている方はいませんか。そうした閃きから生まれることは確かに多いのですが、ここで言っているのはそういうことではありません。平たく言えば「なんで儲かるの？」という

---

4 IIRCは2021年にサステナビリティ会計基準審議会（SASB：Sustainability Accounting Standards Board）と合併して、価値報告財団（VRF：Value Reporting Foundation）になっています。

図5－9　IIRCによる価値創造プロセスの説明図

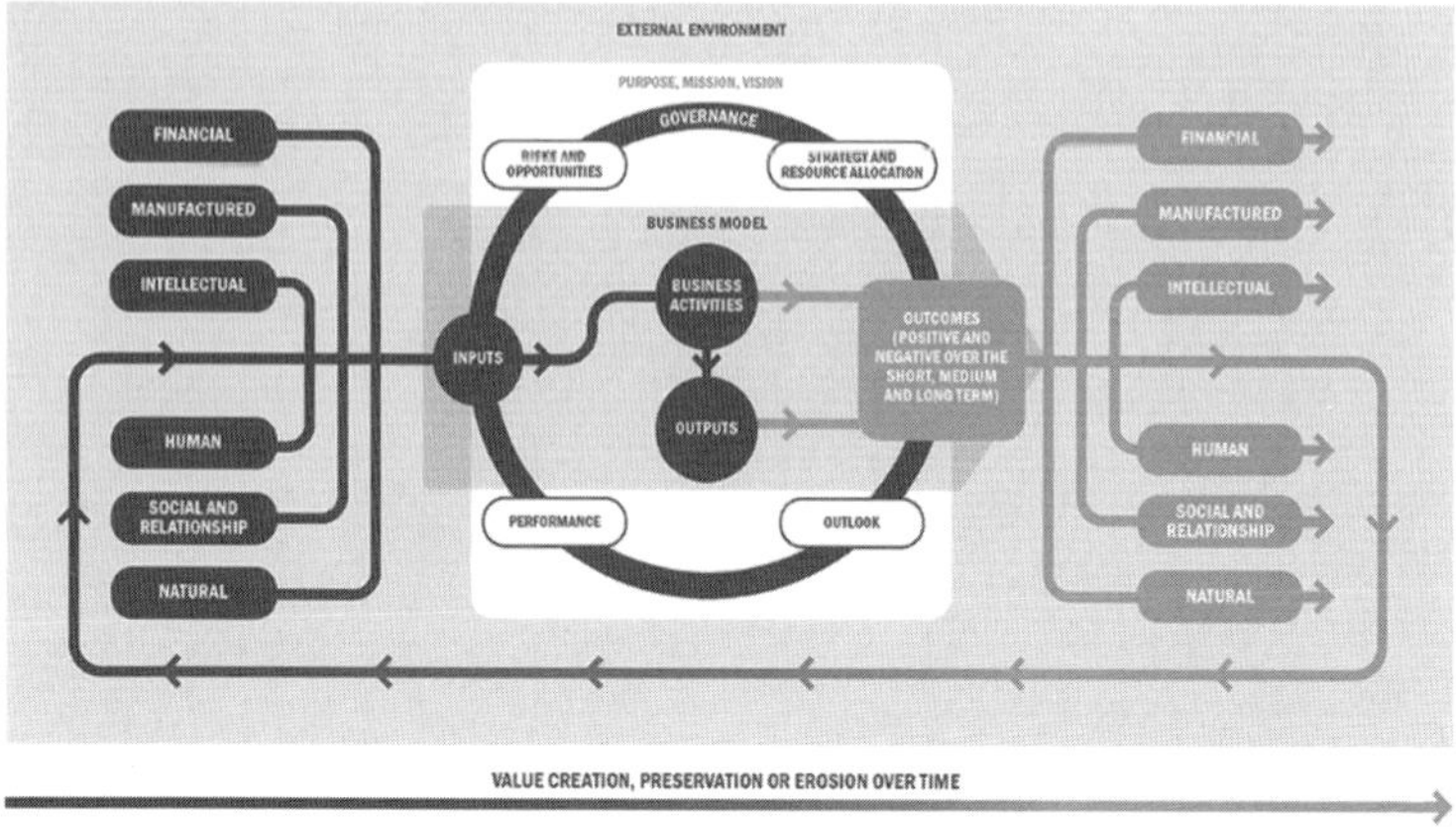

出所：IIRC（2021）「国際統合報告（IR）フレームワーク」https://www.integratedreporting

ことです。儲けを出すために何と言っても必要なのは、そのビジネスに費やしたおカネよりも、入ってくるおカネのほうが多いことです。当然ですね。では、あなたのビジネスは本当にそうなっていますか？　どうしてそうなっているのでしょうか？　それは長期にわたって維持向上可能ですか？　そのためのキモは何ですか？――そういったことを聞いているわけですね。ただし、単に儲けておしまい、というわけではありません。あなたの儲けの源泉となった製品やサービスは、環境や社会にどのような影響を与えているのでしょうか、というところまでちゃんと見なさい、と言っています。ここでも「サステナブルであること」、すなわち、経済的にも社会的にも自立可能で豊かになっており、快活明朗、元気で長生き、迷惑かけず善きことをする存在であるかということが問われているのです。

ここで、わかりにくい言葉があります。**アウトプット**と**アウトカム**です。両方をきちんと説明すべきとされていますが、これらはどのように違うのでしょうか。そのまま説明を続ければ、上記で言う「あなたの儲けの源泉となった製品やサービス」がアウトプットです。そして、それが「環境や社会にどのような影響を与えているのでしょうか」の答えがアウトカムです。アウトカムにはポジティブとネガティブの両方があります。世の中を豊かにするような素晴らしい結果もあれば、公害や自然破壊のようにネガティブな結果を招くこともあるということです。

ビジネスモデルや、特にアウトプットとアウトカムについてはIIRC自身もわかりにくいと反省したらしく、先のオクトパスモデルも含めて2021年には見直しが行われました。そこでは、アウトプットとアウトカムの違いをわかりやすく説明するために、自動車産業の例が挙げられ、アウトプットは自動車、アウトカムは利益、ブランドや顧客満足度の向上、大気汚染、などとされています。要は、自分の生み出した製品やサービスが、将来にどういう影響を与えるのだろうかを考えましょうということです。そこにもしネガティブな要素があれば、それは価値創造ではなくて、長期的にみれば価値の毀損になってしまうかもしれません。そうしたことにどう対応するのでしょうか、ということが問われています。ひな型盲信に陥らず、自分の言葉でビジネスのユニークさを存分に語っていただきたいものです。

●価値協創ガイダンス2・0について

なお、価値協創ストーリーについてもう少しだけ述べておくと、最近では「価値協創ガイダンス2・0」などの枠組みを経済産業省が公表しています。価値創造ストーリーを作り上げるための手引きとなる枠組みといった位置づけで、サステナビリティ・トランスフォーメーション（SX）の実現に向けた経営の強化、効果的な情報開示や建設的・実質的な対話を行うためのフレームワークとされています。ではSXとは何かと言うと、社会のサステナビリティと企業のサステナビリティを「同期化」させていくこと、及びそのために必要な経営・事業変革（トランスフォーメーション）を言うそうです。「同期化」とは、社会の持続可能性に資する長期的な価値提供を行うことを通じて、社会の持続可能性の向上を図るとともに、自社の長期的かつ持続的に成長原資を生み出す力（稼ぐ力）の向上と更なる価値創出へとつなげていくことを意味するとなっています。

色々と新しい言葉が出てきて企業のみなさんは大変ですね。枠組みは次ページの図5－10の通りですが、よく見ると、企業理念や価値観から経営戦略、そしてこのあと取り扱う経営管理やガバナンスに至るまで、本書で扱っている経営戦略について考えるべきことをなぞってくれているのがわかります（別にこれを参照して本書を作っているわけではないのですが）。参考にしていただくのも良いかと思います。ただ、間違っても「この項目を1つずつ潰していくぞ！」などという使い方はしないでください。経済産業省自身も、「各項目を形式的・固定的に捉えることなく」と注意書きをつけていますが、こうしたフレームワークを満たすこ

図５－10　価値協創ガイダンス2.0の全体図

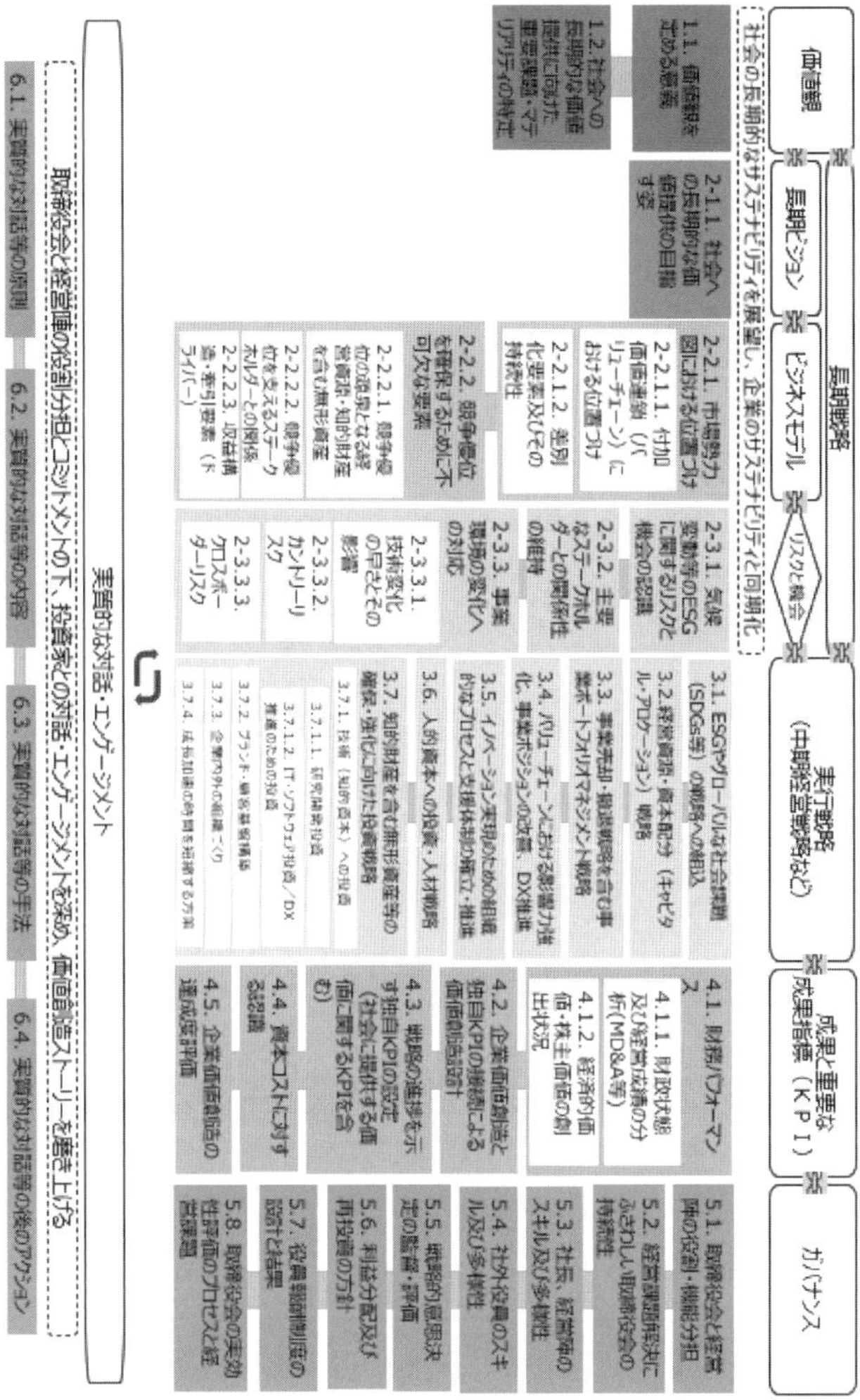

価値観
長期戦略
長期ビジョン
ビジネスモデル
リスクと機会
実行戦略
（中期経営戦略など）
成果と重要な
成果指標（ＫＰＩ）
ガバナンス
社会の長期的なサステナビリティを展望し、企業のサステナビリティと同期化
1.1. 価値観を定める意義
1.2. 社会への長期的な価値提供に向けた重要課題・マテリアリティの特定
2-1.1. 社会への長期的な価値提供の目指す姿
2-2.1. 市場勢力図における位置づけ
2-2.1.1. 付加価値連鎖（バリューチェーン）における位置づけ
2-2.1.2. 差別化要素及びその持続性
2-2.2. 競争優位を確保するために不可欠な要素
2-2.2.1. 競争優位の源泉となる経営資源・知的財産を含む無形資産
2-2.2.2. 競争優位を支えるステークホルダーとの関係
2-2.2.3. 収益構造・牽引要素（ドライバー）
2-3.1. 気候変動等のESGに関するリスクと機会の認識
2-3.2. 主要なステークホルダーとの関係性の維持
2-3.3. 事業環境の変化への対応
2-3.3.1. 技術変化の早さとその影響
2-3.3.2. カントリーリスク
2-3.3.3. クロスボーダーリスク
3.1. ESGやグローバルな社会課題（SDGs等）の戦略への組込
3.2. 経営資源・資本配分（キャピタル・アロケーション）戦略
3.3. 事業売却・撤退戦略を含む事業ポートフォリオマネジメント戦略
3.4. バリューチェーンにおける影響力強化、事業ポジションの改善、DX推進
3.5. イノベーション実現のための組織的なプロセスと支援体制の確立・推進
3.6. 人的資本への投資・人材戦略
3.7. 知的財産を含む無形資産等の確保・強化に向けた投資戦略
3.7.1. 技術（知的資本）への投資
3.7.1.1. 研究開発投資
3.7.1.2. IT・ソフトウェア投資／DX推進のための投資
3.7.2. ブランド・顧客基盤構築
3.7.3. 企業内外の組織づくり
3.7.4. 成長加速の時間を短縮する方策
4.1. 財務パフォーマンス
4.1.1. 財政状態及び経営成績の分析（MD&A等）
4.1.2. 経済的価値・株主価値の創出状況
4.2. 企業価値創造と独自KPIの接続による価値創造設計
4.3. 戦略の進捗を示す独自KPIの設定（社会に提供する価値に関するKPIを含む）
4.4. 資本コストに対する認識
4.5. 企業価値創造の達成度評価
5.1. 取締役会と経営陣の役割・機能分担
5.2. 経営課題解決にふさわしい取締役会の持続性
5.3. 社長、経営陣のスキル及び多様性
5.4. 社外役員のスキル及び多様性
5.5. 戦略的意思決定の監督・評価
5.6. 利益分配及び再投資の方針
5.7. 役員報酬制度の設計と結果
5.8. 取締役会の実効性評価のプロセスと経営課題
実質的な対話・エンゲージメント
取締役会と経営陣の役割分担とコミットメントの下、投資家との対話・エンゲージメントを深め、価値創造ストーリーを磨き上げる
6.1. 実質的な対話等の原則
6.2. 実質的な対話等の内容
6.3. 実質的な対話等の手法
6.4. 実質的な対話等の後のアクション

出所：経済産業省公式サイト（2022年８月30日改訂）

とだけを考えていると、思考が静態的になってしまって、現実の世界で使える動態的な経営戦略になりません。「絵に描いた餅」としての企業の将来像になど投資家は関心がありません。ぜひダイナミックで魅力的な、統合された企業の将来像を生き生きと語ってください。

●企業内のフォーメーションをどうするか

本章の最後に、こうした内容を効果的に語るために、企業内のフォーメーションをどうするかについてみておきましょう。実はけっこう悩ましい事態に陥っていることが多いからです。

みなさんの会社では、統合報告書はどの部門が作っていますか？　有価証券報告書は？　コーポレートガバナンスの事務局はどこですか？　経営戦略を策定しているのは？　リスクマネジメントはどこでやっていますか？　投資家への対応は？　決算説明会の担当はどこがやっていますか？　環境と社会について聞かれたらどこが対応しますか？――このくらいにしておきましょう。おそらく、少なくとも3つ以上の部門の名前が挙がったのではないでしょうか。もしかしたら、片手に余る部門が関係している企業もあるかもしれません。

ここで縦割りの弊害を語るのは簡単なのですが、事はそれほど単純ではありません。縦割りでもきちんと連携ができ、最終的に統合されていれば問題はないのです。しかし多くの場合、けっこう躓きまくっています。縦割りの「割り方」自体がもう古くなっており、仕事の内容の見直しが必要なのになされておらず、それゆえ上記にあるような最近とみに重要になってきた仕事の意味が腹落ちされていなかったり、片手間でこなしたりすることが頻発し、手っ取り早く個別最適に走るので、できあがった開示内容は何やら出来の悪いモザイクのようになってしまっています。

この状態に最も責任のあるのは経営者です。セールスパーソンが、商品の良さをしっかり語ることもせず、セールストークに磨きもかけず、セールスグッズに何の工夫もしていなければ商品は売れませんよね。ちょっと露悪的な言い方になりますが、出来の悪い開示内容で平然としている経営者はこのセールスパーソンと同じです。企業が外部に開示する情報はみなそうですが、特に、将来の企業像を含めて語る統合報告書のような自発的な開示情報は、これからに向けた経営者の所信表明演説のようなものです。どんなに忙しい大国の大統領だって、就任演説のスピーチをするためには一流のスピーチライターを雇い、自分でも何度も推敲し、得心がいった内容を話そうとしますよね。あなたの会社の経営者は、情報開示の内容にそうした責任を感じているでしょうか。もちろん、多くの経営者の方々は真摯に取り組んでいらっしゃることと思います。そうでなければここ数年の開示情報の変化もあり得ないわけですから。しかし、まだまだ悩める本社スタッフも多いものです。

困ったパターンがいくつかあります。そもそもそうした仕事が自分の範疇にないと思っている経営者。「ESG関連はサステナビリティ推進部に任せているから」と宣《のたま》うトップはよくいます。サステナビリティ推進部は経営者の仕事のサポートをするためにいるのであって、推進する主体は経営者です。本社内の縦割りによる個別最適を解決しようとしない経営者。それによって結果的に負荷を背負っているのも実は経営者です。そろそろ本社の仕事の見直しをして、経営者は「統合した将来の姿」をステークホルダーにしっかり発信して対話することに注力しなければなりません。

第 6 章

事業戦略を考える⑷
——実行に至る「管理」をどう行うか

6-1 戦略を作りっぱなしにしない

数字まで落としてこその経営戦略

ようやく、企業における経済的価値の向上と社会的価値の実現という2つの重要目標についてじっくり考え、企業が目指す将来の姿ができてきたことと思います。ここで一息つきたいところですが、ここで手を抜くといままでの努力が水の泡です。ここまで考えてきた定性的な内容を定量化しましょう。それによって、ここから先の経営戦略の実行とその管理、財務戦略や全社戦略の検討、さらには情報開示やコーポレートガバナンスに至るまでの経営のあらゆる側面が、圧倒的に進めやすくなります。まず、ぜひ作っていただきたいのは、事業別の**ファイナンシャルプロジェクション**です。

ファイナンシャルプロジェクションとは、簡単に言えば定性的に策定された経営戦略を実行した場合に将来どのような業績がもたらされるかを、簡単なPL・BS・CFの形で示したものです。あくまでも「簡単な」定量化された将来予測を作るということです。間違っても、制度会計的に正しい財務諸表を作ろうなどと思わないでください。このファイナンシャルプロジェクションの使いどころは、予測した将来において本当に企業価値が向上するのか

図6－1　ファイナンシャルプロジェクションによるマネジメントサイクル

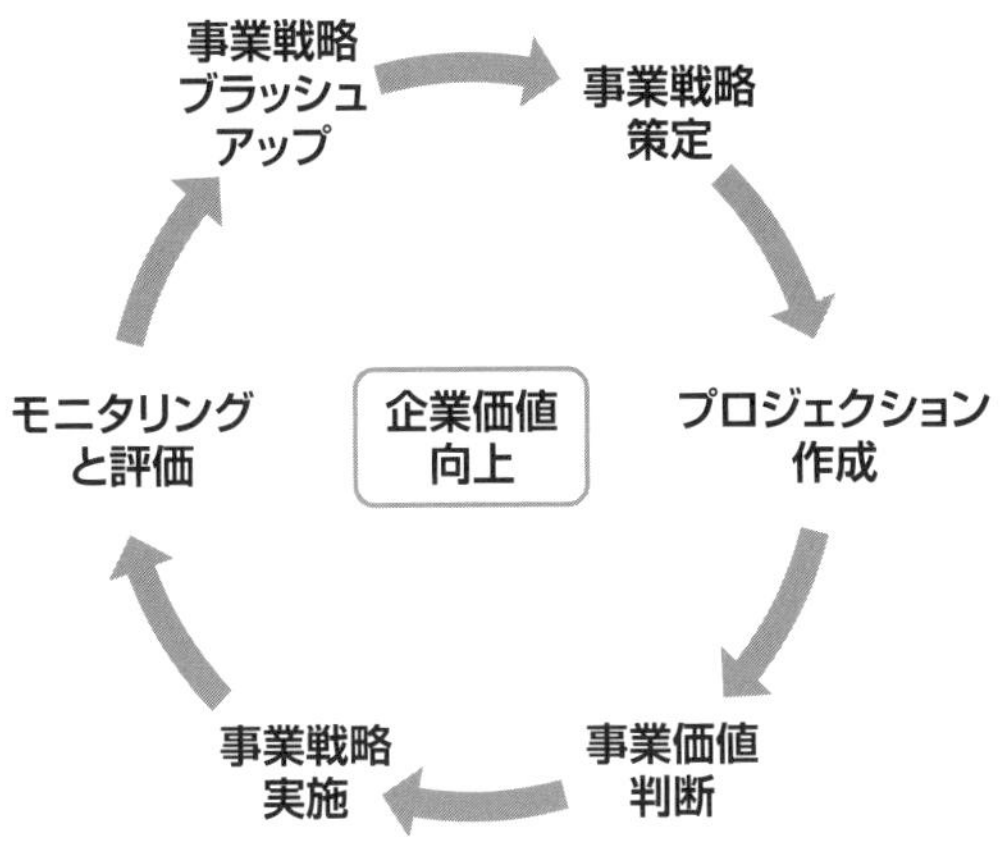

検証し、前提条件を変えて様々なシミュレーションを行うところにあります。また、いったん作っておくと、それと現実の乖離を管理しつつ修正していくことで、その事業戦略のモニタリングを行い、目標とする指標による経営管理を的確に行ったり、事業戦略のブラッシュアップが可能になったりします。マネジメントサイクルを回すために必須のツールともいえます。

ファイナンシャルプロジェクションを作っておけば、それによって各シナリオにおける自社の企業価値やあり得べき株価もわかります。複数の事業がある場合には、後述する事業ポートフォリオマネジメントにも役立ちます。そして、当然ながらリスクマネジメントにも使えます。戦略策定とはリターンを追求するための将来予測ですが、リターンを得るためにはリスクは必ずついてきます。しっかりとリスクの影響度と可能性を把握することが求められます。なお、この一環として感度分析などもよく行われます。

■ファイナンシャルプロジェクションを作る

●キャッシュの出入りに集中する

ファイナンシャルプロジェクションを作る、というと、とにかくしち面倒くさいことに思われがちです。エクセルを使うのが苦手な方は、頼むから勘弁してくれ、とも思うかもしれません。ただ、実際にはそれほど難しいことではないのです。ここで、多くの人が陥りやすいワナ、を1つ指摘しておきましょう。「プロジェクションを作る際に、過度にアカウンティングにこだわるな」ということです。アカウンティングというのは過去の実績を正確に、他社等との比較検討もしやすいよう決められたフォームで作り上げるものです。一方、ファイナンシャルプロジェクションを作るのは、これは将来のため以外の何ものでもなく、また正確に報告をする、というよりは、今後の企業価値がどうなるのか、全体像を見せる、ためにあります。したがって、アカウンティング上精緻なものを作る必要はまったくありません。そんなところに時間をかけるのはやめましょう。

では、どうすればいいのか。「大所を押さえる」ことが肝心です。企業価値は「将来キャッシュフローを生み出す力」でしたね。ですから、将来どこからキャッシュフローが生まれそうなのか、ということが明らかになればよいわけです。そういう意味で、キャッシュが出

図6－2　ファイナンシャルプロジェクションの作り方

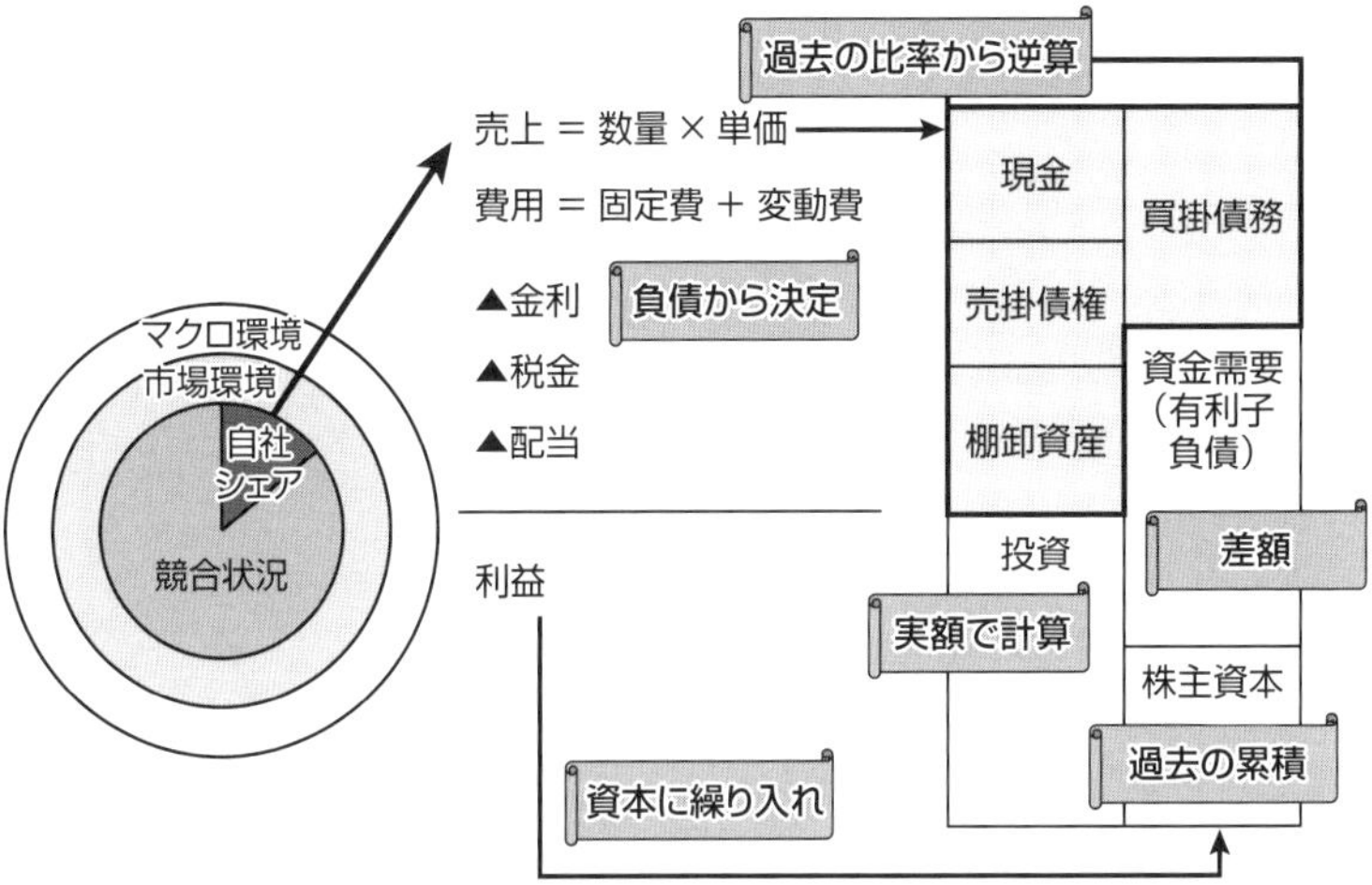

入りするところを押さえる。これだけです。出入りする要素はそれほど多くありません。簡単に言ってしまえば、次の5つだけです。

1　売上
2　費用
3　運転資金
4　投資資金
5　負債・資本

入ってくるキャッシュフローの中で最も大きいのは売上です。負債や資本などを調達すれば、いずれは返済や還元などという形を取る必要があるものの、調達した時点でのキャッシュは増えます。

一方で、キャッシュを減らす大きな要因には各種の費用があります。原価、販売管理費、といった本業をやるために必要な費用と、利害関係者のみなさんに支払うべき費用、具体的には従業員に支払う人件費（これは販売管理費に含まれますね）、投資家に支払う金利や配当、国や地域に支払う税金、といったところです。また、運転資金が増えたり、投資をしたりすれば、それだけキャッシュが出ていくことにもなります（運転資金の場合には増減どちらにも影響しますね）。この5つを中心にみていけば、大所はつかめます。

●定性分析とまず結びつけるのは売上

この5つの中で、これまでみてきた外部環境分析や内部資源分析に最も関係しているのは、何と言っても売上です。これは企業にとって最大のキャッシュインフロー（入ってくるおカネ）でもあります。したがって、ファイナンシャルプロジェクションを作るときに最初にやるべきことは、これまで調べてきた定性的な分析のあれこれを、「そうなると売上はどうなるんだ？」という定量的な数字に置き換えることです。業界が、これまでずっと年率3％で成長していた、とすれば、その要因は何なのか、それは今後も続くのか、といったところです。もし、特に変わる要因がないのであれば、業界全体の成長率は3％と仮定してもいいでしょう。3年後からは規制が変わってダメージがあるとする、ならば、それによって3年目以降の成長はどのくらい減るのか、を推定して数字を置きます。

そうして、まずパイの大きさを推定した後に、では、そのうちどれくらいを自社が取れるのか、をみます。競争状況が厳しくなっているのかどうか、自社の強みはそれでも通用するのか、やや見直しが必要なのか、全然もう太刀打ちできないのか。これまで業界平均を上回ってずっと5％程度の成長を続けてきており、今後もしばらくはそれが実現できそうならば、その根拠を明らかにしたうえで、業界平均を2％程度上回るような売上計画を立ててもよいでしょう。さらに、売上は「単価×数量」で決まります。この単価と数量の動向がどうなのか、によっても計画の数字は変わってきます。これまで伸びてきたのが主に単価を上げてきたことによるものであり、これからしばらくデフレが続いて単価引き上げが望み薄なのであれば、単価を下げた時のシミュレーションをしなければなりません。こうして、まず売上の将来予測が決まります。それが、結果的に間違っているかどうか、はここでは問題ではありません。何を根拠にその予測をしたのか、それが論理と数字できちんと示せれば、まず予測としては合格です。

●売上に連動して決まる費用と運転資金

売上が決まると、あとはそれに連動して決まる項目がけっこう多いです。まずはコスト。色々な分け方があります。ここでは、売上に連動して増減する費用、すなわち変動費と、そうではない固定費に分けて、過去の実績をまず見ます。それが将来的にもあまり変わらないのであれば、たとえば過去3年の平均値としての変動費率を、予測した売上に掛けて逆算して変動費を求めます。固定費はこうはいきませんから、正確には人事上の見込みなどを使って人件費を出したり、広告宣伝費の予算をみたりしつつ、実額を考えていかなければいけません。ただ、ざっくりとみるだけであれば、先ほどと同様に過去実績から引き延ばすということもできます。一般的に、コストの中でも重要な項目については、過去の実績や売上との連動性など詳細に分析して設定しますが、それほど大きくない費目（＝キャッシュフローに大きな影響を与えない項目）については、特に大きな変動がない限り過去実績を引き延ばしておけば十分です。

他にも売上連動で決められる要素があります。運転資金ですね。売掛金、買掛金、在庫、すべて売上と深く関係します。これも、それぞれ回転期間や回転率といった指標があり、過去の実績はすでにわかっています（このように、過去のトレンドを参考にするうえで、過去実績の財務分析は必要なのですね）ので、これも大きな変動がなければその指標から将来の運転資金を逆算します。もし、「これから全社的に在庫削減プロジェクトに注力する。3年後までに在庫回転期間は2割削減！」などというSCM（サプライチェーンマネジメント）改善運動が盛り上がっているなら、これは見込んでおきましょう。

●実額で見積もるべき投資

ここですでに、損益計算書のほとんどと、バランスシートの上半分くらいはできてしまったわけですね。あとは、バランスシートの下半分と、それに関係する損益計算書上の項目くらいです。ただ、ここから先は、売上と連動しないので、先ほどの固定費のように実額を考えざるを得ません。その最たるものが投資です。設備投資にしろ、企業買収等の投資にしろ、バランスシートの左下側に記載される資産の異動はどれほどあるのか？　通常、企業は投資計画も減価償却の予定も持っていますから、その実額を入れればいいですね。各事業会社が出してきた投資計画をまず入れてみる、というのが良いかと思います。企業を外から見て判断するアナリストなどが、なぜ決算説明会で「投資と減価償却の予定は？」とすぐ聞くかというと、キャッシュアウトの大きな要素となりうるのに、外からはいまひとつわからない、ここの数字を埋めたいからです。もし、企業が開示してくれなければどうするか？　仕方がないので、これまで得た定性的な投資計画情報や、過去実績などから自分たちなりの仮説を引き出してバランスシートを作っています。これがみなさんにとって有利なものならば良いですが、非常に不利なものを作られないよう、少なくともある程度の方向性は出しておくのが情報開示では必要といえそうですね。

●必要資金は有利子負債で調整する

投資金額が入ると、バランスシートの左側は完成してしまいます。あとは右側ですが、運転資金の部分はすでにできていますね。したがって、あとは負債と資本を考えればいいだけです。このうち、先に作るのは資本の側です。増資計画、などがあればもちろんそれを入れておく必要はありますが、この項目に年々歳々加わるのは、すでに作った損益計算書の中から、様々な利害関係者に支払うコストを除いた分ですね。つまり、金利や配当、税金等を控除後の利益が資本の部に組み込まれます。したがって、金利や配当、税金等を、いま借りたらいくらで借りられるか、という想定金利や、過去の実績若しくはこれからの意思としての配当性向、実効税率といった数字を置いて計算し、それを差し引いたものが資本の部に入るとします。そうすると、あとはもうやることがありません。バランスシートの右半分の残りは、買掛金でも資本でも埋められない必要資金額なので、これは負債によってファイナンスされるしかありませんね。したがって、これで負債の額が決まります。なお、この点についてはのちほど補足がありますが、いまは先に進みましょう。

■細かいことは忘れる

「ちょっと待って、他にも〝その他流動資産〟とか、〝特別損失〟とか色々あるのに全部無視していいの？」と思われる方もいるかもしれません。ここで、先ほどの話を思い出してください。「アカウンティングにこだわるな」「キャッシュフローにこだわれ」ということでしたよね。こうした様々な要素がキャッシュフローに大きな影響を与えない限りにおいては、過去実績を引き延ばしておくくらいで十分です。特別損失といったものは、出ることがわかっていて、かつかなり金額が大きいのならその見込み額を入れておけばいいだけです。こんなところに時間を使うのは無駄です。いまやりたいのは、上の5つがどう動いて、将来のキャッシュフローをどう動かすか、のシミュレーションです。いたずらに仕事を増やすことなく、速やかに済ませましょう。

やっと、過去の実績とつながる、将来の予測ができました。おつかれさまです。でも、これで終わりではありません。目的は、ファイナンシャルプロジェクションを作ることではありません。これを用いて、様々なコミュニケーションを図ることです。まずは事業部門と本社との間のやり取り。事業部門が出してきた投資計画を丸呑みすると、その事業部門は債務過多になることがわかったり、業界の状況に対してあまりにも保守的な売上予測しかしていない（若しくはその反対）ことが、数字と論理をもって示せるようになります。逆に、本社側が出してきたトップダウンの数字が、まったくもって無謀であるならそれを示すこともできます。あとは十分に話し合ってください。そして、納得のいく数字になったならば、それを従業員間でも共有しましょう。こうした売上を、利益を、企業価値向上を目指すのだ、ということを事業部門の責任者が率先して発信し、関係者すべてに腹落ちさせることが重要です。数字について協議して納得して1つのプロジェクションになったならば、その実現について事業部門の責任者はコミットしなければなりません。本社側はコミットを獲得して、実行を見守り評価をするわけですね。

■外部投資家に向けて発信する

また、ここで作成したファイナンシャルプロジェクションは、外部の投資家に説明する際の有力なツールになります。事業部門が出してきたものを本社側の全体最適の観点から叩き、お互いに納得するものが部門ごとにできたなら、それを足し上げたものは、後述する全社戦

図6－3　ファイナンシャルプロジェクションの完成形

(1) 予測損益計算書

単位：百万円

	前年度	1年度	2年度	3年度	4年度	5年度
売上高	1,000	1,030	1,061	1,093	1,126	1,159
売上原価		691	710	724	754	779
（うち減価償却費）		88	89	89	90	90
（うち人件費）		500	515	525	551	572
売上総利益		339	351	369	372	380
販売および一般管理費		225	230	240	249	260
（うち減価償却費）		22	22	22	22	23
（うち人件費）		100	102	108	114	122
営業利益		113	121	129	123	120
減価償却費		110	111	111	112	112
EBITDA（利払前・税引前・償却前利益）		223	231	240	235	232
受取利息・配当金		0.1	0.3	0.5	0.2	0.4
支払利息・割引料		8.5	8.5	8.5	5.3	5.3
経常利益		105	112	121	118	115
税引前当期純利益		105	112	121	118	115
法人税等		37	39	42	41	40
当期純利益	47	68	73	79	77	75

(2) 予測貸借対照表

単位：百万円

	前年度	1年度	2年度	3年度	4年度	5年度
流動資産						
現金・預金	40	111	165	74	131	186
売上債権	95	99	102	105	108	111
たな卸資産	145	127	131	135	139	143
固定資産						
有形固定資産	1,600	1,716	1,832	1,948	2,065	2,183
減価償却累計額	500	610	721	832	943	1,056
純固定資産額	1,100	1,106	1,111	1,117	1,122	1,128
総　資　産	1,380	1,442	1,508	1,430	1,500	1,568

	前年度	1年度	2年度	3年度	4年度	5年度
負　　債						
買掛債務	95	99	102	105	108	111
短期借入金	50	50	50	50	50	50
長期借入金	375	375	375	225	225	225
負債合計	520	524	527	380	383	386
純　資　産						
株主資本	860	918	981	1,050	1,117	1,182
負債および純資産合計	1,380	1,442	1,508	1,430	1,500	1,568

(3) 予測キャッシュフロー計算書

単位：百万円

	前年度	1年度	2年度	3年度	4年度	5年度
当期純利益	47.4	68	73	79	77	75
減価償却費		110	111	111	112	112
営業キャッシュフロー（運転資本増減前）		178	184	190	188	187
運転資本の増減						
売上債権の増加		-4	-3	-3	-3	-3
たな卸資産の増加		18	-4	-4	-4	-4
仕入債務の増加		4	3	3	3	3
運転資本増減額		18	-4	-4	-4	-4
営業活動によるキャッシュフロー		196	180	186	184	183
投資活動によるキャッシュフロー		-116	-116	-117	-117	-118
FCF（フリーキャッシュフロー）		81	64	69	67	65
配当金		-10	-10	-10	-10	-10
短期借入金返済額						
長期借入金返済額				-300		
新規短期借入金						
新規長期借入金				150		
新規株式発行額						
財務活動によるキャッシュフロー		-10	-10	-160	-10	-10
現金増加分		71	54	-91	57	55
期初現金残高		40	111	165	74	131
期末現金残高	40	111	165	74	131	186

（注）単位未満の四捨五入の関係で、見た目の計算が合わない場合があります。

略のベースになります。もちろん、これは「ホチキス止めされた計画（事業部門から提出したものを単純合計するだけの形式的な計画）」ではなく、お互いの丁々発止のやり取りで、全体最適の観点がきちんと入った戦略となっているはずです。

実は、投資家に限らず従業員もそうですが、ステークホルダーに向けて発信することまで考えたうえでの経営戦略というのはほとんど語られていません。それゆえ本書では頑張っているわけですが、特に投資家に対しては外部の投資家の「考える順番」にもフィットしたものとなっていることが重要です。すなわち、外部環境分析から始めるということですね。そして、もう1つ重要なのが、きちんと数字を示すということです。企業なり事業が「やりたいこと」があるならば、そこで必要とされるおカネは、「先立つもの」を提供してくれる投資家から調達してこなければなりません。投資家に対して、〝おカネが必要である理由〟を示すのに、ファイナンシャルプロジェクションほど強力なツールはありません。M&Aなど、巨額の資金が必要な際、こうしたプロジェクションを示すことはすでに当たり前になっています。しかし、多くの場合、面倒くささにしり込みして投資銀行などにその作成を丸投げしたりしてはいませんか？　多額のフィーを払って雇っているわけですから、別にやってもらってかまいませんが、出てきたアウトプットが、自社の強みや外部環境の分析などが的確に組み込まれ、確かに「自社として」納得のいく数字になっているかどうかは、十分に検証する必要があります。また、M&Aといった機会ではなくても、中期経営計画の説明、投資資金の借り入れや増資などの際に、自社の将来像を示す必要は多く生じます。投資家だけではなく、従業員も明確な説明を望んでいることでしょう。そうした時に、「論理」と「数字」に裏打ちされた説明は非常に重要です。まずは大まかな全体像からでけっこうですので、ぜひご用意ください。

6-2 企業価値の向上を目指す

■経済的な企業価値に取り組む

投資家への説明の時に必ず使われる言葉があります。「企業価値の向上」ですね。この企業価値とはどういう意味なのでしょう？　教科書的な定義を紐解けば、「負債と資本のコストを勘案後の、その企業が生み出すキャッシュフローの現在価値の総和」ということになります。要は、投資家に支払うコストを引いたキャッシュベースの利益、と考えていただければけっこうです。これが現在では、企業の成功指標となっています。だから、どんな時でも「企業価値の向上」が謳われるわけですね。これが成功を示す指標であるならば、企業としては是非ともこれをよりよくしていきたいものです。できることは、そんなにたくさんあるわけではありません。実はたったの3つです。

1　「キャッシュベースの利益」を増やす
2　「キャッシュベースの利益」が、「投資家に対するコスト」よりも小さいような事業はそもそもやらない（逆の場合はやる）

図6－4　経済的な価値の向上

「企業価値」=負債及び株主資本コストを勘案後の、その企業が生み出す将来キャッシュフロー生成能力の現在価値

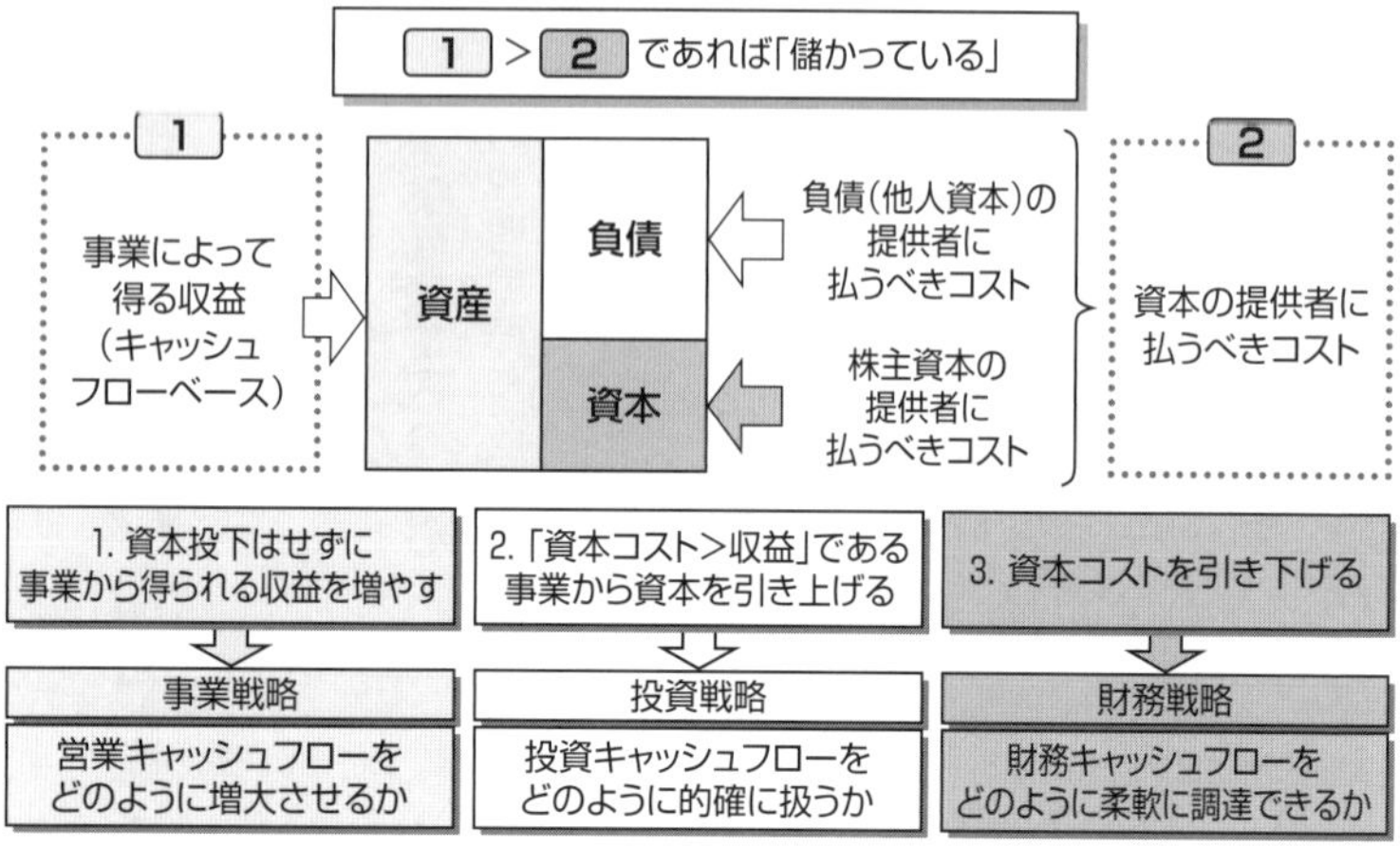

3　「投資家に対するコスト」を減らす

なんてシンプルなのでしょう。これが、成功指標としての企業価値向上のために経営者がやらなければならないこと、のすべてです。

「1」については、あまり説明することもないでしょう。ここに関係している大きな要素は、「売上」とそのための「費用」です。したがって、ここでやるべきことは、「売上を増やすか、費用を減らすか」ということになります。これは伝統的にどこの会社でもやってきたことですね。銀行が支えてくれようがくれまいが、経済が成長しようがしまいが、いつでも通用する施策です。ですから、昔の枠組みの中で生きているような古い日本の企業においても、なんら違和感はないと思います。もう1つ

関係する要素を挙げると、「運転資金」をなるべく減らすことです。日々の営業活動にかかるおカネですね。売掛金は「まだ入ってきていない現金」ですから、なるべく早く入ってくるように受取期日をできる限り短くしたり、「まだ支払っていない現金」である買掛金の支払期日をなるべく延ばしたりして、キャッシュベースの負担をなるべく減らす、ということが可能になります。

ただ、キャッシュベースの利益が出るからといって、何でもやれば良いというわけではありません。多額の借金をして企業を買収したら、投資家に支払うコストは莫大なものになります。キャッシュベースの利益が5億円得られる一方、投資家へのコストは10億円かかった、というのであれば、差し引き5億円が失われてしまうことになります。つまり、企業価値を毀損している、ということです。こうした事態は避けたいですね。したがって、「2」にあるとおり、両方からの出入りをよく天秤にかけて、「キャッシュベースの利益」が大きくなる事業だけやる、それ以外は止める、といった判断が必要になります。企業で言えば、これが「投資実行判断」「投資撤退判断」ということになります。

昔はこうした投資判断もいい加減でしたが、ここをきちんと行わなければ成功指標に響く、となってくると話は別です。成功指標を押し上げる選択肢として、「2」が加わったことにより、企業行動も変化したのですね。

■投資家の見方が企業価値に影響を与える

「3」は、「投資家に対するコスト」を減らすということですが、これは可能なのでしょうか。投資家が要求する見返りは、投資家なりに企業の状況を判断し、これだけ危ないならこのくらいは必要だな、と考えて要求しているものです。リスクとリターンを天秤にかけて、そのリスクに見合うだけのリターンを求めているのですね。したがって、企業が頑張ったところで、企業のリスクが変わらない限り、簡単に変わるものではありません。

では、「3」という選択肢は意味がないではないか――そうとも言えます。ただ、2つだけ方法があります。1つは、リスクとリターンを天秤にかける投資家自身に、あなたの会社のことをよくわかってもらうこと。つまり、「情報開示」によって、ですね。「ウチのリスクはそんなに高くないですよ、だから見返りもそんなに要求しないでください」とアピールするのは有効です。

もう1つは、きわめて財務的な手段です。先ほどから、銀行も株主もまとめて「投資家」としてひとくくりにして扱っていますが、実は少々違います。企業にとっては、銀行が要求する見返りのほうが、株主が要求する見返りよりもはるかに安くつきます。したがって、企業のやることは「安いコストの負債をなるべく多くする」ということです。ただし、借金が多すぎれば「信用リスク」というものが生じます。したがって、正確に言えば「信用リスクが顕在化しない範囲において、安いコストの負債を適度に取り混ぜる」ことが、全体としての「先立つもの」のコストを引き下げる可能性のある手段となります。

■経営戦略とファイナンス

経営戦略で主に対象としているのは、どちらかと言えば「売上」と「費用」です。すなわち、損益計算書上の話がどうしても中心になりがちで、そこから如何に「利益」を獲得するかという話が主なのですね。ここまでみてきた3つの「企業価値を上げる方法」のうちの「1『キャッシュベースの利益』を増やす」に集中してきたわけです。まあ、これは経営戦略論の成り立ち上も仕方のないことではありますし、実際に重要なのですからしっかり行う必要があります。しかし、世の中は進み、いまは「売上」と「費用」だけしかみていないと「PL脳」などと言われてしまうようになりました。「企業価値を上げる方法」のうちの「2」と「3」は、いずれもバランスシートがわからないと歯が立ちません。どうも「負債と資本のコスト」とか、「投資判断」とかの話をちょっと考える必要がありそうです。なんだか数字がたくさん出てきそうな気配がしてイヤですね。なるべくそうした専門的な話は控えましょう。昨今、コーポレートファイナンスの本が数多く書店で売られていますが、その分厚さをみると読む前に挫折してしまいそうです。財務専門家ならいざ知らず、経営戦略策定のためにファイナンスの森に踏み込んで迷う必要はありません。本書では、経営戦略を考えるうえで必要なエッセンスだけに絞って簡単にみたいと思います。詳しくは別書[1]に譲ります。

この章でみていくのは、以下の3つだけです。

---

1 松田千恵子（2016）『コーポレート・ファイナンス　実務の教科書』日本実業出版社

1　負債と資本の問題
2　資本コストの問題
3　企業価値評価の問題

先ほど、ファイナンシャルプロジェクションを作る際に、負債と資本に関して簡単に説明しましたが、そこでこう思った方々も多いのではないでしょうか？　「ウチの事業にはバランスシートなんてないし、負債や資本なんて持っていないよ」。そうですね、バランスシートを持っていない、あるいは持っていても資産の側だけしか存在しない、ということはけっこうあります。しかし、先ほどはどさくさにまぎれてそこまで作ってしまいました。なぜでしょう？　必要だからです。「先立つもの」を手当てした結果としての「投資家に対するコスト」について考えないと、企業価値は上がらなかったですよね。

先ほど、資本を提供する「株主」という人たちと、負債を提供する「債権者」という人たちはけっこう違う、と申し上げました。前者のほうは、要求する見返りはえらく高いけれども、提供してもらったおカネを決まった期日に返す必要はない、という特徴を持ちます。ある時払いの催促なし、ということですね。後者は逆です。借りたおカネは必ず返さなければなりません。しかし、要求する見返りは安いです。[2]　さて、みなさんはどちらを使いますか。

ここで、ファイナンスにおける〝鉄則〟を申し上げておきます。「ハイリスクはハイリターン、ローリスクはローリターン」ということです。大きな利益を上げる事業があっても喜んでばかりはいられません。その分、リスクも取っているわけです。儲かる時はとてつもなく儲かるけれども、何か起こったらそれと同じだけの損失が出てしまうかもしれません。こうしたリスクに対して何か備えをする必要があります。一番起こると困ることは何でしょう？「何か起こって損失が出ている時」におカネを返してくれ、と言われることではないでしょうか。おカネがなくて大変なのに、そんなことできませんよね。

リスクの高い事業には資本が必要

ということは、事業がハイリスク・ハイリターンであれば、その事業のためにはなるべく借金をしないでおこう、ということになります。その代わり、必要な資金は返す必要のない「資本」で賄おう、と考えます。コストは確かに高いのですが、当たれば儲けの大きい事業ですから、それは払えそうです。仮に失敗しても、現金で払わなければならないのは配当だけで、これは業況によって「ごめんなさい、払えません」と頭を下げることができますから、「何か起こって損失が出ている時」に資金を返さなければいけない義務まではありません。

2 この選好の違いは、彼らのおカネの出所からきています。債権者の人たちが持っているおカネは、基本的にあまり冒険のできない種類のおカネです。たとえば銀行。彼らが出しているおカネの出所は、国民のみなさんの「預金」です。これは損を出すことはできませんね。一方、株主の人たちが投じようとしているおカネは、まさに冒険のためのおカネ、一獲千金を夢見る種類のおカネです。失敗したら紙くずになってしまうかもしれませんが、成功したら10倍、１００倍に膨らむかもしれないチャンスに賭けた「投資」であるということです。

一方、ローリスク・ローリターンの事業、というものもあります。将来のキャッシュフローの予測はかなり確からしい一方、目の覚めるような利益を上げることはできません。と、すると、あまり高いコストの資金は使えません。比較的予測可能なキャッシュフローの中から、確実に返済していくことができればコストは非常に安い「負債」というものをそれなりに取り入れたほうが良さそうです。

すなわち、事業におけるリスクが高いのであれば、その事業の財務構成は資本を多めに、それほどリスクが高くないのであれば負債を多めにすることにより、全体の事業リスクをファイナンスでカバーしながら、なるべくコストを安くすることが必要になります。

たとえば、開発医薬品事業と食品事業を持っているグループがあるとします。ともにディフェンシブ銘柄といわれたりしていますが、実は開発医薬品事業のリスクは非常に高いです。研究開発投資は莫大ですが、花開くまでに長期を要します。ほとんどの研究開発は途中で頓挫してしまい、無事商品として世に出るのは〝千に三つ〟とも言われています。言葉は悪いですが、まさにギャンブルみたいなものですね。こうした事業の「先立つもの」は、基本的に資本で賄ったほうがよさそうです。

一方、食品事業というのは多くの場合、何かしらのブランド商品を有しています。そのブランドが強ければ、食中毒でも起こさない限り(これをイベントリスクといいます)、将来のキャッシュフローは比較的読みやすいです。ただし、医薬品事業のようにリスクを取っていないので、収益性はそれほど高くありません。医薬品の営業利益率が20%くらいだとすると、

図6－5 「事業リスク」と「ファイナンスによるカバー」

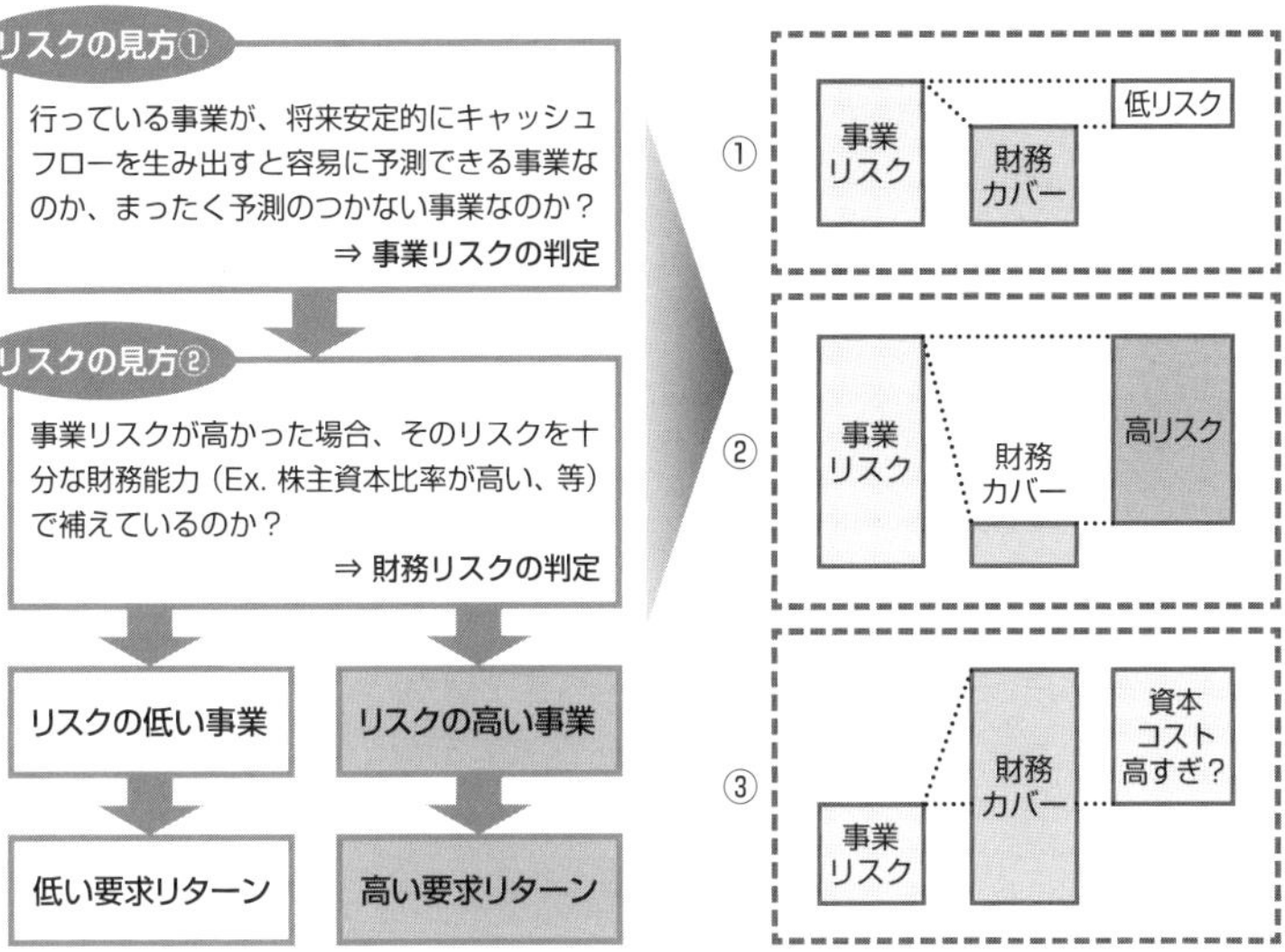

リスクの見方①
行っている事業が、将来安定的にキャッシュフローを生み出すと容易に予測できる事業なのか、まったく予測のつかない事業なのか？
⇒ 事業リスクの判定
リスクの見方②
事業リスクが高かった場合、そのリスクを十分な財務能力（Ex. 株主資本比率が高い、等）で補えているのか？
⇒ 財務リスクの判定
リスクの低い事業
リスクの高い事業
低い要求リターン
高い要求リターン
①
事業リスク
財務カバー
低リスク
②
事業リスク
財務カバー
高リスク
③
事業リスク
財務カバー
資本コスト高すぎ？

食品事業のそれは5％程度です。この収益性に見合ったコストしか支払えません。もし、コストのほうが高すぎれば、企業価値を減らす結果になってしまいます。したがって、それなりに負債を借りることが得策です。

事業リスクとファイナンスのカバーの整合性を取り、事業にとって最適な資本構成を目指していきたいものですね。実はこの話は後述する全社戦略のところで重要になってきます。全社での事業リスクとファイナンスのカバー、最適資本構成を考えるときには、事業毎のそれも必要だということになるからです。また、本社部門が、事業部門に対して「あなたの〝やりたいこと〟（＝事業）にかかっている〝先立つもの〟（＝元手）のコストはこれくらい

図6－6　負債コストと株主資本コスト

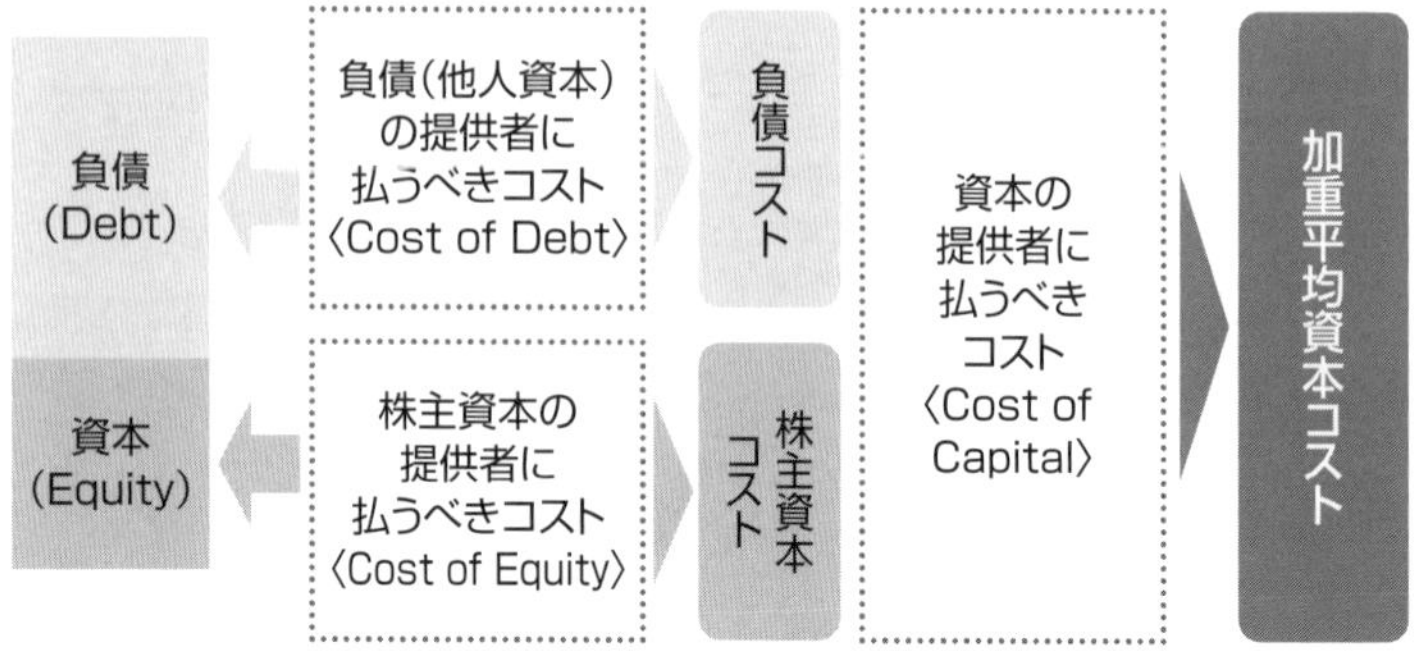

WACC ＝ 株主資本額／総調達額 × 株主資本コスト ＋ 有利子負債額／総調達額 × 有利子負債コスト × (1－税率)

(＊)総調達額＝有利子負債額＋株主資本額

ですよ。少なくともこれは上回ってくださいね」と伝えていくことは、各事業の価値を上げていくためには不可欠です。事業部門にとって、この資金のコストは、事業を行っていくためのハードルレートになります。このハードルレート管理をきちんと行うことによって、各事業の価値を上げていくための経営ができるわけですね。

■資本コストマネジメント

このハードルレート、コーポレートファイナンスの世界では「**資本コスト**」と呼ばれます。投資家が資金を提供する見返りとして要求するコストのことですね。負債にかかる資本コストは負債コスト、株式にかかる資本コストは株主資本コストと呼ばれ、企業全体の資本コストは、これら2つをミックスしたものとなります。したがっ

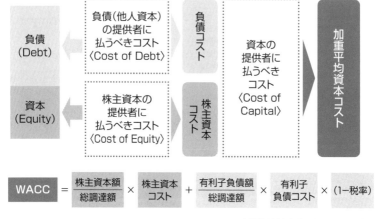

て、負債コストと株主資本コストをそれぞれの負債、株主資本の割合に応じて加重平均したものが、企業全体にかかるコストとなります。これを、**加重平均資本コスト**（WACC《ワック》：Weighted Average Cost of Capital）と呼びます。

そんな難しい呼び方をしなくたって、負債にかかるコストって要するに金利のことだし、資本にかかるコストって配当のことでしょう、なんで敢えて呼び方を変えているんだ、と思った方もいらっしゃるでしょう。実は、ちょっとだけ違うのです。

有価証券報告書などで報告される金利や配当は、過去に企業が投資家に向けてどれくらい払ったか、という実払額です。一方、資本コストというのはそうではありません。これは**機会費用**なのです。つまり、投資家にいくら払えば、他への投資をあきらめてウチの会社に投資してくれるか、という意味のものであり、投資家が要求する最低限の収益率をこのように呼びます。[3]「要求」というと怖そうに聞こえますが、株主がみなさんの事業の将来に「期待」して、これくらいはきっと稼いでくれるだろう、だから投資しよう、と思ってくれていると考えれば少し明るくなれるのではないでしょうか。

事業を行ううえでは、事業から上がるリターンが、この資本コストを上回っていなければ

3 負債のコストの場合には、投資家はアップサイドのリターンをはじめから捨てている（元本を10倍にして返せという債権者はいませんよね）ので、実払費用であるところの金利と、機会費用であるところの負債コストは、当初契約で決めた金利水準に「たまたま」一致します。しかし、これとても正確ではありません。本来、負債のコストの定義は、「もし企業がいま負債を借りたら、どれだけの収益率を負債投資家に約束すれば、他の機会をあきらめてウチの会社に貸してくれるのか」という、将来に向けた機会費用のことです。

ならないわけですね。詳しい話は省略しますが、事業を行ううえではこうしたハードルがあるのだということは押さえておいていただければと思います。

■事業の値段はいくらなのか

事業の値段、というのは先ほどの企業価値のことです。上場企業であれば、企業価値から株価を導き出すことができ、それが会社の値段になるわけですね。事業部門についても、値段を付けるかどうかまでは別として、その事業の価値は押さえておかないと、成功している事業なのかどうかがわかりません。

企業や事業の価値を考えるには3つの方法があります。持っている資産の価値から導き出す方法（コスト・アプローチ）、株式市場に上場している類似企業の株価から導き出す方法（マーケット・アプローチ）、そして将来の何らかの収入から導き出す方法（インカム・アプローチ）です。これらも詳細は別所に譲りますが、覚えておいていただきたいのは、ここまでみてきた事業の将来予測ができて、負債と資本のコストがわかれば、インカム・アプローチと呼ばれる手法を通じて事業毎の価値は明らかになるということです。キャッシュフローを基に考える手法がよく使われます。将来生み出すキャッシュフローを予測し、それを現在の価値に割り引く手法ですね。割り引かれたキャッシュフローに基づいて考える、という意味で、**DCF（Discounted Cash Flow）法**などとよく呼ばれます。

あまり深入りすると面倒くさくなるので、ここではステップは4つに限ります。

図6－7　ディスカウンテッドキャッシュフロー（DCF）法

●4つのプロセス
1. 一定期間の将来フリーキャッシュフロー（FCF）の予測
2. 一定期間以降のフリーキャッシュフローの現在価値（残存価値）の計算
3. 割引率（WACC）の選定
4. 株主価値の算定（有利子負債の控除及び非事業用資産の時価算定）

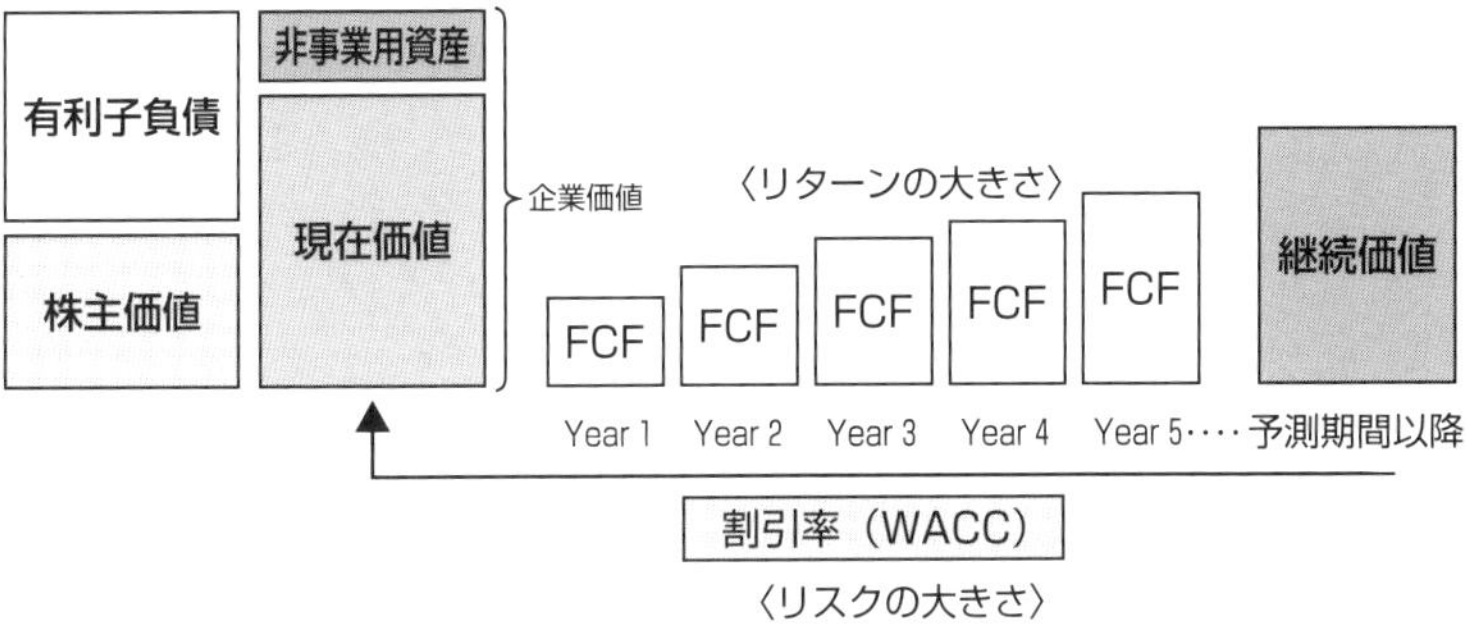

1　中長期的な将来のキャッシュフローを予測する
2　それより先のキャッシュフローはまとめて処理する
3　将来のものなので割り引く
4　不必要なものを引き、必要なものを足して株主の価値を出す

このうち「1」はすでにみましたね。将来生み出すキャッシュフローを予測します。この時、基準になるのは「フリーキャッシュフロー」です。簡単に言えば、営業キャッシュフローから投資キャッシュフローを除いたもの、もう少し教科書的に定義すれば、「EBIT×（1－税率）＋非現金項目－設備投資額－正味運転資金増分」などとなります。なぜ、フリーキャッシュフ

ローを使うかと言えば、これが「事業から得られた最も純粋な価値の増分」だからです。また、フリーキャッシュフローの使途は3つしかありません。債権者に借金を返済するか、株主に配当や自社株買いの形で還元するか、経営者が未来への投資のために使うか、です。とはいえ、債権者が自分のものにできる「価値」はすでに決まっています。返済契約通りに返すしかありません。あとは経営者が将来への投資[4]に用いるか、株主に還元するかですので、これをすべて株主の持ち分にしたとすると、それが株主価値になります。つまり、簡単に言えば、フリーキャッシュフローこそ株主価値の源泉だから、ということですね。

フリーキャッシュフローを予測するのは、「中長期」、3〜7年くらいです。真ん中をとって5年くらいが多いかもしれません。このくらいの期間であれば、業界動向なども割と具体的に予測できます。一方、企業は5年で終わるわけではなく、この先もずっと続きます。企業の存在は〝Going Concern〟――企業は永続的に存在する――ということを前提としています。しかし、それをすべて計算するのは無理なので、ちょっと数学の力を借りて、予測可能な中期程度のフリーキャッシュフローは各年きちんと予測し、それ以降は予測した最終年度の状態が永続すると仮定して、無限等比級数の和の公式を使って処理します。これが、先ほどみていただいた4つのプロセスのうちの2つ目ですね。原理原則がわかっていれば十分なので、さっさと先に行きましょう。

プロセスの「3」と「4」について、ちょっとわかっていると便利なのは、ファイナンスにおけるもう1つの鉄則です。簡単に言えば、「今日の百万円と明日の百万円は異なる」ということです。今日、百万円を持っていて、もし銀行に預ければ利子がつきますよね。もし1％の利子がつくとしたら、明日になればその百万円は100万0027円になっています。1年たてば1万円増えているはずです。明日や1年後の百万円と、今日の百万円は別物です。逆に、将来に生み出されるキャッシュフローは、現在の価値に戻さないといけないわけです。1年後の百万円であれば、1％、1年分の利子を割り引いて99万0099円になるということです。現在のものを将来の価値に直すのであれば、金利分だけ増やさなければならず、将来のものを現在の価値に直すのであれば、金利分だけ割り引かなければならないのです。

で、この金利なのですが、銀行預金の場合は規定されている金利で良いとして、では企業の場合、将来その企業が生み出すキャッシュフローを割り引くには何を使ったら良いのでしょう？　これが先ほどみた「資本コスト」です。銀行にとって、金利というのは預金者とお約束した「見返り」です。「ウチに預けてくれれば、これだけの見返りを上乗せしてお返ししますよ」ということですね。資本コストも同様です。「これだけは投資家にお約束した以上守らなければいけない、見返りの最低水準」、つまりハードルレートです。したがって、これが企業の将来キャッシュフローを割り引く時に使われる割引率になります。この資本コ

4　この意味では、フリーキャッシュフローを「営業キャッシュフローから投資キャッシュフローを引いたもの」とだけ定義するのは正確ではなく、投資キャッシュフローのうち、現在の事業の維持更新に使われるものに限定するのが正確です。ただ、会計上はそのような開示方法になっていないので、便宜的に上記の定義が用いられることも多いです。

スト、先ほどみたとおり、事業によって水準が異なります。それによって事業の値段も変わってきます。

なぜ事業の値段にそんなにこだわらなくてはいけないのでしょうか。「売るわけでもなし」。いや、でも本当にそうでしょうか。いまやM&Aは経営戦略の1つの重要な選択肢になってきています。事業のことを考えるのであれば、その価値くらいは知っておいて当然ともいえます。また、上場企業であれば、雑駁ではあるにせよ、セグメント情報として各事業の主な数字（売上や利益、資産など）を公表しています。実はその数字だけから、おおよその事業の値段をはじき出すこともできます（先ほどみたマーケット・アプローチと呼ばれる手法によります）。ということは、投資家はみなわかっているということですね。知らぬは事業責任者ばかりなり……というのはちょっとオソロシイような気もします。

とはいえ、これらの話は全社戦略を考えてこそ生きてきます。数字が嫌いな方も多いのでこれくらいにして、全社戦略へと話を移しましょう。

第 7 章

全社戦略を考える(1)
——事業ポートフォリオをどのようにマネジメントするか

7-1 全社戦略は事業戦略と何が違うか

■多角化戦略に関する議論

　ここからは、全社戦略の話です。企業戦略ともいいますね。Corporate Strategyです。ここまでみてきた事業戦略（Business Strategy）とは何が違うのでしょう？　似ている点も多くあります。外部環境分析や内部資源分析はどちらも必要です。また、そもそも単一の事業しか持たない企業にとっては、事業戦略はイコール全社戦略でもあります。

　一方、事業が複数ある場合、各々の事業の戦略（事業戦略）以外に、各事業戦略をどのように束ねたらいいかということが問題になってきます。どのような事業ドメインで戦い、どのような事業の組み合わせを持ち、それらの事業の間でどのように持てる経営資源を配分するかを選定することが重要となります。これが**全社戦略**です。事業戦略においては「3Cを基本とした競争優位性の確立と維持」を中心に話を進めてきましたが、全社戦略の場合には「戦略的意思決定と経営資源配分」が重要になるといっても良いでしょう。もちろん、全社戦略と事業戦略は別個のものではありません。全社戦略と事業戦略は、企業の経営プロセスの中ですり合わされて作成されていきます。全社戦略が個別の事業戦略に分解されていくと

図7－1　アンゾフの成長マトリックス

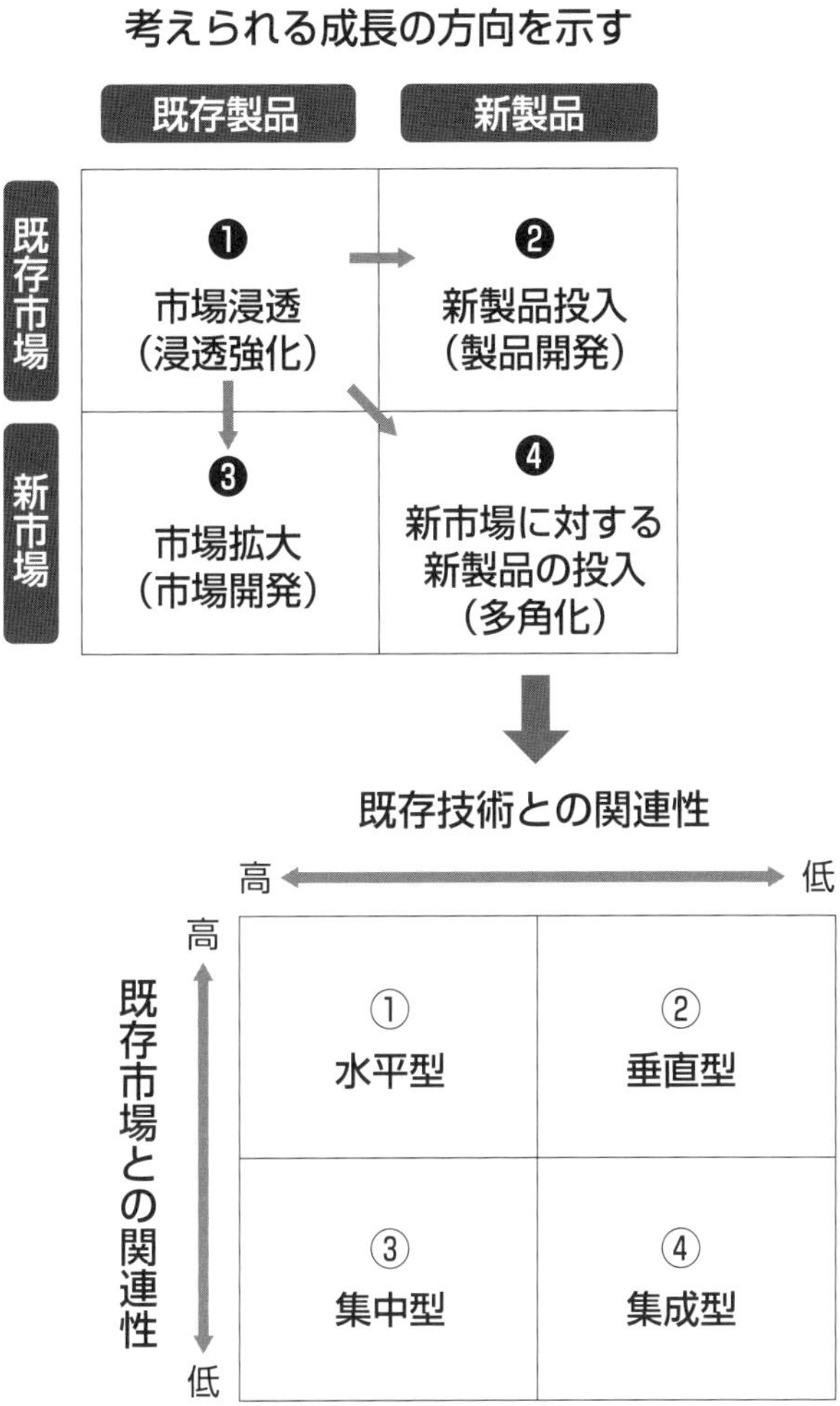

いう流れで上から下へと流れていくこともあれば、個別の事業戦略の策定から全社戦略の可能性が拡大するなど下の戦略から上へ流れることもあります。こうしたすり合わせについてはまたあとでみることにしましょう。

全社戦略は、源流を辿るとアンゾフに行き着きます。改めてその考え方をみておきましょう。代表的なのは成長マトリックスです。

経営戦略の萌芽期ともいえる1960年代は、米国にとっては戦後の経済成長が続く時代であり、企業や事業の成長が大きな関心を集めました。アンゾフは成長戦略を「製品」と「市場」の2軸に置き、それをさらに「既存」と「新規」に分けて、成長の4つの可能性を提示しました。その1つが「多角化」です。新製品×新市場の組み合わせ、となっていますね。

多角化はさらに、以下の4種類に分けられます。

① 水平型多角化：既存技術と関連性の高い新製品を、既存と類似した市場に投入
② 垂直型多角化：既存技術と関連性の低い新製品を、既存市場の川上・川下等の市場に投入
③ 集中型多角化：既存技術と関連性の高い新製品を、異なった市場に投入
④ 集成型多角化：既存の技術や市場とは、まったく異なった事業に進出

1つ目の「水平型多角化」は、既存技術やノウハウを活かしながら、既存市場と類似した

市場に新製品やサービスを投入することです。自動車メーカーがバイクを生産するようなケースです。既存技術・設備・ノウハウを活かすことができ、シナジー効果も期待できます。

2つ目の「垂直型多角化」は、既存市場の川上や川下に存在する市場に進出し、新製品やサービスを投入する多角化です。たとえばアパレル小売が製造まで手を伸ばすようなケースです。水平型と比べると、技術・ノウハウの獲得、新設備の導入なども必要になり、リスクは高くなります。

3つ目の「集中型多角化」は、既存技術・ノウハウとの関連性が高い新製品・新サービスを、異なった市場に投入する多角化です。たとえばカメラメーカーが医療用レンズを開発するようなケースです。

4つ目の「集成型多角化」は、既存技術・ノウハウ・市場ともまったく関係ない事業に進出する多角化です。他の3つとは異なり、シナジー効果が低く、またリスクも高くなります。コングロマリット型多角化とも呼ばれます。

ここで、シナジーという言葉が使われていることに留意してください。アンゾフは意思決定の種類を、ビジネスの階層別に「戦略的意思決定」「管理的意思決定」「業務的意思決定」に分けましたが、全社戦略で特に重要なのは、先ほども述べたように「戦略的意思決定」です。これは、主に経営者であるトップマネジメントが行う意思決定のことで、企業全体を左右する重要な問題が対象ですが、その内容は以下の4つの要素から成り立ちます。

・製品と事業分野（どの市場を事業領域とするか）
・成長ベクトル（成長をどう実現するか）
・競争優位（競争優位の源泉をどこに持つか）
・シナジー（事業領域間の相乗効果をどう考えるか）

実に示唆深いですね。え、すでにみてきたことばかりではないかって？　それは当然です。マイケル・ポーターをはじめとした経営戦略の大家たちに多大なる影響を与えたのがアンゾフという人で、我々が議論している経営戦略のほとんどの種は彼から発したようなものです。上記の4つの要素は、事業戦略立案から全社戦略策定に至るまでの企業の思考の流れにも合致しています。まず、自社が事業を行う領域を選択するのが最初です。そこで根を張ることができるようになると、やはり伸びていきたいと思うわけで、成長の実現を考えることになります。その過程でどのように競合と比べて優位な強みを確立、維持していくことができるかという話になってきます。ここまでは事業戦略のところでもやりましたね。そして、こうした事業が並び立つようになるまで成長した時には、事業領域間のシナジーが重要になってくるということです。

■どの多角化が良いのか

もしシナジーが効くのであれば、企業全体の業績もそれだけ良くなっていそうなものです。

本当にそうなのでしょうか。これを確かめたのがリチャード・ルメルトという人です。彼は、米国企業200余社のデータから多角化戦略を類型化、経済的な成果との関係を分析しました。具体的には、多角化を、①単一事業型企業（主要事業からの収入が95％以上）、②主要事業集中型企業（主要事業からの収入が70〜95％）、③関連事業型企業（主要事業からの収入が70％未満だがその他の事業が主要事業と関連）、④無関連事業型企業（主要事業からの収入が70％未満でその関連事業もほとんどなし）と分類し、業績との関係をみました。その結果、中程度の多角化までは業績が良いが、中から高程度に関連性のない多角化を行った企業は、平均あるいはそれ以下の業績であることが明らかになりました。事業間の関連が低いこうした多角化はシナジーが発揮できず、業績に結び付かないということですね。こうした実証的な研究はその後も数多くなされ、研究により結果も様々ではありますが、総じてルメルトの出した結果と整合的なものが多くなっています。

さて、1960年代後半から徐々に米国経済は成熟化してきます。そうなってくると、さらなる成長を求めて多角化を行うとともに、その多角化をどう管理していくのかといった問題が出てきます。実務面からこの問題に取り組んだのは、前述したGMのCEOであったアルフレッド・スローンでした。彼は、傘下にある複数の事業の業績評価を行うために、ROIを活用し、またBU制を導入するなど今日、我々が日常的に用いているような様々な管理方法を編み出してくれています。

■PPMは使えるのか

こうした実務上の取組みの1つに、ボストン・コンサルティングがGE（ゼネラル・エレクトリック）と組んで開発したプロダクト・ポートフォリオ・マネジメントがあります。全社戦略と言えばこれ、と思っている人も多いのではないでしょうか。まずはご紹介しておきましょう。

このフレームワークの考え方は、キャッシュフローの観点で事業を分類し、企業全体として効率の良い資源配分を検討するうえで用いられます。縦軸は「市場成長性」、横軸は「相対的な市場シェア」の2軸を用います。要は、縦軸は投資の多寡を表し、横軸は利益の大きさを表すといえましょう。そして、各象限を「問題児」、「スター」、「金のなる木」、「負け犬」に分類するというフレームワークです。それぞれ以下のように定義されます。

（1）問題児（PROBLEM CHILD）　市場成長性・高、市場シェア・低
導入期から成長期にある事業。投資が必要ですが、シェアを拡大できれば「スター」になります。逆に成長が低下すると「負け犬」になります。まだ先行きはわからず、キャッシュを食うばかりなので「問題児」と呼ばれます。

（2）スター（STAR）　市場成長性・高、市場シェア・高
シェア、成長性共に高い事業。「花形」とも言います。収入も多いですが、増産や競争力

図7－2　プロダクト・ポートフォリオ・マネジメント（PPM）

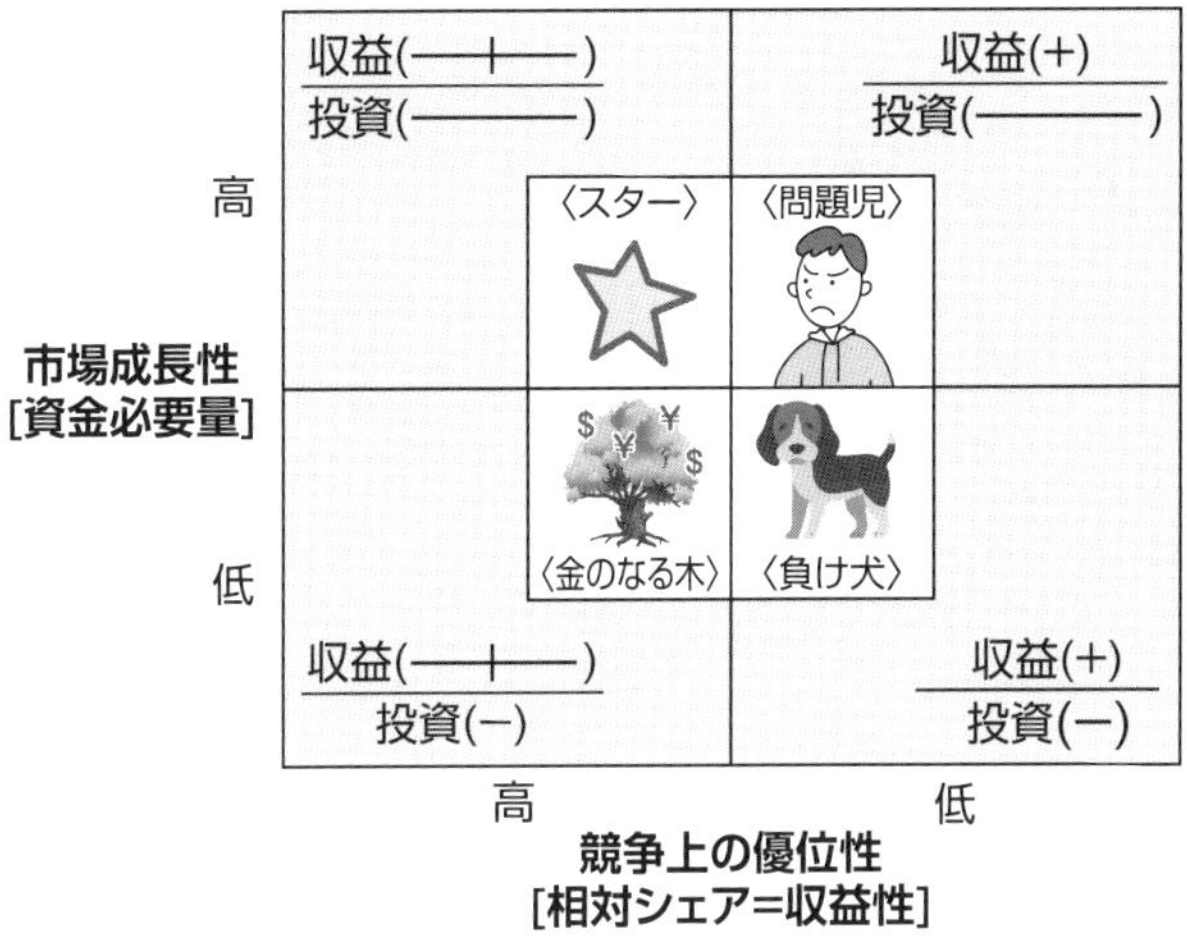

強化のための投資も大きいです。ここで勝ち残ると「金のなる木」へ移行します。

（3）金のなる木（CASH COW）　市場成長性・低、市場シェア・高

いわゆる成熟市場です。流入が多く流出が少ない状態です。企業の収入源で、キャッシュフローの源となっています。ここで得た資金を「問題児」や「スター」の投資に充てて、次の成長を形作る必要があります。また、「負け犬」にならないような戦略を考える必要も出てきます。

（4）負け犬（DOG）　市場成長性・低、市場シェア・低

市場成長性もシェアも低い状態です。資金の流入は少なく成長の見込みも薄いです。資本コスト割れするようであれば、損

害を最小限に食い止めるための撤退や経営資源の回収が必要となります。

……と、まあこんなところが教科書的な定義ではないでしょうか。

こうした2軸で考えるフレームワークは、先にもみた米国における多角化の隆盛とともに大流行しました。しかし、簡略化した現状を視覚的にわかりやすくする効果はあったでしょうが、そこから得られる結果を有効に用いられるのかという点にはやや疑問符もつきます。要は、これを作っただけでは「使えない」ということです。あくまでも一時点のスナップショットなので、その時点での事業間の位置取りや相対比較をするのには有効なのですが、将来の打ち手についてはあまり語ってくれないからです。「それで？（So What?）」となってしまいがちなフレームワークでもあります。

あまり悪口を言っていても詮ないので、少し使い方を考えてみましょう。1つは、この配置を見てそれぞれの事業における戦略が「型」に合致しているかをチェックする、ということはできます。「負け犬」に分類されているのに猛然と投資するシナリオになっていたり、「問題児」が問題を正しく把握できていなかったりしたら困ります。「金のなる木」がキャッシュフローを囲い込んで手放さない、というのもなんとかしなくてはなりません。

もう1つは、前章まででせっかく将来のファイナンシャルプロジェクションを作ったのであれば、現状のＰＰＭばかり眺めているのではなく、将来のＰＰＭを作ってみる、ということが考えられます。ＰＰＭの欠点の1つは、それだけではきわめて静態的にしか見えないと

図7－3　市場ライフサイクルと企業の成長

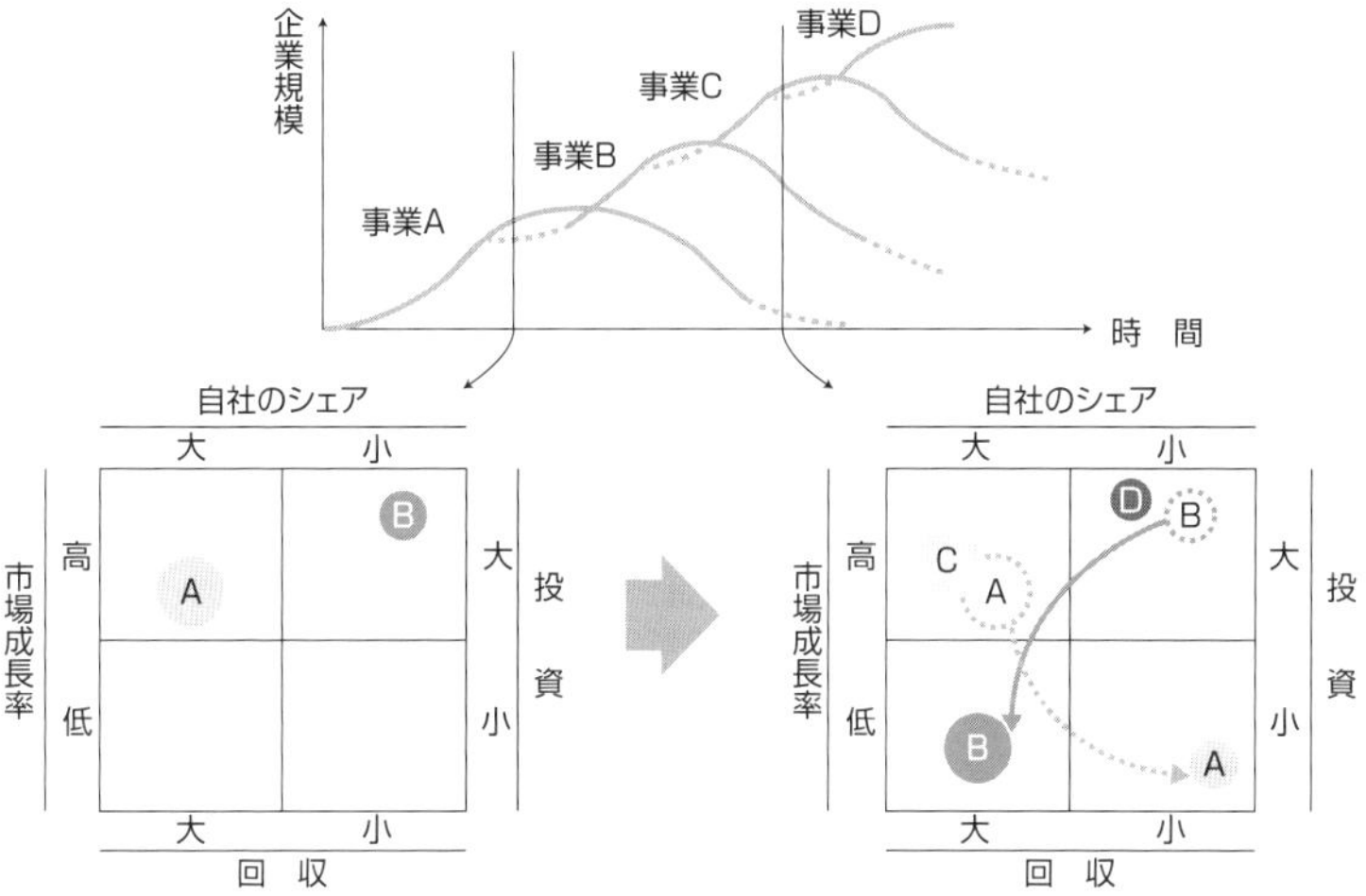

いうことですが、将来版を作ることで何をどうダイナミックに動かせば良いのか、動態的な思考を刺激してくれます。また、こうして考えていくと、PPMというのは、実はプロダクト・ライフサイクルを四象限に落としたものであることにも気づかれるかと思います。

さて、もう1つPPMには欠点がありますす。もともと2軸が非常に定性的でわかりにくいという欠点があるので、ここでは敢えて投資の多寡と収益性といった作りにしているのですが、もともとの2軸のように「成長率」と「マーケットシェア」を前面に出してしまえば、まったくのPL脳だけでの判断ともなりかねない点です。「やはり、経営戦略はPL先導型ですね……」と思いにふけっている場合ではなく、欠点は改良して使いましょう。成長率と資本効率

図7－4　事業再編研究会のPPM

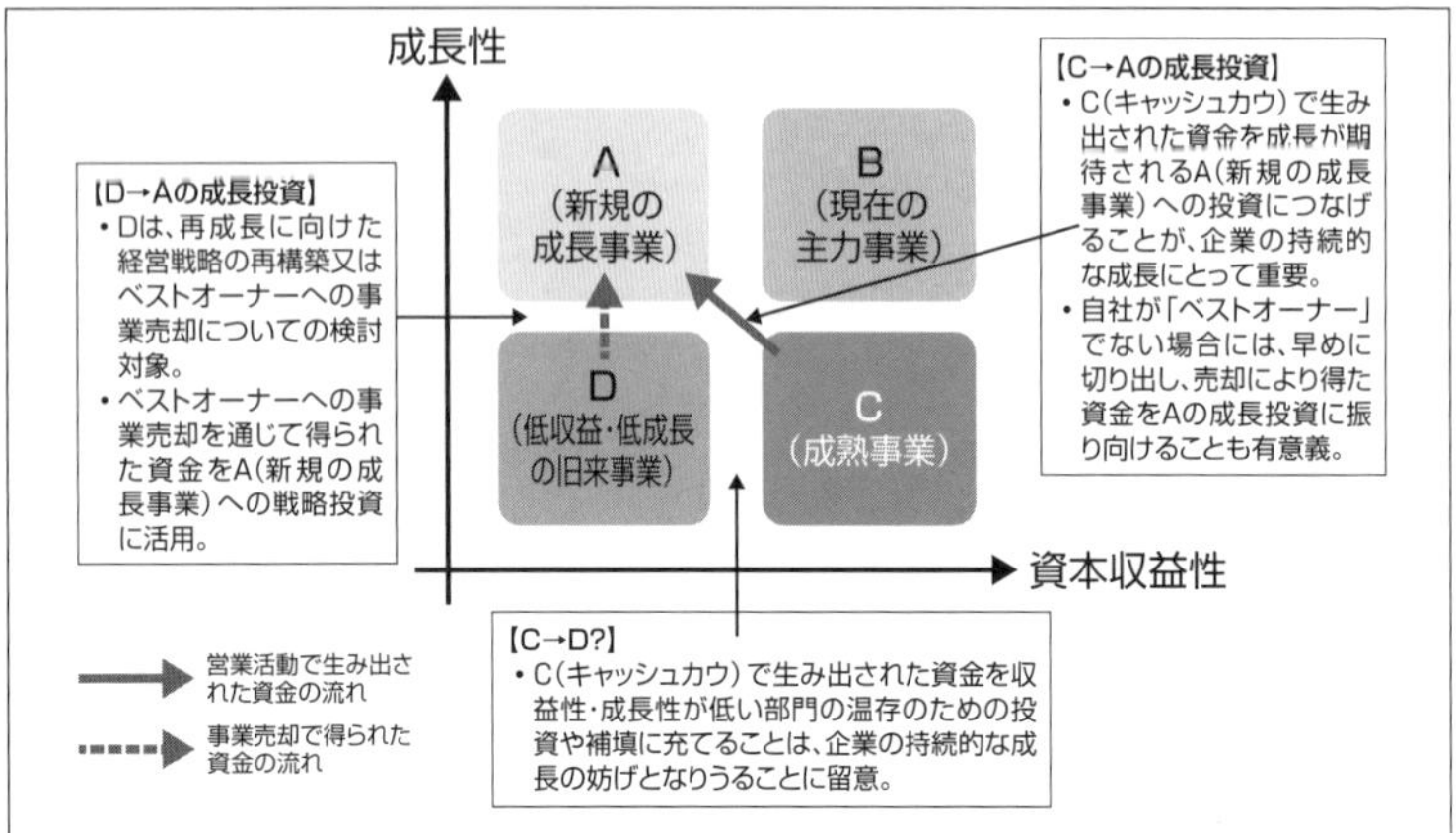
成長性
資本収益性
A
（新規の
成長事業）
B
（現在の
主力事業）
D
（低収益・低成長
の旧来事業）
C
（成熟事業）
【D→Aの成長投資】
・Dは、再成長に向けた経営戦略の再構築又はベストオーナーへの事業売却についての検討対象。
・ベストオーナーへの事業売却を通じて得られた資金をA（新規の成長事業）への戦略投資に活用。
【C→Aの成長投資】
・C（キャッシュカウ）で生み出された資金を成長が期待されるA（新規の成長事業）への投資につなげることが、企業の持続的な成長にとって重要。
・自社が「ベストオーナー」でない場合には、早めに切り出し、売却により得た資金をAの成長投資に振り向けることも有意義。
【C→D?】
・C（キャッシュカウ）で生み出された資金を収益性・成長性が低い部門の温存のための投資や補填に充てることは、企業の持続的な成長の妨げとなりうることに留意。
営業活動で生み出された資金の流れ
事業売却で得られた資金の流れ
（出典）事業再編研究会第１回資料７三瓶委員意見書3-4頁を基に経済産業省において作成。

出所：経済産業省事業再編研究会（2020）「事業再編実務指針～事業ポートフォリオと組織の変革に向けて～（事業再編ガイドライン）」

を2軸に持ってくるような見方をしたほうが、いまの日本企業には必要とされているものといえるかと思います。経済産業省の事業再編研究会が公表した報告書にも、タテ軸を成長性、ヨコ軸を資本収益性とした2軸のマネジメントが紹介されています。

■現代的な全社戦略の議論

PPMはもはや古典ともいえるものですが、これに代表される多角化の議論は、経営戦略論の世界でも議論しつくされた感のある領域です。

一方、これまでほとんど光が当てられていないのは、「資本市場から多角化企業はどのように見えるのか」という点です。なぜ資本市場から？　図7－5を見てください。

図7－5　事業ポートフォリオと投資ポートフォリオのバッティング

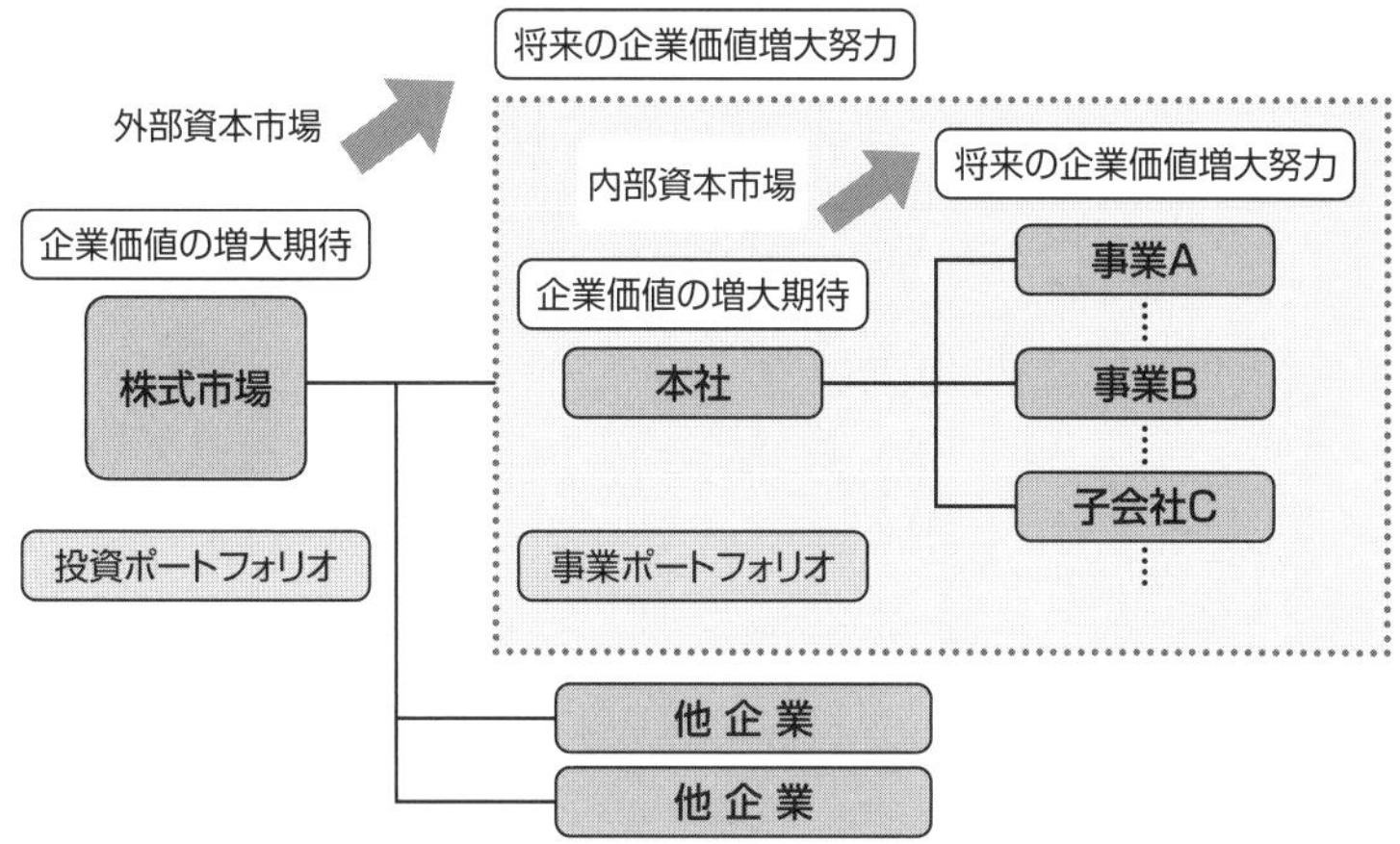

出所：松田千恵子（2019）『グループ経営入門　第４版』税務経理協会

　これを見ると一目瞭然。多角化した企業における本社は、実は株式市場の投資家とある意味同じことを行っています。株式市場の投資家が何をやっているかと言えば、上場している数多の企業が掲げる将来像を見極めて、企業価値が向上すると思われる企業を選んで投資を実行し、その成果を見定めて、次のアクションに活かす、というＰＤＣＡを回しています。多角化企業の本社もこれと同じです。傘下にある数多の企業が掲げる将来像を見極めて（Ｐｌａｎ）、企業価値が向上すると思われる事業に厚めに経営資源を配分し（Ｄｏ）、その成果を業績評価などを通じて明らかにし（Ｃｈｅｃｋ）、次のアクションに活かす（Ａｃｔｉｏｎ）――同じですね。

　でも、同じことを同じようにするだけなら二者いる必要はないのでは、と投資家は考えます。本社には他にも実は役割があるのですが、いまは投資家から見た多角化企業の見え方に絞りましょう。投資家は、ＰＤＣＡを回して自分なりの投資ポートフォリオを形成しています。様々な企業に投資することで、株式市場においてリスク分散を行っているということですね。株式市場を舞台に自らの投資ポートフォリオを構築し、運用しています。

ポートフォリオの構成要素である各企業の株式は「銘柄」などと、企業にとってはちょっと失礼な名前で呼ばれますが、さて、この銘柄の１つが多角化企業だったらどうなるでしょうか。株主がせっかく作った投資ポートフォリオのその先に、企業が作った事業ポートフォリオが存在することになります。株主はそれに対して直接手を入れることができません。株主はそれを我慢できないのです。つまり、企業が多角化された事業ポートフォリオを持つことは、投資家が資本市場で投資ポートフォリオを作る阻害要因となるため嫌われるということです。要は、「株主は多角化企業が嫌い」なのです。

■株主は多角化を嫌う

もう少し具体的にみてみましょう。たとえば、食品30％、金融30％、不動産40％の割合で投資する、投資ポートフォリオを株主が作るとします。その割合に応じて各分野の銘柄を買っていったとき、たとえば食品を代表する銘柄だと思って株式を買った企業の、実際の事業内容が食品50％、医薬20％、不動産30％だったらどうでしょうか。食品のリスク・リターンを30％取ったつもりだったのに、実際にはその半分しか取れていないことになってしまいます。医薬のリスクなんて取るつもりもなかったのに、取ってしまったりしています。あるいは、不動産のリスクは40%と決めて他の企業に投資していたのに、それを超えて取ってしまったり、ということになります。このように、見込み違いを誘発したり、自分では介入して修正することのできない事業をたくさん持つ多角化企業にはあまり近づきたくない、というのが株主の本音です。

また、こうした事業の中に成長事業が含まれている場合には、株主としてはそれを切り離してほしいと思います。分離して上場でもしてくれれば、自分で自由に投資ができるからです。したがって、全体としては成熟事業を持ってそれなりのリターンに留まっている企業が、傘下に将来有望な事業などを抱えている場合には、それを抱え込むのは止めて、さっさと株主が投資できる環境に置くべきだ、と主張することになります。それができないなら、せめて抱え込んでつぶしてしまうようなオーナーの下ではなく、思いっきり成長させられるようなオーナーの下で事業を伸ばすべきだと考えます。株主としてはその最も良い環境は自分たちが直接投資できること、すなわち上場だと思っているわけなのですが、そこまでいかずとも、しっかり成長させられるようなオーナーが他にいるならさっさと譲ったらいいのに、と思っています。これが「ベストオーナー」の議論ですね。

なお、この項で「株主」と呼んでいることに留意してください。正確に言うとここでは「株式投資家」のことを指しているのですが、なぜ株式に限るかと言うと、債権者にはこうした「多角化嫌い」の発想はないからです。それどころか、債権者にとっては、多角化は返済原資のリスク分散につながるので大歓迎だったりします。日本では特にメインバンクガバナンスの時代が長かったので、多角化は好意的にみられることが多かったかと思います。しかし、いまではエクィティガバナンスへの移行が進んでいます。多角化についても株主の目線でみられることを覚悟する必要があります。

一方、「それでは多角化は止めて専業になろう」というのも一案ですが、それだけでいいのでしょうか。ひたすら1つの市場だけにこだわっていては、いずれ衰退期を迎えて、事業とともに企業も死す、ということになります。フィルム事業とともに破たんした米国のコダック社のような感じですね。まあ、それも潔いかもしれませんが、それよりは、フィルムからカメラ、一般のカメラから医療用カメラ、さらには医薬品へと進出し未だ元気な富士フイルムのようになりたいと思うのは企業として自然なことですし、それゆえに全社戦略といった領域もあるわけです。ただ、このように多角化企業として元気に成長していくためには、株主の多角化嫌いにきちんと対処する必要があります。

何が多角化を正当化するか

要は、株主がその事業を投資ポートフォリオに加えて直接保有しているよりも、事業会社（この場合は本社ということになります）に任せたほうが、パフォーマンスが良くなることを訴えれば良いわけですね。では、それが可能となる理由は何でしょうか。

1つは、本社が、投資家よりも（少なくとも傘下の事業については）投資を上手に管理でき、高いリスク・リターンを上げられることです。つまり、外部の資本市場に任せておくよりは、グループ内部の資本市場に任せておいたほうが効率が良いと確信できる場合ですね。先述のジェイ・バーニーはこのことを「企業内での階層的な統治が市場による統治よりも有効である場合」[1]と言っています。本社の役割としては「投資家的機能」が必要ということです。また、株主が投資ポートフォリオを組み、それにしたがって投資を行い、成果評価をして次につなげるようなアクションを取っていることはすでに申し上げましたが、こうした外部の株式市場を「外部資本市場」と言うことがあります。これに対比させて、企業内の本社が事業ポートフォリオを組み、それにしたがって投資を行い、業績評価をして次につなげるようなアクションを取っている、そのような企業内の働きを「内部資本市場」とも言います。これを如何に働かせるかが重要となってきます。

もう1つは、その高いリスク・リターンの源泉として、事業間のシナジーが成り立っていることです。ここで出てきましたね、シナジー。アンゾフ先生に改めて頭が下がります。投資家がいくら投資ポートフォリオを作ったとしても、彼らはその投資銘柄間のシナジーを実現することはできません。しかし、企業であればそれができる可能性があります。「1＋1＝3」にできるということですね。本社の役割としては「連携支援機能」を発揮すべしとなります。

1 ジェイ・B・バーニー著、岡田正大訳（2003）『企業戦略論【下】全社戦略編―競争優位の構築と持続』ダイヤモンド社（2021年に改訂新版が出ています）

おまけとしてもう1つ。こうしたシナジーは、グループとして総合力を発揮することで可能になるかもしれません。強いブランド力や知名度をグループとして持っている、などということです。こうした力を発揮するためには、グループとしてのアイデンティティをよほど強く持たなければなりません。本社の役割としては「グループ統括機能」とでも言えば良いでしょうか。

つまり、本社が投資家以上に投資家的機能を発揮することができ、事業間にシナジーを生み出す力があり、しかもグループ一体として強いアイデンティティを保持しているということは多角化を存続させる条件ともいえます。そして、これらはそのまま、本社のなすべき役割でもあります。こうした内容が、全社戦略を考える場合には不可欠になってきます。

したがって、ここからの話はけっこう多岐にわたります。ＰＤＣＡをきちんと回すためには、経営管理という分野が必要になります。このためには、前章で少しみたファイナンシャルリテラシーも問われます。もちろん、投資家に対する理解も欠かせません。また、事業間のシナジーを生み出すためには、事業を連携させることばかりではなく入れ替えも必要になってきます。今日的な企業経営においては、入れ替えは自前で行うばかりではなく、Ｍ＆Ａやアライアンスといった手段も用いられます。大規模な組織変革も必要になってくるでしょう。持株会社にするのか、子会社化するのか、といったマクロ的な組織論、またそこで働く人材をどのようにモチベートするのかといったミクロ的な組織論も深く関係してきます。また、こうした組織体を束ねていくために、企業理念の確立と浸透は最優先事項の1つですし、その一方でリスクマネジメントや監査、そしてグループガバナンスなどを忘れてはなりません。このように、全社戦略といっても、実務上の課題は単なる戦略論を超えて本当に幅広いのです。

なんだかめげそうになったあなた、大丈夫です。こうした今日的な課題について、これから1つずつみていくことにしましょう。

7-2 マネジメントサイクルと経営管理の充実

■本社の役割とは何か

これからの議論をまず図によって概観してしまいましょう。本社の役割に沿って考えていくとわかりやすいので、改めて前節の本社の役割をまとめてみます。

拙著[2]でも用いましたのでそちらも参照していただければと思いますが、内部資本市場における本社の投資家的機能は、言ってみれば傘下の事業の将来像をしっかりと見極め、管理・評価し、フィードバックを行っていくことであり、投資家が行っている「投資ポートフォリオマネジメント」と同等以上の「事業ポートフォリオマネジメント」を行うことです。小難しいので図では「**見極める力**」などと名付けています。ここには、見極めるために必要となるデータインフラの整備やプロセスの円滑化なども含まれます。この機能は投資家とまったく同様といってもいいかもしれません。これだけだったら投資ファンドでもできますね。

事業会社でないとできないのはここから先です。2つ目は連携支援機能です。シナジーを発揮するための、事業シナジーマネジメントが必要です。本社は縁の下の力持ちとして事業の連携円滑化に努める必要がありますし、それだけではなくシナジーをさらに発揮できるよ

図7－6　本社の役割

見極める力	経営資源配分	・各事業の将来を見定め、経営資源の配分を決める	事業ポートフォリオマネジメント	全社戦略
見極める力	経営資源配分基盤整備	・マネジメントサイクルを回すうえでの情報インフラを確保する	事業ポートフォリオマネジメント	全社戦略
連ねる力	事業推進（新規事業の創造）	・全事業の連なりを俯瞰したうえで、創造と破壊を行う	事業シナジーマネジメント	全社戦略
連ねる力	事業推進（シナジーの発揮）	・事業横断的な働きかけを行う	事業シナジーマネジメント	全社戦略
束ねる力	グループアイデンティティ	・グループの代表として全体を1つに方向付ける	企業アイデンティティマネジメント	全社戦略
束ねる力	経営資源調達	・利害関係者との建設的な関係を築き、ガバナンスを受ける	企業アイデンティティマネジメント	全社戦略

出所：松田千恵子（2019）『グループ経営入門　第４版』税務経理協会

うな新陳代謝の促進も必要となってきます。事業ポートフォリオの入れ替えといったことです。本来は上記の事業ポートフォリオマネジメントに入るかもしれませんが、事業会社の場合には単に入れ替えれば良いというものではなく、そこにシナジーが生じることが不可欠なのでこちらに組み込んでいます。まとめて「**連ねる力**」と呼んでいます。

最後はグループ統括機能です。これは「**束ねる力**」です。そもそものグループの存在意義を強く打ち出す必要があります。グループ・アイデンティティです。先にもみたパーパスやミッション、バリュー、ビジョンといった企業理念とそれに連なるものをしっかりと定義し、それだけではなく浸透させることが重要です。そして、グループ一丸となった時の価値を強くアピールして、外部からの効率的・効果的な経営資源獲得を行っていくことになります。その際には、株主などからコーポレートガバナンスを受けるといったことも含まれてくるでしょう。

これらを順にみていきたいと思います。まずは事業ポートフォリオマネジメント、「見極める力」からです。

■共通の軸による管理

事業ポートフォリオマネジメント、これは日本企業の一番の弱みなのではないでしょうか。投資家をはじめとする利害関係者に、企業価値について鋭く問われる時代に、相変わらず売上と利益でしか物事を語れなければ、ほぼ竹槍で戦っているようなものです。外部に対しては、「企業価値向上を目指す」と言いますが、そのためのマネジメントがなされているかどうか、はなはだ疑問です。ようやく先進企業において変化も見られるようになってきましたが、まだまだ「管理会計と言えば原価計算のこと」というような認識も多くみられます。まず、グループ内の言語を「企業価値」に共通化することから始めましょう。そのために特に見直してほしい分野が2つあります。1つは「PDCAサイクル」、もう1つは「(経営管理の)データインフラ」です。

●PDCAサイクルの見直し

最初に見直さなければならないのが、PDCAサイクルです。PDCAサイクルというと少々オペレーショナルなイメージが強くなりますが、経営という領域でもこれを回すことが必要です。ところが、このPDCAサイクル、最近非常に評判が悪いですね。「もう要らない」「古い」「やっても意味がない」「官僚的」「時代はOODAループだ」[3]等々。しかし、オペレーショナルな意味でのPDCAサイクルはいざ知らず、マネジメントにおいては、「PDCAサイクルがある」ことが問題なのではなく、「それを回すのが遅すぎる」、あるいは「そのサイクル自体が存在しない」ということのほうがはるかに問題です。みなさんの会社でも、ある時期になると猛烈な残業をして予算を立て、もうすっかり次の期も始まっている頃にようやくそれができあがり、告知したと思ったらすでに業績評価の時期になっていた、などという笑えない状況がよくあるのではないでしょうか。単なる「予算」というオペレーションをひどく遅く（意図的に?）回して仕事をしている気になっているだけのようにもみえます。ある企業の方は、「ウチはPDCAではなくPPPPなんですよ」とこぼしていましたが、

2 松田千恵子（2019）『グループ経営入門　第4版』税務経理協会
3 OODA Loop（ウーダ・ループと読みます）は、アメリカ空軍のジョン・ボイド大佐により提唱された意思決定と行動に関する理論です。「観察（Observe）―情勢への適応（Orient）―意思決定（Decide）―行動（Act）」のループを繰り返すことで、健全な意思決定を実現するというものです。ただ、OODAループの2つの「O」は、PDCAの「P」の時点で当然やっておくべきことでもあります。最初の「O」はObserve、観察です。周囲の状況をしっかり見定めます。次の「O」はOrient、方向づけです。よく考えれば、これらはここまでみてきた将来予測のプロセスにすべて詰まっています。分析も将来予測もなしにいきなり走り出すのは無謀ですが、いつまで経っても分析の海から抜け出せず方向感なく漂っているのも駄目でしょう。OODAループはそのことを言っているようにもみえます。

図7－7　マネジメントサイクル

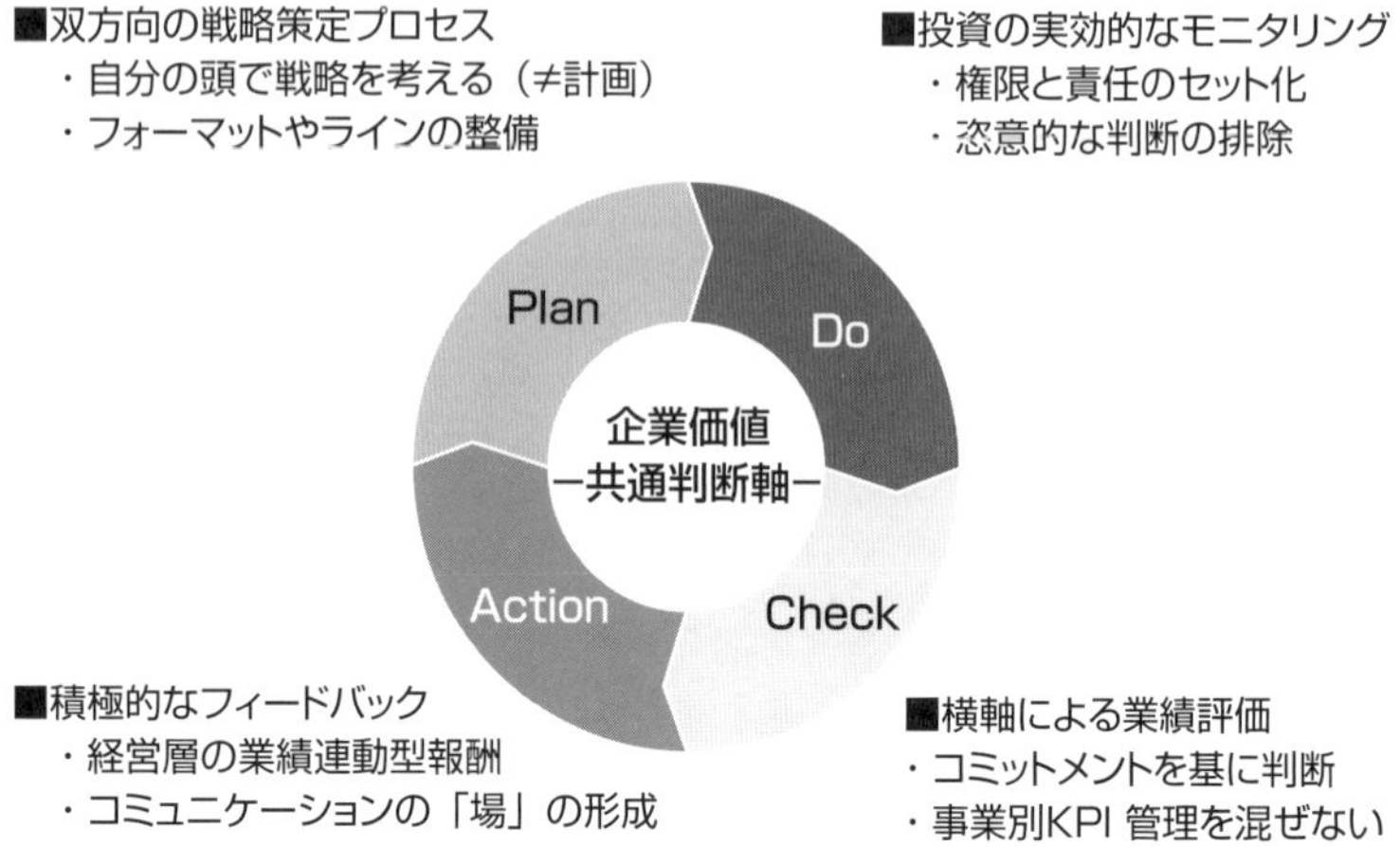
■双方向の戦略策定プロセス
・自分の頭で戦略を考える（≠計画）
・フォーマットやラインの整備
■投資の実効的なモニタリング
・権限と責任のセット化
・恣意的な判断の排除
Plan
Do
Check
Action
企業価値
－共通判断軸－
■積極的なフィードバック
・経営層の業績連動型報酬
・コミュニケーションの「場」の形成
■横軸による業績評価
・コミットメントを基に判断
・事業別KPI 管理を混ぜない

一年中計画を作って実行まで行きつかないのであれば、そもそもサイクルにもなっていませんし、行う必要もないでしょう。

もしかすると、ＰＤＣＡサイクルという言葉自体、手垢がつき過ぎて魅力的ではないのかもしれません。マネジメントサイクルと呼んでみましょうか。経営の意思決定とその成果評価がどのように為されているか、ということですね。Ｐｌａｎ―Ｄｏ―Ｃｈｅｃｋ―Ａｃｔｉｏｎという枠組みに沿って、何をやるべきか考えてみましょう。

●双方向のプロセスによるコミットメント

「Ｐｌａｎ」において重要なのは、①事業を管理する機能（本社）と、事業を推進する機能（各事業部門）との間の双方向の戦略決定プロセス、②戦略決定における、定性情報と定量情報の統合、③企業理念に始まり、ビジョン、戦略から予算策定に至るまでの連動、です。多くの企業において、戦略決定はトップダウンかボトムアップの、いずれにしろどちらか一方の、それも極端な形で行われます。

前者の場合には大言壮語した現場感と具体性のないアウトプットになりやすく、後者の場合には現状延長線上の創造性のないアウトプットが出てきやすい、といえます。どちらも、出てきた内容を評価し、フィードバックを行うという行為が欠けているからです。

先ほど、事業ポートフォリオの説明において資本市場と企業経営の関係を援用しましたが、ここでも同じことがいえます。投資家が、自らのポートフォリオ戦略に合致した企業の経営戦略を見定めて評価し、投資の是非を検討する、というフィードバックループがIRの場において成り立っているように、本社は企業グループとしての明確な将来像を示すとともに、それを実現するために事業ポートフォリオ戦略を構築し、事業部門に対して投資家としての期待値を示すのです。それを受けて事業部門は個別の事業戦略や計数計画を策定し、本社に対して「IR」を行う。本社はその内容を評価し、さらにフィードバックを与えます。そして、両者合意した内容について、明確にコミットメントを行う。このプロセスは、お互いの理解を深めるコミュニケーション機会としても大いに機能します。

また、このプロセスにおける情報のやり取りは、定性的な将来像と定量的な計数設定の双方が揃っていなければなりません。立ち位置の異なる者同士が、最も明確に議論やコミットメントを行えるのは具体的な計数あってこそですし、だからといって計数だけを議論するのでは数字の遊びになりかねません。双方向のプロセスには時間も労力もかかり、負担も大きいように見えるかもしれません。しかし、日本企業が毎年の予算策定にかけている膨大な作業量と時間に比べれば、はるかに効率的かつ有用なのではないでしょうか。

●投資を実行し、成果を評価する

「Ｄｏ」においては、①経営戦略の実行に必要な責任と権限を明確にしておくこと、②特に、投資の実行判断と撤退判断に関しては、その定量的な基準と意思決定のプロセスをきちんと定めておくこと、が重要です。企業にとって、投資に関する意思決定は何より大事です。そもそも投資家が企業に対して資金を提供するのは、投資家の側では自ら実物投資を行うだけの情報も能力もないからです。それらを持っていることが企業としての存在意義の大きな１つであり、その意思決定を的確に行えるようなマネジメントプロセスを持っていることは企業にとってのまさに生命線といってもよいでしょう。

ここで重要となってくるのが投資の実行や撤退に関する判断基準です。みなさんの会社ではどのような指標を使っているでしょうか。ここではぜひ「ファイナンスの鉄則」を加味した投資判断を行ってほしいところです。

数字が出てくる世界にまた少しだけお付き合いください。キャッシュフローを生み出すという視点から見れば、１つの投資は、あるキャッシュを投下することによって将来にキャッシュフローを生み出すものと考えられます。ドライに言えば、企業とはこうした投資が多数集まったものです。数え切れないくらいのキャッシュフローを生み出す投資の束、が企業であるともいえます。

企業の中にも、1つひとつのプロジェクトを吟味する機会があり、それら個別のプロジェクトはキャッシュフローを読むことができ、しかも「今日の百万円と明日の百万円は違う」という大前提はいつでもどこでも変わらない、というのであれば、企業の価値評価と同様の手法をプロジェクトを吟味する機会、すなわち投資判断にも用いることができます。違うのは、初期投資がマイナスとして置かれるかどうか、だけです。企業全体を考える場合は、いつどこでその企業に投資をしたのか、を逐一明らかにすることは不可能ですので、これから企業が増やしていくキャッシュフローの多募だけを取り上げますが、投資の場合には、最初に支出する金額が明らかですので、これと比べて、今後生み出していくキャッシュフローは大きいのか、小さいのか、ということを考えます。これらを通算して、すなわち初期投資と将来キャッシュフローの現在価値の総和を比べてみて、前者のほうが大きければ、時間の概念も勘案したキャッシュフローの出入りはマイナス、ということです。みすみすおカネを失うようなことは誰もしませんから、こうした投資はやらないでおこう、ということになります。一方、後者のほうが大きければ、初期投資を上回るだけの回収が見込める、ということになります。これはやる価値がありますね。

また、その投資からの回収が未来永劫続いていくというのであれば、先ほど企業の例でみたような継続価値の計算を置けばそれでいいのですが、投資の場合、「何年か経ったら、その設備を売却する」といったこともよくあります。こうした場合には、売却予定年度の売却予定額を見積もり、それを将来キャッシュフローとしてカウントします。これを残存価値といいます。また、こうした手法を、キャッシュフローのプラスとマイナスをネッティングした正味の価値を出すという意味で、**正味現在価値法**（NPV法：Net Present Value法）といいます。

こうした判断手法は、すでにみなさんの企業でもよく使われていると思います。身に覚えのない方、IRRという指標を使っていませんか。**内部投資収益率**（IRR：Internal Rate of Return）の考え方は、上記とまったく一緒です。NPV法として説明したものは、初期投資と、将来キャッシュフローの現在価値の総和を比べてその大小により投資可否を判断しましたが、IRRは、初期投資と将来キャッシュフローの現在価値の総和がイコールになるような割引率を示します。したがって、これが企業全体のハードルレート、すなわち資本コストよりも大きければ、これは予想収益率が高いということですから（リスクも高いのですが）ぜひやろう、ということになり、資本コストよりも低ければ、そもそもハードルレートを超えられないのでやめておこう（企業価値を毀損するから）ということになります。

●企業価値を向上させる投資なのか

間違えやすい判断指標に、「回収期間」があります。初期投資を何年で回収できるか、ということですね。〝期間〟とあるので時間の概念が入っているようにみえます。しかし、こ

図7－8　NPV法による投資判断

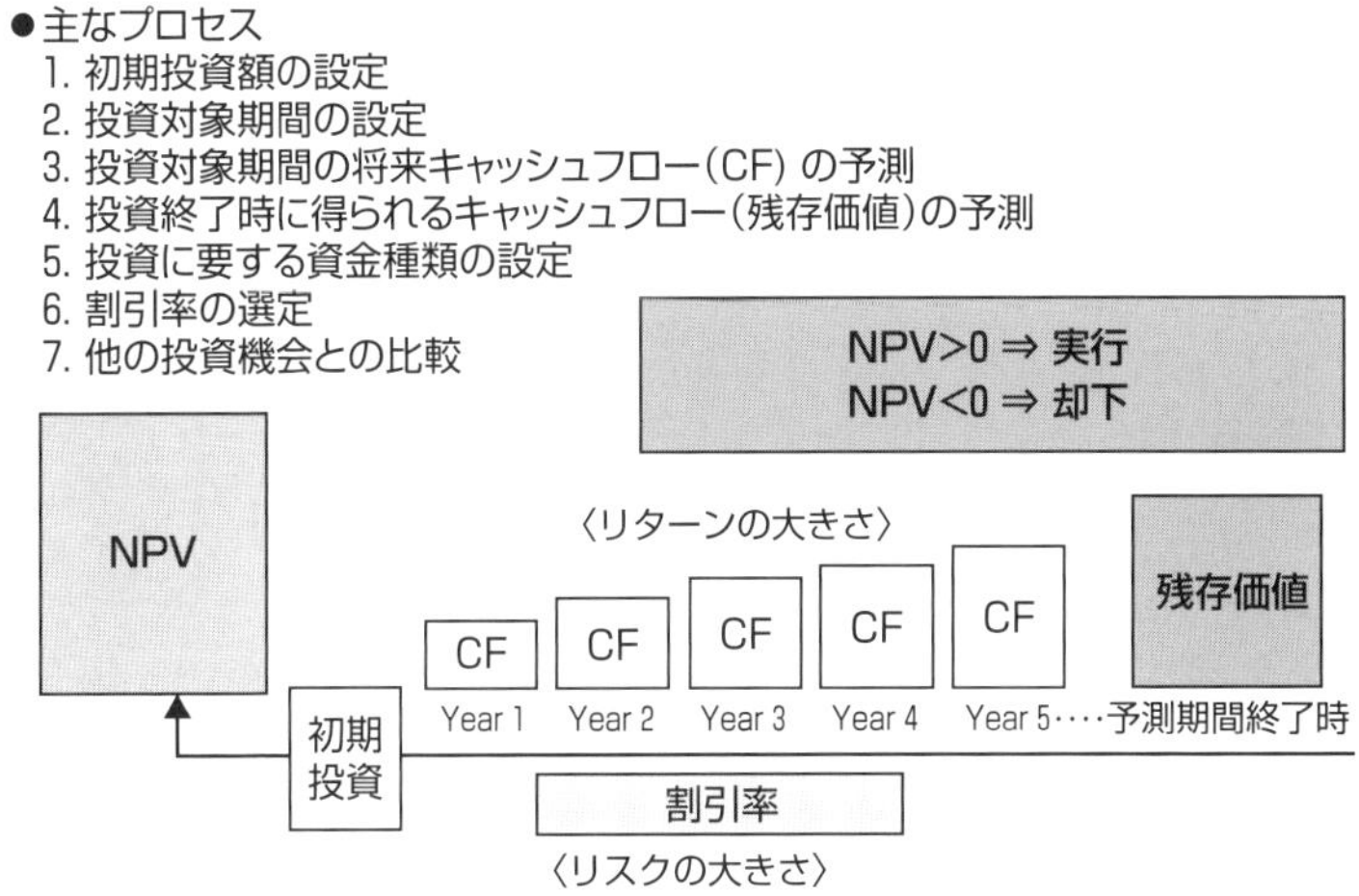

図7－9　投資判断の実例

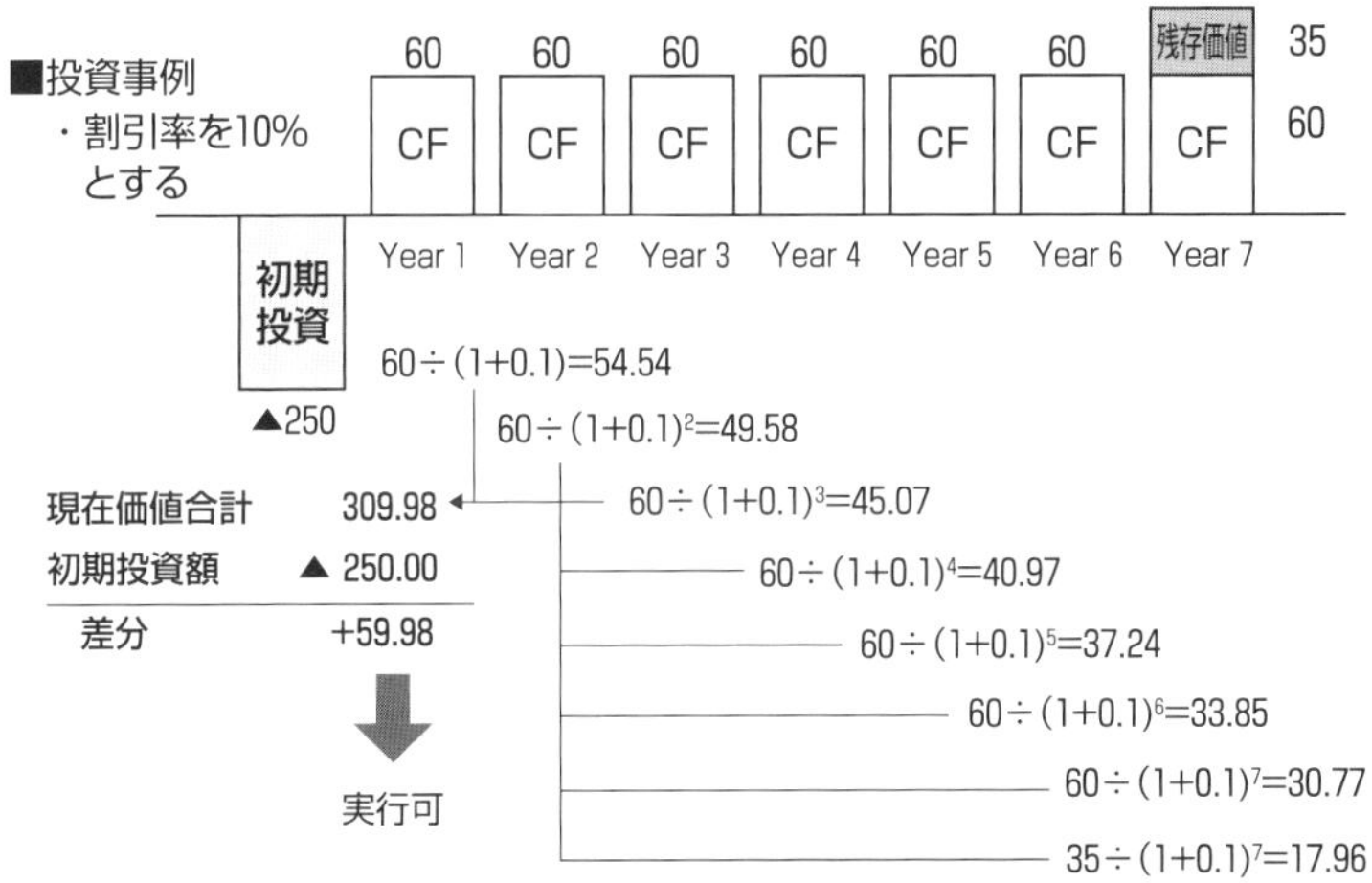

れは大きな間違いです。回収期間を導くには、単に初期投資を1年分のキャッシュフローで割るだけです。たとえば、250億円投資して、毎期60億円ずつ回収できるとすれば、250÷60＝4・167年、になります。しかし、1年目に回収される60億円の現在価値と、2年目に回収される60億円の現在価値は異なります。回収期間というのは、ファイナンスの鉄則を無視した概念であることがわかります。

もう1つ、これもよく使われる指標に投資収益率（ROI：Return On Investment）があります。先ほどの例で言えば、250億円という投下資本を分母、毎年60億円を7年間、最後の年に35億円回収できるとすると、｛60×6＋（60＋35)｝÷7＝65億円という年間のキャッシュインフロー平均を分子に持ってきてその率を求めます。ここでは26％ですね。これもまた簡単便利。しかし、もうお気づきの通り、時間の概念はやはり入っていません。

回収期間やROIにはもう1つ重大な欠点があります。「何と比べて良いのか悪いのか」がわからない点です。NPVやIRRは、「その企業が投資家にお約束したハードルレート」を基準にしています。それを満たすか満たさないか、という判断基準があるわけです。しかし、回収期間やROIには、そうした基準がありません。「過去の案件に比べて高そうだ」とか、「私の経験からすると良さそうだ」というのは、過去の案件と比べてよりリスクが高いからリターンもよく見えるだけであったり、実は経験したことのない要素を含む投資案件をそう判断しているだけかもしれません。回収期間やROIだけでは、どの水準だから良い、といえないのです。企業価値向上に役立っているかどうかもわかりません。わかりやすいので補助指標として使いたい、という実務上の要請を否定はしませんが、これだけを使って判断しようとすると、どうしても恣意的な線引きをせざるを得ず、投資判断は段々主観的なものになってしまいます。ただでさえ、定性的な評価や社内のポリティカルな要因で投資可否が決まりがちであった日本企業、そうしたことをあとから吟味するのであればともかく、まずはドライに「ハードルレートを超えているか」という認識を持つことが非常に重要ではないでしょうか。

●機会費用と沈潜費用

NPV法やIRR法などは先進企業を中心にずいぶん浸透してきたように思います。KKD（根性と勘と度胸）がすべて、という昭和の昔を考えると隔世の感もあります。もちろん、こうした「投資センス」を否定するつもりは毛頭ありません。センスがなければ投資にとって最も大切な「タイミング」をとらえられないし、そもそも企業はアニマル・スピリットがなければ成り立ちません。KKDは大事です。しかし、それだけでは片肺飛行になってしまいますので、KKDの産物を、いったんドライな視点から見極めることが必要です。

投資についてあと2点ほどみておきたいと思います。1つは「投資のモニタリングをやっているか」という点です。細かな投資まですべて行う必要はありません。企業の命運を賭けるような投資、失敗するとその後の将来が変わるような投資については、定期的にモニタリングをしましょう。その際に、NPV法やIRR法を行うために作った将来予測は役に立ちます。どこがどれほど乖離しているのかをみればいいだけですから。また、こうしたモニタリングプロセスがあるということがわかっていれば、投資の実行時にも、担当者が安易に鉛筆をなめにくくなります。投資を行ってわずか3か月で大幅に見通しが狂う、などということがあれば責任は免れません。

もう1つは、投資モニタリングの結果として「投資の撤退も十分に考えるべき」ということです。当たり前と言えば当たり前ですが、事業に携わっている側は、その事業を自らクローズしようとはなかなかしません。長く行っている事業ほど思い入れを持つ人たちも多くいます。せっかくここまでやったのにもったいない、という意識も働きます。しかし、これは**沈潜費用、埋没費用**（Sunk Cost）です。沈潜費用とは、すでに回収が不可能であるコストのことです。これまで5年間で1000億円も投下してきたのに、あと1年間の200億円が出せないとは何事だ、という議論はありがちです。しかし、もったいないのは感情的には理解できますが、いったん意識して区分けしないと判断を誤ります。これから先の200億円が将来回収できるのかに話を集中しましょう。

また、その投資に使われている資金を他に振り向けたら何ができるのか、という問いかけも必要です。これは**機会費用**（Opportunity Cost）の問題です。機会費用とは、何らかの行為を行うことで放棄された他の行為から得られるはずの利得のうち最大のものを指します。典型的な機会費用は、先ほど出てきた資本コストです。日本企業で投資判断を行う時には、この2つの「費用」問題は忘れ去られやすいように思われます。しかし、有限な経営資源をどこに振り向けるのかを考える際には不可欠の要素といってよいでしょう。

●マネジメントプロセスを回す

次に来るのは「Check」の段階です。責任と権限を委譲し、期待値を与えたその結果が評価されます。「Action」に至り、その評価は人事報酬などの形でフィードバックされます。したがって、経営管理のPDCAサイクルを構築するにあたっては、戦略的人材配分機能、人事報酬決定機能を持つ部門の参画は不可欠です。特に、事業部門の経営責任者に対する報酬は、企業価値向上努力に対して明確に報いるものになっている必要があります。最近では、事業部門の経営を担う役員レベルの報酬は、コーポレートガバナンス的な観点からも業績連動報酬が当たり前のようになっています。また、当然のことながら、期待値を与えたその結果の評価は、次の「Plan」にフィードバックされ、経営管理のサイクルは途切れることなく回っていくことになります。

これら一連の流れにおけるモノサシはすべて同一、「経済的な企業価値」です。そして、マネジメントプロセスをこの共通の尺度で構築することができれば、本社側が企業価値向上のために事業部門に求めること、言い換えれば事業部門が企業価値向上のために行うべきことはシンプルに3つに収斂します。楽でいいですね。先ほどみたとおりです。①投下資本のコスト以上の収益を生み出すか、②それができない事業から投下資本を引き上げるか、③投下資本にかかるコストの引き下げを実現するか、です。逆に、ここまでの道筋がマネジメントプロセスとしてきちんと示されなければ、全社戦略も絵に描いた餅です。

こうしたマネジメントプロセスは、資本市場で投資家が自らのポートフォリオの運営方針を定めて、企業の将来像を分析しながら投資したり、あるいは投資を引き上げたりすることと同様の構造を持ちます。期待通りの企業価値向上が果たされれば、資本市場は企業経営に対してより柔軟な資金調達、具体的には有利な金利水準や大きな調達枠などを認めることもできるでしょう。反対に企業が自らの価値を毀損（きそん）すれば、市場における資金調達の困難度は増し、投資規模は制約を受けます。最後には投資の撤退、すなわち倒産が待っています。

●評価指標をどうするか

ところで、企業価値向上をうまく表現できる評価指標は何でしょうか。先ほどから述べているキャッシュフローと資本コスト、というのはもちろんその通りなのですが、もう少しわかりやすい指標がほしいところです。これについては、最近では、ＲＯＩＣを用いる企業が増えています。有利子負債と株主資本の合計を経営資本、あるいは投下資本（Invested Capital）といいます。投資家が投じた資金ということです。投下資本について、企業自らが投資した資金という考え方もありますが、ここではＷＡＣＣとの比較をみたいので、投下資本は有利子負債と株主資本の合計と考えます。この投下資本に対していくら儲けたかを表すのが**投下資本利益率**（**ＲＯＩＣ：Return On Invested Capital**）です。ＲＯＡが総資産に対する

図7－10　ROIC－WACCスプレッド

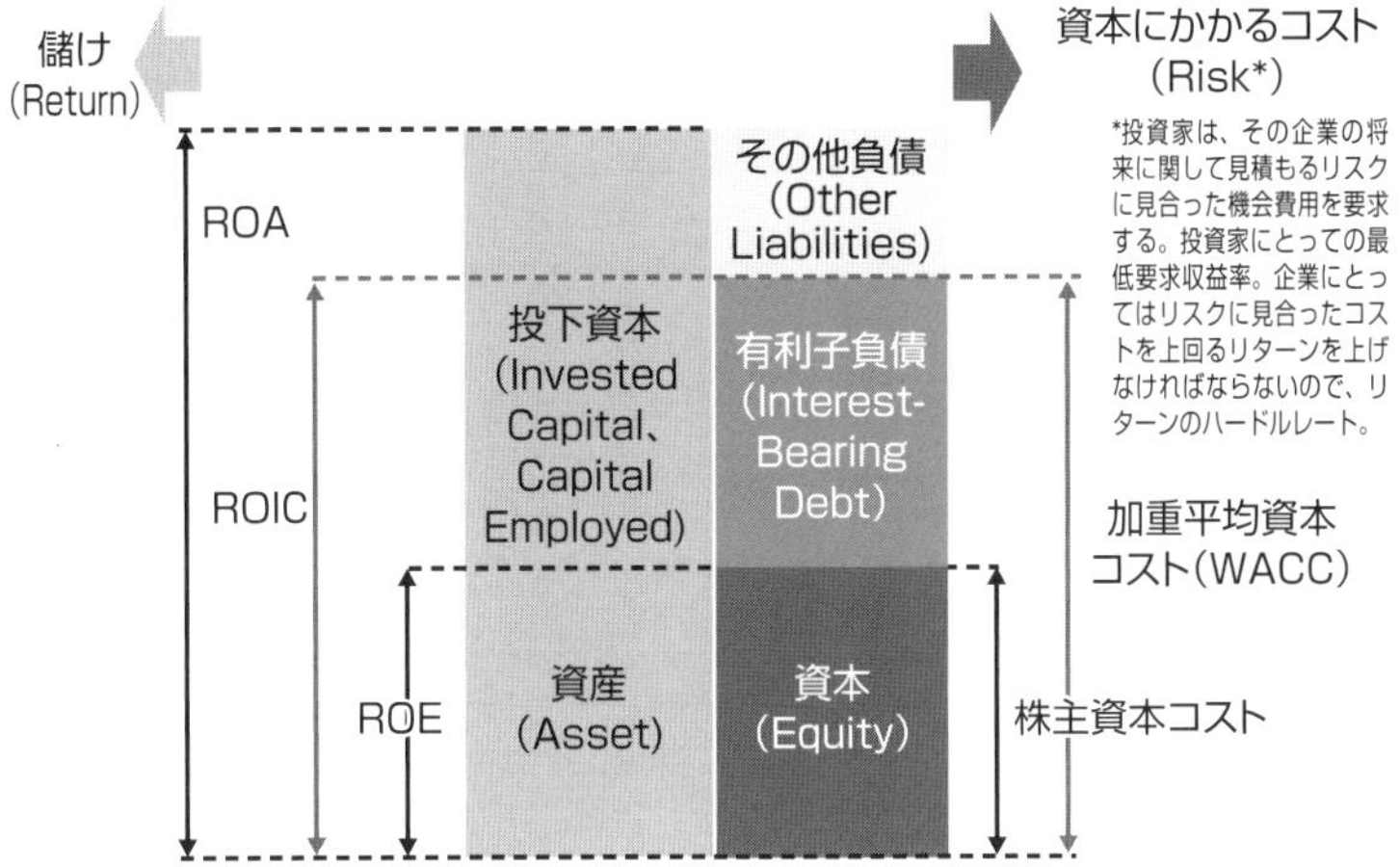

儲け、ROEが株主資本に対する儲けを表しているのに対し、ROICが便利なのはWACCと同じ分母に対する儲けの割合をみていることです。実は、この考え方は昔、一世を風靡した経済的付加価値（**EVA**[4]：Economic Value Added）と同じです。EVAは「額」で表されますが、ROICは「率」で表され、WACCとの比較がそのままできます。たとえば、ROICが7％でWACCが3％であれば、プラス4％分だけ企業価値を向上させていることになりますし、ROICが同じく7％でもWACCが10％であればマイナス3％分だけ企業価値を棄損させていることになります。これを**ROIC－WACCスプレッド**などとも呼びます。あるいは、EVAと原理は同じなので、EVAスプレッドと呼ぶ人もいます。

利益の把握については税引後営業利益（ＮＯＰＡＴ）が使われます。なるべくキャッシュフローに近づけていこうとする試みなども行われているようですが、ここでは「なぜＮＯＰＡＴなのか」という点に注目したいと思います。これにはステークホルダーにどの段階でリターンを支払っているかという重要な意味があるからです。ＮＯＰＡＴは税引後の営業利益であるので、営業利益にたどり着くまでに、顧客から得た売上から、取引先と従業員への支払をすでに行っています。加えて、税引後ということは、国や地域などへの支払も行ったということです。さて、残るステークホルダーは誰でしょう？　当然ながら、債権者と株主です。すなわち、ＲＯＩＣというのは、債権者と株主が出した元手に対して、債権者と株主の取り分がどのくらいあるのかを示す指標ということになります。ついでに言えば、ＲＯＥの場合には、Ｒが必ず当期純利益であるのも同様の理由です。当期純利益は配当もしくは内部留保に回され、要は株主の取り分ということになります。したがって、株主資本に対する儲けを表すために用いられるということです。

　ＲＯＩＣは資本効率性を示す優れた指標ですが、限界もあります。最も注意しなければならないのは、成長性については何も語っていないことです。したがって、ＲＯＩＣの数字を上げようとすれば、なるべく投資をしないでじっとしていることもできます。これだと企業はそのうち元気がなくなってきますよね。ＲＯＩＣに全面的に頼るのではなく、成長性などの指標と合わせてみることをお勧めします。[5]

●全体を見る指標、個別を見る指標

企業価値を表す指標を使うことを勧めると、「それはわかるけれど、事業は色々違うし、その事業の実態に合った指標による管理が必要なのではないか」という反応が返ってくることがあります。

ごもっとも。事業の型は様々ですし、それをうまく回して事業の価値を上げる責任者は事業のトップです。その彼や彼女が「これが良い」と思う指標を使っていただいてまったくかまいません。

ただ、こうした「事業を評価するための指標」の話と、「企業価値」の話は分けて考えましょう。いくら事業には色々あるといっても、全社的に見れば、資本市場に対してお約束しているのは「企業価値向上」、これだけです。そうであれば、どの事業がどれほど企業価値向上に貢献したのかがわかっていないとまずいのではないでしょうか。こちらは「結果指標」です。ある一定の時期においてPDCAサイクルを回し、事前に予測した内容に関して結果はどうだったか、だけを問うものです。事業責任者が期初に大風呂敷を広げて約束した内容が期末にまったくできていなかったら、やはり何らかの責任は問われるべきでしょう。成長分野であるにもかかわらず、自己保身を図りたいがために絶対到達できるような低い目標を

4 EVAはスターン・スチュワート社の登録商標です。
5 ROICの使用とその限界、および好事例等についてはこちらをご参照ください。松田千恵子・神崎清志（2022）『事業ポートフォリオマネジメント入門』中央経済社

掲げて成長機会を逸してしまった場合も同様です。そのために、ＰＤＣＡサイクルを貫くシンプルな指標、また各事業を横並びでみられる結果を評価する指標が必要となってくるわけです。

一方、個々の事業を円滑に進めていくための指標は結果指標ばかりではなく、プロセス指標も必要となってきます。ＫＰＩ（Key Performance Indicator）などといわれることもありますが、定量的な指標のみならず定性的な水準も対象にしてかまいませんし、異なる事業で異なる指標を使ってもまったく問題ありません。要は、それを意識することで事業がうまく回れば良いだけのことです。

日本の企業では、膨大な数のプロセス指標を業務にリンクさせて設定することには一生懸命ですが、その調子で結果指標にも取り組もうとするあまり、努力が空回りしていることもけっこう多いように見受けられます。また、事業部門出身の経営陣が、いつまでも自分の出身部門のプロセス指標の出来に口を出して、現役の事業部門トップを困らせていることもよくあります。事業のことは事業部門のトップに任せましょう。本社の方々は企業価値向上にぜひ集中してください。

■経営管理のデータインフラ

こうした管理を進めていく際に、基本的なデータインフラがないことが実はよくあります。その中でも最も目立つのは、事業別のバランスシートがないことです。バランスシートがな

図7－11　事業別バランスシート

	売上	営業費用	利益(A)	投下資本(B)	割引率(C)	資本コスト(B)×(C)＝(D)	資本コスト差引後利益(A)－(D)
事業A	1,000	800	200	4,000	5.0%	200	ゼロ
事業B	500	200	300	2,000	20.0%	400	▲100
事業C	300	100	200	300	6.6%	20	180
事業D	100	50	50	200	10.0%	20	30

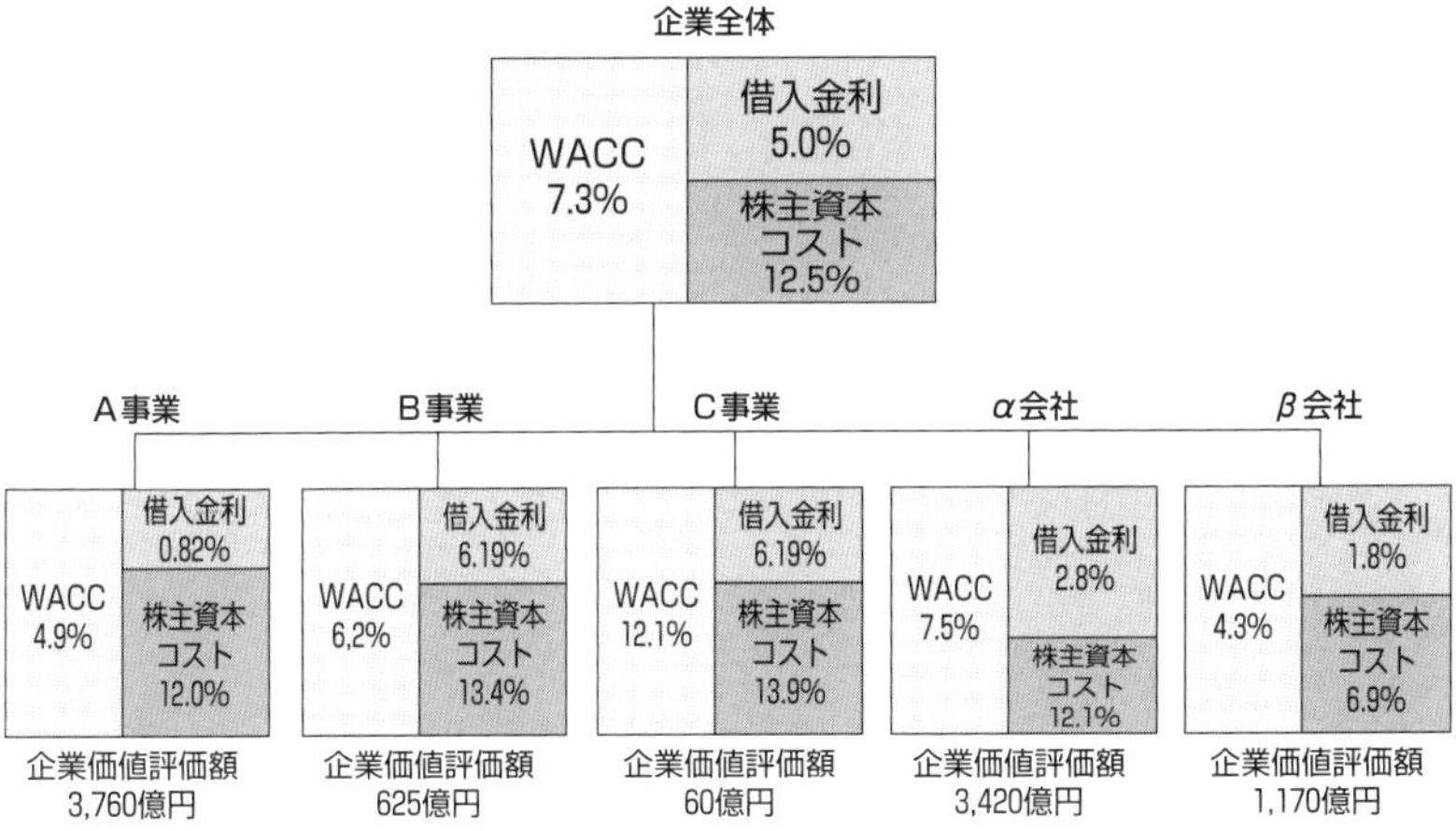

（注）数字はダミー。

ければ、資本コストもわかりませんし、企業価値も算定できません。投資実行判断を行ったら、それがどれだけ事業のリスク・リターンを変えたのかもわかりません。したがって、これは作るしかありません。バランスシートの作成方法そのものについては詳細を別著[6]に書きましたのでそちらをみていただければと思いますが、1つだけ意識しておいてほしいことがあります。多くの場合、このプロセスを「経理的な作業プロセス」と捉えてしまいがちです。しかし、それはまったくの間違いです。下世話な言葉を使えば、ここで繰り広げられるのは「経営資源の分捕り合戦」と言っても良いでしょう。日本のように事業部門が強いことが多い場合には、この合戦は熾烈を極めます。この「事業別バランスシート策定」というプロセスは、建前上はいかにも作業といった静態的なプロセスの顔をしていますが、どこの事業部門に経営資源をどのくらい配分するかを決めるのですから、本来はきわめて動態的、政治的な戦いの場です。こんなところに草食的なタイプの担当者がのこのこと数字だけ持っていって「これでいいですか」などと機械的に聞こうものなら、海千山千の肉食的な事業のトップにすぐに取って食われて終わりでしょう。

　では、どうすれば良いのでしょうか。絶対的に必要なのは企業トップのリーダーシップです。この件については絶対にやりきる、しかも迅速に、という姿勢を強く打ち出し、方針について事業のトップを納得させることが不可欠です。意外に難しいのは、経営トップともなればさすがにそれなりのファイナンシャルリテラシーを持っているのですが、事業トップはファイナンスについて「まるで頓珍漢」なことも多いので、そもそもの話が通じにくいことです。しかし、もういい加減にそうした勉強不足の事業トップには去ってもらうべき時期ともいえるのではないでしょうか。事業を行うトップみんながみんな財務担当役員のように冷静で無機質だったらそれはそれで困りますが、経営者として最低限の財務の知識くらいは頭に入れておいてほしいものです。この辺りは、日本企業の経営者人材育成やコーポレートガバナンスの深遠な議論につながっているのですが、こちらは別の機会に譲ることにします。

トップに大号令を発してもらったら、次に来るのは「数字はさっさと作る」ということです。何年もかけていればトップも含めて熱意も冷めます。せいぜい何か月の単位で終わらせてほしいものです。逆に言えば、その期間でできるくらいの「ざっくり」度でかまいません。それで一度回してみて、問題があれば改善していけば良いだけの話です。いい加減に聞こえるかもしれませんが、これが最も実効性があります。ただ、実行と改善のサイクルがもたついては困ります。これもさっさと進めましょう。アプリケーションやゲームの開発で何度もβ版を作っては直すのと同じような試行方法を行っていくにつれ、企業内での認知やファイナンシャルリテラシーも上がっていきます。要は、先にみたリーン・スタートアップをここでもやってほしいということです。

6 松田千恵子・神崎清志（2022）『事業ポートフォリオマネジメント入門』中央経済社

■ロジック・ファクト・データ

データインフラが整うことは重要ですが、本来の目的はそれを使って有益な議論を行うことです。その際に求められる「ロジック・ファクト・データ（ナンバー）」のうち、データをまずそろえたということです。次はロジックについて確かめてみることをお勧めします。株式市場には御社の企業評価を行っている人々が数多います。彼ら彼女らが自社をどう見ているのか、なぜそう見ているのかをしっかり知ることは大事です。投資家やストラテジスト、アナリストもプロフェッショナルなのですから、「何となくそう思ったのです」などとは決して言いません。それなりの論理を組んでいるはずですし、それに対して反論しようとする議論が社内で起こるなら良し、そうでないならばこうしたロジックは社内でも活用すればいいだけのことです。

また、投資の世界のファクトは多く定量的なデータ、すなわち数字で表されます。代表的なものが「株価」でしょう。株式市場に振り回されるのが嫌なら、「業績」でもかまいません。なぜ事業の親玉が吠えまくっても業績が上がらないのか、なぜそれが何十年も続いているのか、この辺りはファクトとデータをしっかりみるべきところです。企業内で、「事業別にみた場合、個々の事業の事業価値を上げてきたのか」という視点からは可視化されていない情報が、実は多くあります。しかし、元となる過去のファクトやデータは必ずあるのです。それらは使わなければ「情報」にはなりません。ファクトやデータを意味ある情報にする努力は惜しまないでください。

この時に必ず使ってほしいのは、「市場」と「競合」のデータです。いくら事業部門が頑張ったといっても、10年連続市場の伸びに負けているようであれば何か問題があることは明らかです。「ウチは5％も成長した」と企業内で最大の成長率を誇っている部門があっても、その市場に属する競合が全社10％成長を達成していたとしたら、この事業はかなりネガティブにみなければなりません。企業内の内輪の論理だけで事業を評価していては、思わぬ落とし穴にはまりかねないということです。

■コングロマリット・ディスカウント

データインフラができたら、もう1つやってほしいことがあります。**コングロマリット・ディスカウント**の状態にないかどうかを確認することです。コングロマリット・ディスカウントとは、企業全体の価値が、個別の事業の価値の合計よりも低くなってしまう状態のことです。そのような場合、株主としては、本社の投資家力が低いのか、シナジーが出せないような企業なのか、といったことを考えざるを得ません。「内部資本市場に任せておいても価値は増えないから、外部資本市場に任せたほうが良いのではないか」という提案をすることもありえます。

こうした状態に陥っているかどうかは、外部からでもすぐわかります。実際にはそんなに簡単に割り切れるものではありませんが、株式市場のアナリストたちは始終こうしたチェックを行っています。事業ごとの事業価値を推定し、その単純合計と企業全体の時価総額を比

図7−12　コングロマリット・ディスカウントの例

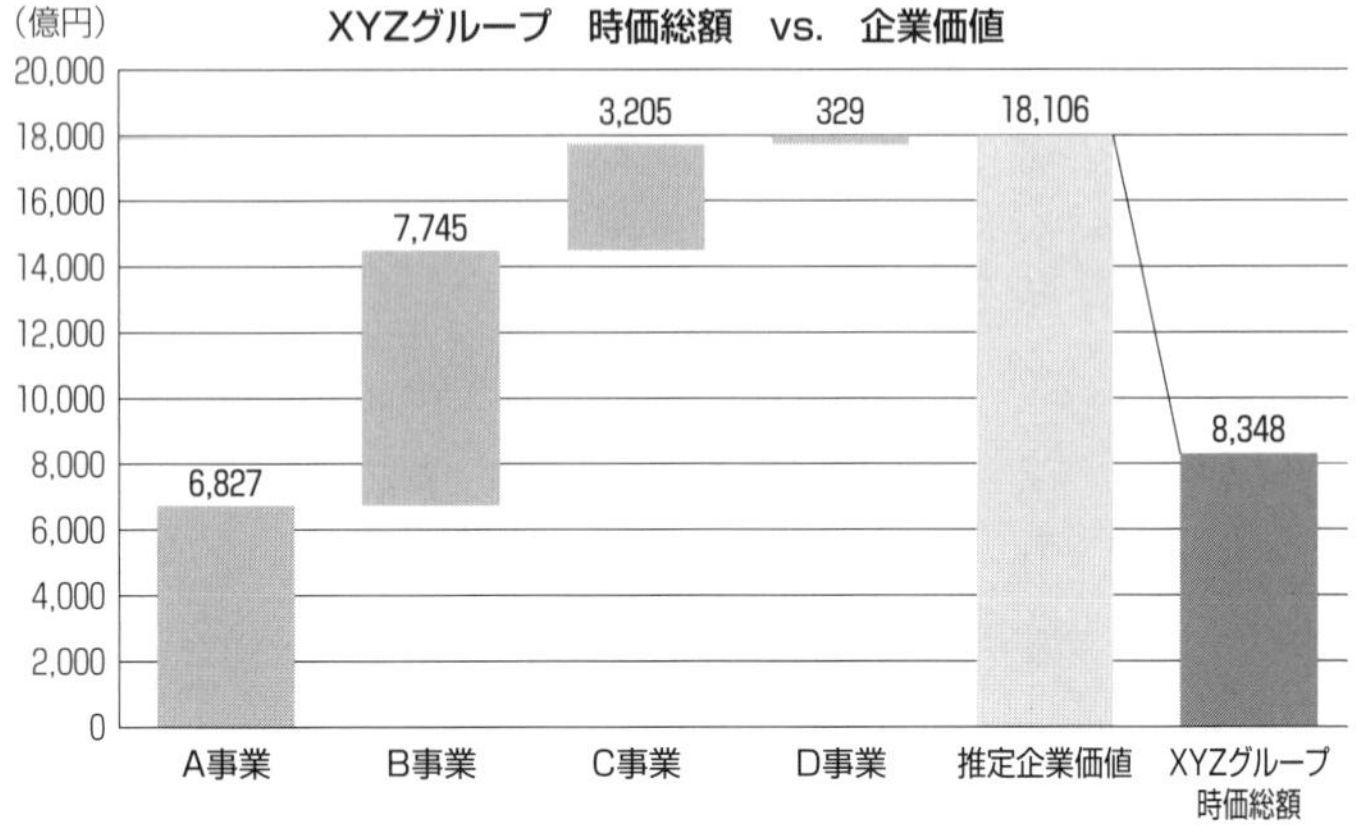

較しているのです。これをSum of the Parts Analysis（SOTP）といいます。セグメント情報を開示していれば、外部からも事業部門の価値を推測することはできるので、勝手に計算されてしまっているということです。

「単純合計すれば100の価値があるところ、70の時価総額しかついていない」ならば、あなたの会社はコングロマリット・ディスカウントの状態にあります。この乖離は何を意味するかというと、先ほどみた「本社が投資家としてより有能であること」もしくは「事業間にシナジーが生まれていること」、おまけに「グループとしてのブランドなど強大なアイデンティティに基づく価値が生まれていること」のどれも満たしておらず、単純合計して得られる事業価値をどこかで毀損してしまっている、と少なくとも株式市場からは評価されているということです。一方、「単純合計すると100の価値しかないが、時価総額は140ある」という企業はこの逆、**コングロマリット・プレミアム**の状態にあるということになります。

「セグメント情報なんて、実態にまったく即していないのに、そこからまたいい加減な計算をされては困る」――これは事業会社の本音でしょう。気持ちはわかります。ただ、そんなことで不満たらたらになるだけで何もしなければ、ハイエナファンドの格好の餌食になるだけです。それより前向きに考えましょう。こうした評価をもう少し精緻にやってほしいならば、事業に関する情報開示の質と量をしっかり増やしていくことです。投資家は、リスクがわからない場合には、必ず最大に見積もります。その「実状がわからない」「何考えているかわからない」リスクを少しでも減らすことで、コングロマリット・ディスカウントを回避できるかもしれません。

もう1つは、「自分でもやってみる」ことです。せっかくデータインフラを作ったのですし、もともと社内のほうが社外よりも情報ははるかに多いのですから、ざっくりで良いので作ってみましょう。社外の人が計算した場合、普通はコングロマリット・ディスカウントになるはずです。なぜならば、単純合計だけを見ているということは、本社費用などはまったく算定できていないからです。そうした計算は、社内でしかできません。しっかりと実態を把握したうえで、株式市場に対して反論するならきちんと反論する、反論できないなら改善に努める必要があります。

第 8 章

全社戦略を考える⑵
――事業ポートフォリオの入れ替えをどう行うか

8-1 新規事業戦略をどう進めるか

■シナジーの実現という困難なタスク

前節で、本社の「見極める力」を発揮するために必要な「その機能を果たすためのデータインフラ整備」についてみてきました。ドライに計測したり見極めたりすることはもうおしまいです。ほっと一息ですね。ここからは、グループをまとめる方向の仕事に移ります。最初は、事業部門を横断したり、事業部門内では考えつかないようなことを行ったりして「1＋1＝3」を目指す、事業間シナジーマネジメントについてです。

先にみたとおり、個別にある事業の間をどうにかすることで生まれる価値、を一般的に**シナジー**と呼びます。シナジーには大きく分けて2種類あります。**ダウンサイドシナジー**と、**アップサイドシナジー**です。要は、A事業とB事業がそれぞれ別個に単体としてあるよりは、一緒になったほうが費用面の負担が少なくて済む、というのが前者です。コストサイドシナジーともいいます。個々の事業がいずれも同じようなことをやっているなら、まとめてコストを省こう、あるいは省力化をしよう、ということです。これは比較的定量化しやすく、発想も生まれやすい分野かと思います。一方、後者のアップサイドシナジーは、一緒に何かやったほうが価値が大きくなる、ということですね。なかなか定量化もしにくく、事業部門だけに任せていては進まない部分です。これに力を添えるのは本社の仕事でもあります。たとえば、普段はあまり顔を合わせない事業部門間のコミュニケーションを促進するために、通常組織とは異なる会議体を組織してその音頭取りをする。A事業の計画をみて、敢えて「これをB事業と一緒にやってみたらどうか」といった、事業部門だけでは出てこない提案をしてみる。要は、事業と事業の間を刺激していく仕組み、です。もちろん、事業と機能の間、機能と機能の間、についても同様です。

また、事業再生支援部隊としての働きも必要です。現実の世界でも、投資ファンドが単に出資をするだけではなく、経営陣の一角に加わって一緒に経営を再建する、といった事例が多くありますよね。あれと一緒です。先にみたように、投資の実行・撤退判断を行う際、企業価値を毀損し続けている事業については、まずはイエローカード、そしていよいよダメならレッドカードを出して、グループの事業から外す決断をしなければなりません。

この場合、イエローカードを出したら出しっきり、ということもあり得なくはないのですが、やはり温かい支援も考えましょう。全社的にも人を出すなり知恵を出すなりして、その事業への関与度を強めなければなりません。これは、単に温かい支援というだけではありません。きちんとステップインしていないと、レッドカードを出すときの見極めや、出した後の処理などがわからなくなります。したがって、そうしたリスクマネジメントの意味でも、事業再生支援部隊としての機能は必要なのです。

8-2 新しい芽を育て続ける

■全社的なインキュベーション機能

事業間のシナジー発揮を強めるためには、全社的に連なる事業の次をどうするか、ということも考える必要があります。インキュベーション機能といってもよいかもしれません。企業内部では、黙っていてはなかなか新しい試みは生まれません。既存の事業を改善する、とか新たに何かを付け加える、などの対応はできますが、新しいものを生み出す、というのは至難の業です。「新規収益源の確立」にはどなたも頭を悩ましていることと思います。

新規に収益源を確立していこうとしている際に取りえる手段は、①自前で作る、②買ってくる（あるいは他と組む）、のどちらかです。この2つは、常に比較検討されなければなりません。Aという事業に進出しようと考えた際に、それを内部の資源を使ってイチから立ち上げるのか、それともすでにその経営資源を持っているほかの会社を買ったり、手を組んだりすることで始めるのか、という2つです。いまやM&Aは経営を行っていくうえで普通に考えるべき手段の1つになっています。新しいことを始めるうえでは、必ず検討すべき選択肢の1つでしょう。これは、やるかやらないか、というのとはまったく別です。M&Aというと、必ず「やること先にありき」になりがちですが、それは避けましょう。この辺りはまたのちほどみます。

また、自分でやる、という選択肢を考える際に必ず出てくるのは、それをやるだけの資源が内部にあるのか、ということです。人材や資金などの資源ももちろんですが、新規事業、といった時に切っても切り離せないものは、その「タネ」があるのかどうか、つまり技術など新規事業の核となる要素がすでにあるのかどうか、ということです。これは、企業のR&D（研究開発）と直結します。したがって、本節では3つの要素を、新規事業創造機能として扱います。1つは、自前で新規事業を考えること、それに関連して2つ目はR&Dを管理していくこと。3つ目はM&Aを行うこと。順にみていきましょう。

■新規事業創造機能(1)——新規事業を自前で行う場合

新規事業を自前で行う際に考えるべきことは星の数ほどあります。しかし、それを網羅していると、これだけで一冊の本ができてしまうので、ここでは、ひっかかりそうな問題を中心に以下の3つの要素に大別してみてみましょう。

①新規事業のアイデア出しの問題
②具体的な進め方のプロセスの段階
③新規事業を育てる組織の問題

まず、「何をやるか」というアイデア出しの問題です。そもそも「何をやるか」よくわからない、まだ決まっていない、という状態自体がマズイですね。企業はそもそも「やりたいこと」があって起業する存在ですから、「やりたいこと」がないのであれば止めればいいのです。しかし、そうはいかないのが既存企業のつらいところ。もうできあがってしまった巨大組織を存続させるためには、どこかに成長の種がないとまずいわけです。「これをやりたい！」という有望な提案が事業部門から続々と出てくるのであればまだしも、何だか冴えない話ばっかり、たまに出てきても著しくおカネがかかる割には儲からなさそうな提案が続きます。コーポレート部門としては、もともと既存事業の寿命がそう長くないとみているからこそ、その枠組みを超えるような「タネ」を期待しているわけですが、なかなか出てこないとやはりあせります。新規事業探索チーム、などというものを立ち上げて遊軍的にことに当たらせたりもします。ここで陥る第一の課題は、「何か新しいこと」「何か大きいこと」をすぐにやりたがる、ということです。

人間心理としては非常にわかりやすいですね。新規事業なのだから、何かヒトを驚かせるような新しいものでなくてはならない、これまでに自社になかったようなものでなければならない、などと考えるのも無理はありません。また、新規収益源の確立が重要課題であるような場合というのは、裏を返せば、これまでドル箱だった事業の収益性低下が顕著になってきて、早くその事業の収益を補完、あるいは代替できるような新しい収益機会を見つけ出さなければならない状況であることも多いです。

ところが、こうしたドル箱であった事業は、当然ながら規模も大きいです。そうなってくると、人々の期待はおのずから「それだけの規模に見合うような収益をいずれ上げてくれるような（相応の規模の）もの」がないか、と膨らんできます。しかし、こうして「何か新しいもの」「何か大きなもの」を探し続けるのは、まさに青い鳥を追い求めるのと同じです。まず成功しません。寓話の結末どおりです。

●「ドル箱事業」の代替を探さない

かつての「ドル箱事業」の代わりを探す傾向は、特に大企業で顕著であるようにみえます。多くの大企業は、当然ながら多種多様な事業を抱えています。その中で経営資源を最も多く使い、最も発言力が強いのは、たいていの場合、自社の源流となる事業です。愛着を持つ人も多く、また様々なしがらみも多くあります。そして、こうした事業は多くの場合、いまではあまり振るわない状況です。事業のライフサイクルとしては、すでに衰退期に入った事業です。様々なリストラや再編を経て、次の事業へとバトンタッチしていくことが必要です。

ところが、多くの場合、このバトンタッチはうまくいきません。全社的なポートフォリオを考えた場合には、そこから経営資源を引き揚げて、これから伸びていく事業に投資していくのが鉄則です。これが本社のやるべきことです。しかし、源流となるような事業を対象にこれをやると、場合によってはOB・OG（OGは古い事業の場合にはまず居ませんが）も含めた、

「愛着を持つ関係者」からの「反対」の大合唱にあいます。事業の責任者は、その事業を如何に伸ばしていくかを使命と心得ていますので、自分が預かった事業から経営資源を引き抜くことにやすやすと同意するはずはありません。したがって、こう主張します。「もし、本当に我々の事業規模を代替できるような新規事業があってそれが成長していくのなら、もちろん協力は惜しまない」……。

●自社の強みを考え直す

かくて、新規事業探索の責任者は、保守本流の事業を丸ごと代替できるような、有望で、規模も大きく、まったく新しいグリーンフィールドで、成長が約束された分野はないだろうか、と日々悩むことになるわけです。でも、ちょっと考えればすぐにわかることですが、そんな分野は「あるはずはない」のです。そんな手付かずのニューフロンティアがあったら、とっくの昔に誰かが手がけています。これまで長い年月をかけて育ってきた事業規模に匹敵するような事業のタネが、そこらにごろごろ転がっているはずもありません。しかし、「青い鳥がいるはずだ」との社内の声は、なかなかこの努力をあきらめさせてはくれません。

では、どうすればいいのでしょう？　答えは簡単です。寓話の結末をもう一度思い出してください。青い鳥が最後にいたのはどこだったでしょうか。そうです、自分のウチですね。新規事業探索もこれと同じです。本当は、自社が強みとするところを改めてじっくりと考え直し、本質的な強みから生まれる小さな事業のタネを大事に育てていくことにしか解はありません。自社が強くもない、ばかりか、やったことも見たこともないことに手を出して失敗した例は枚挙に暇がありません。

●どのように進めるか

アイデア出しの問題に続いて起こるのは、上記で推測できるように、進め方の問題と、組織の問題です。これらは2つともかなり絡まりあっていますが、まず、コーポレート部門として「進め方」を考える際に守るべき要件をいくつか挙げましょう。1つには、先ほども出たとおり、「自前」と「買収」の比較検討を必ず行うこと。それに加えて、「買収以外のアライアンス」などという形もあるかもしれません。資本を持つまでに至らなくても、業務提携をすると大きな効果が見込めるとか、ライセンスインすることが非常に重要だとか、あるいはキーパーソンだけを引っ張ってこられれば大成功だとか、色々あります。これらも含めて、どのように進めれば当初の目的を達成できるか、十分検討しましょう。検討にあたっては、別に仰々しい計画ではなくても良いので、少なくとも将来予測に基づいた仮説を立てることが必要です。新規事業に対して、既存事業でやっているような細かいレベルの予実管理はほぼ無意味ですが、それは仮説を立てなくてもいいということとはまったく別の話なので注意してください。

また、「組織における新規事業の置き方」は大事です。これは、新規事業の重要度や、既存事業とのリンクの程度によっても変わってきますが、大事なのは、独り立ちできるようになるまでは、本社がきちんとバックアップするような組織体制にしておく、ということです。既存事業の傘下のそのまた傘下あたりにぶら下げておくと、経営資源配分の意思決定権限が既存事業の責任者（若しくはその下）になってしまいます。既存事業に大いにプラスになるような新規事業ならそれでもよいでしょうが、既存事業部門側が「継子いじめ」をすることもあります。大きな期待と責任を負っている割には、あまり資金は回してもらえなかったり、いつの間にか既存事業との兼任になってしまったりします。しかも、こうした事情がマネジメントに届いていなかったりすると新規事業担当チームは孤立します。「新規事業担当チームの悲劇」は多くの場合、その仕事がトップの実体ある庇護を得ていない、と社内が認識することから始まります。庇護だけしているトップはよくいます。しかし、それに経営資源配分がしっかりとついていなければ、たちまち見透かされてしまいます。また、新規事業に経営資源を配分するかどうかの議論ばかり延々と続けている場合もあります。プロダクトライフサイクルのところで述べたように、新規事業が百発百中で当たるなどということはまずありませんし、とにかく経営資源を投下してスタートさせてみる（ただし小さく、ただし沢山）という姿勢が必要です。いくつか潰れたとしても、それで大企業が倒産したりはしません。あれこれ悩むだけ時間の無駄です。面白いシナリオ（仮説）があるならどんどん投資しましょう。

■ 新規事業創造機能(2)――研究開発機能をどうするか

こうした新規事業開発を考えていく際に、最も重要な機能の1つは、研究開発機能です。どこの企業にも何かしらの「タネ」を生み出す機能があり、それは「XX研究所」であったり、「XX開発部」であったりします。新規事業のタネの宝庫ですね。

しかし、宝の持ち腐れになっている場合も多くあります。組織の中での置き方の良しあしも大きく関わります。本社側と事業側のどちらに研究開発部門を置くか、というのはよくある問題ですね。事業が順調に連続的な変化の下で成長している時は、スピードや物理的な距離を考えて、成長していて経営資源を多く持っている事業部門の傘下につけておいたほうが手っ取り早い、ということもあるでしょう。いまの時代は、どちらかといえば本社の下につけて、どこかの事業部門の占有になることを避け、次世代の成長に資するような経営資源配分を行いやすいようにしておくことのほうが優先順位は高いかもしれません。

結局どちらにどのように属しているのか明確ではなく指揮命令系統が乱れていたり、逆に研究開発部門が〝梁山泊〟化してしまって、誰の言うことも聞かない閉鎖体系を形作ってしまったりしている場合には、期待すべき機能が発揮できません。研究のための研究を行うようになってきたら、企業の研究所としてはやはり改革を考えなければなりません。企業における新しい事業は、企業が持つ宝であるところの事業のタネ、すなわちシーズと、顧客が持つ事業のタネ、すなわちニーズとがうまく合致したところにチャンスが生じます。顧客のニーズを伝えても届かないような、あるいはシーズが外にまったく出てこないような研究開発部門になってしまっていないかどうか、改めて見直してみましょう。

見直しは、研究開発プロセスの進め方、にも及ぶべきです。というのは、研究開発部門の側は研究開発部門の側で、自分たちがせっかく行った研究開発が、経営トップや必要な部門にきちんと伝わっていない、という思いを抱きがちだからです。多くの場合、研究開発の報告がごく限られた機会にしかできない、とか、ごく限られた人員にしか行われない、など、機会の少なさが問題として挙げられます。研究開発部門と、事業部門との交流や、経営トップとの意見交換などを頻繁に行わせるような仕掛けが必要です。

●研究開発ポートフォリオマネジメント

この仕組みを動かしていくうえで、1つやっておきたいことがあります。研究開発部門側の、研究開発ポートフォリオのマネジメントです。なぜかというと、研究開発部門と事業部門との交流を増やしても、研究開発部門がいったい何をやっているのか、それがどう使えるのか、などがきちんと伝わらないことが多いからです。伝わらない原因は色々ありますが、最もよくある、そして解決が可能な原因は、「言語が通じない」ということです。研究者は、自分の行っている研究に関して熱弁を振るうかもしれませんが、それが事業側でどう活用できて、どういったニーズにマッチするのかは、まったく無頓着である場合が少なくありません。またそもそも、自分の研究が、全社的にどういう位置づけがなされるものであるのかを把握していないことも多くあります。こうした中で熱弁を振るわれても、いったい何を言っているんだ、ということになります。

一方、幸いなことに研究開発ポートフォリオマネジメントは、企業全体の事業ポートフォリオマネジメントとやることがほとんど同じです。自社の研究分野を取り巻く大きな環境変化を把握し、その中で自社が強みとする要素は何か特定し、そこへの経営資源配分を決め、具体的な研究開発計画を策定させてそれを実行する。実行の結果は評価して、フィードバックにつなげる。こうした一連のマネジメントスキルを、研究開発部門にも取り入れましょう。意外なほど同じなので、あまり大きな苦労なくできるはずです。ポートフォリオマネジメントなどという枠組みは初めて聞いたという場合も多いですが、研究開発部門の人たちは、やってみると意外にすんなりなじんでしまいます。先に紹介した一連の作業は、きわめてテンプレート化しやすいですし、最後に定量予測に落としたりプロジェクションを作ったりするのは、理系の方にはお手のものです。また、扱っている分野が研究開発なので、事業よりもよほど雑音が入らないクリアなポートフォリオマネジメントが可能でもあります。ここが整理されてくると、研究開発部門以外の人たちにとっても、自社の「タネ」の何が使えるか、に関して、飛躍的に理解度が向上するようになりますので、ぜひ試してみてください。

8-3 M&Aとアライアンス

■M&Aの基本的なプロセス

さて、先ほど「自前」か「買収」か（若しくはアライアンスの諸形態か）といった検討はぜひ行ってほしい、と申し上げました。自前についてはこれまでみてきたので、次は「買収」等の話です。最近は事例にも不自由しなくなりましたし、M&A巧者といわれるような先進企業も増えてきました。しかし、相変わらずM&Aが目的化してしまっていたり、統合計画が遅々として進まなかったりしている事例も散見され、日本企業のM&Aスキルは二極分化しているような気配もあります。

ここでは、M&Aの基本的なプロセスを振り返りながら、その各ポイントで自問自答してほしい点をみてみましょう。まずは、全体像ですが、次のように考えていただくと良いかと思います。

大別すると「戦略フェイズ」「財務フェイズ」「組織フェイズ」の3つです。要は、経営で考えるべきことをすべて、しかも非常に短い期間に集中してやらなければならないのがM&Aだということですね。よく、M&Aが総合芸術だといわれるのは、会社の値段はいくらか、

図8－1　M&Aの基本的なプロセス

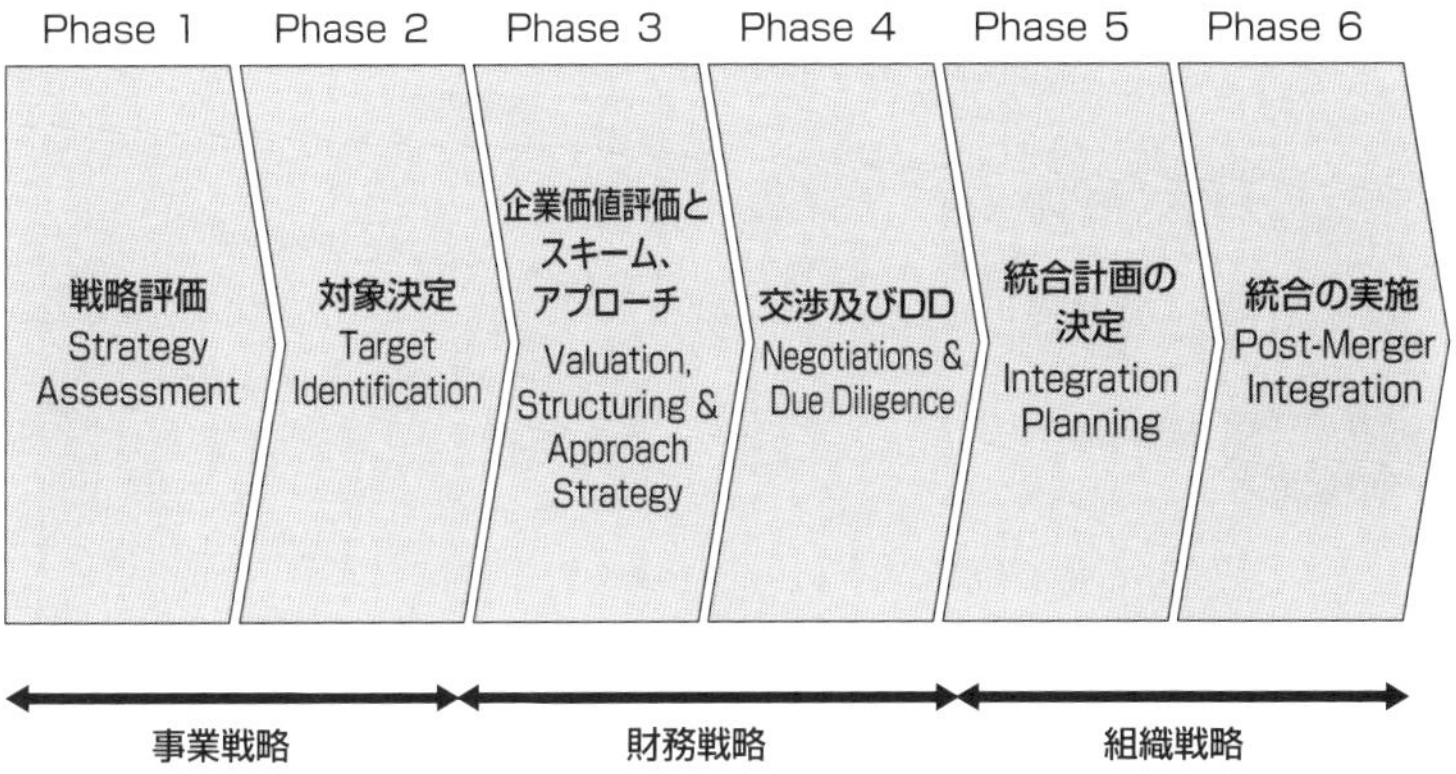

といった財務的な話から、事業の将来予測、経営管理や企業統治、さらには企業理念に至るまで、あらゆる経営の側面に影響を及ぼさずにはいられないからです。端的に言えば、「自前」で新規事業を育てても自社の企業理念は揺るぎませんが、企業買収をすればそこから考え直さなければいけなくなることもある、ということです。M&Aは1つの「手段」に過ぎませんが、その手段を取ることによって、他の手段とは比べ物にならないほど、企業グループに大きな影響を与えます。

したがって、その検討にあたっては、きわめて慎重でなくてはなりません。上記のすべての要素について、確実に解を出せるようでなくてはなりません。一方で、M&Aの難しさは、これらすべてのことが影響を受けることそのものではなく、これらすべてのことを「ほぼ同時に」動かして成功させなければならないところ、

図8－2　M&Aによる影響

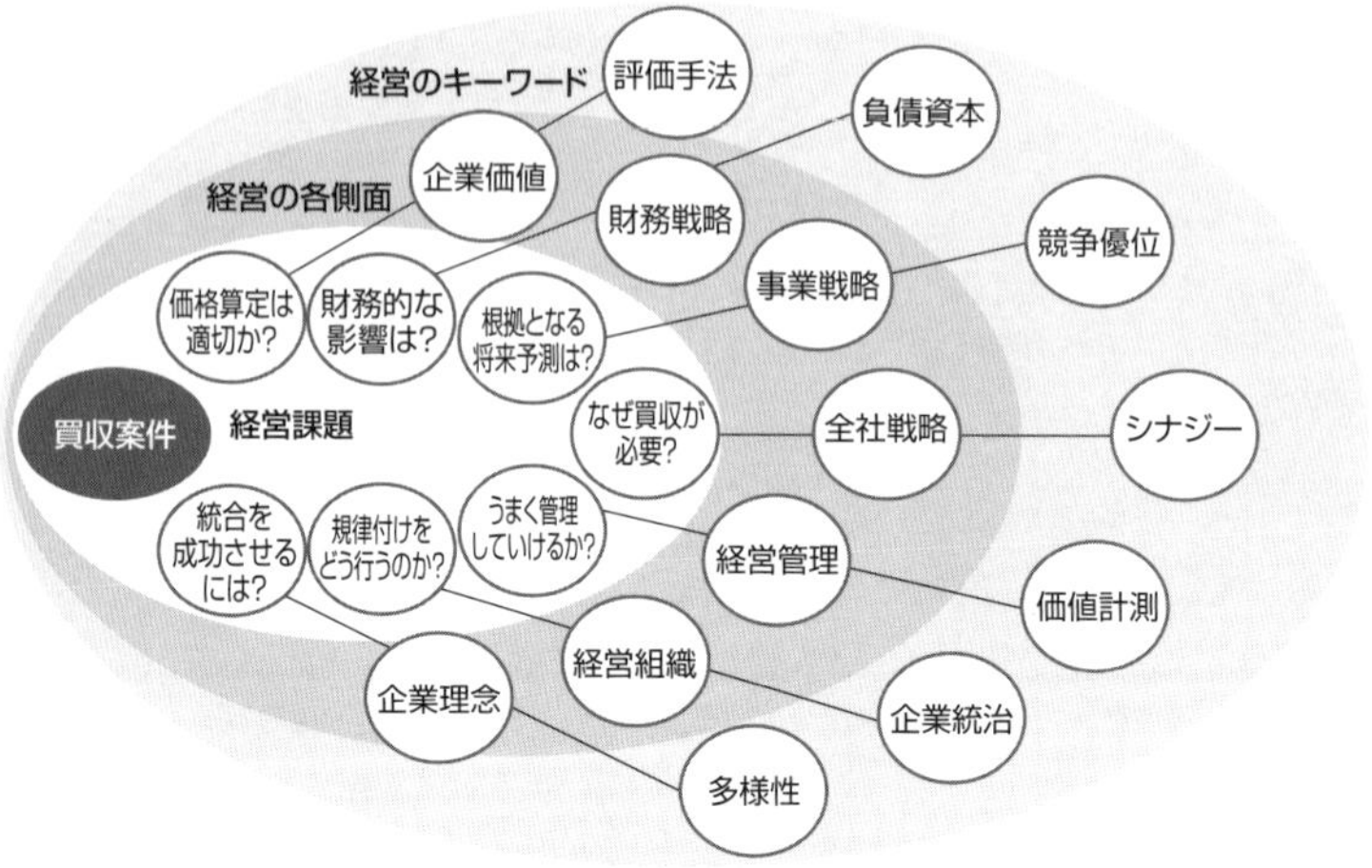

にあります。つまり、スピードが非常に重要、ということです。経営のすべての側面における抜本的な見直しを、非常に限られた時間で成功裡に行って、企業価値を上げられるのか？　M&Aが突きつけている課題は、実はこれです。こう考えると、課題が多くても当たり前、という気がしませんか。

なお、ここから先、具体的なプロセスをみていきますが、便宜上、M&Aの「買い」のプロセスを取り上げます。ただ、本当に大事なのは、「売り」も常に考えておくことです。「売り」についてはのちほど述べます。

■戦略フェイズで何をするか

M&Aというと、華々しい買収合戦やディールのあれこれを思い浮かべる方もいらっしゃるでしょう。しかし、M&Aはそこから始まるのではありません。最初は事業戦略立案からです。事業戦略ができたら、それを全社戦略の中で眺めてみてください。特に不都合がなければそれでけっこう。間違っても、「中計で発表した売上の数字が足りないからM&Aでもするか」などという、投資銀行が聞いたら泣いて喜びそうなことは考えないでください。カモがネギをしょって走り回っているようなものです。

ということで、最初の自問自答は「きちんと戦略はできているか?」です。そして次に、その戦略を実行するのに必要な経営資源を特定します。「必要な経営資源は何か?」ですね。その経営資源をどのようにしたら入手できるのかを考えます。それを「自前vs買収vsアライアンス」のどれで入手できるのか、どれが最もコストが安かったり、時間が短くて済んだり、労力が省けたりするでしょうか。

ここで考えてほしいのは、よく「M&Aで時間を買う」と言われますが、本当にそれは正しいのか、ということです。無事に統合されて期待する成果を挙げるまでの時間を考えれば、自社で新規に事業を立ち上げるのと比べて、本当に「早い」のかどうかはよく考えるべきです。要らぬ統合負担を負ったが故にかえって回り道になることもあるからです。また、「資産を買う」とも言われますが、本当にほしいものが買えるのか、ということも考えなければなりません。余計なものがついてきてしまったり、実はほしいものだけが抜けていたり、といったこともあり得ます。それぞれのパターンについて、本当にどのくらいの時間、コスト、労力がかかるのか、確かにほしいものが手に入るのか、リスクは何か、といったことを比較検討しましょう。事業戦略上の目的が十分な根拠を持つのであれば、「その目的は、本当にM&Aをやらなければ達成できないのか？」という点を十分に自問自答してください。M&Aは、企業価値の具現化であり、「外科手術」であると言えます。先ほどみた影響の大きさの通り、当然、痛みも後遺症も伴いますが、こうした荒療治をやることが本当にベストかどうかは意外に省みられません。できれば避けたい大手術、くらいに思ってみてみるくらいでちょうど良いような気もします（もちろん、実際の成否とは別の話ですが）。また、「売り」の場合には逆に手術をしり込みすることが多くなりがちです。こちらの場合には、このまま放っておくと癌のステージが上がりますよ、と言われていると思ってください。

さて、「買い」に戻ります。ここまで言われても、どうしてもM&A以外に解がない、となったら、本腰を入れてM&Aを考え始めてもOKです。ただし、いきなり「A社を買うぞ！」と意気込むのは止めましょう。まずは「必要な経営資源に求める条件は何か？」を洗い出すことです。そして、その条件に合致するような先をスクリーニングしましょう。最初は粗々でけっこうです。けっこうな先が引っかかってくるかと思います。それを並べたものをロングリストなどといいます。文字通り、まだ長いからですね。その後、条件を厳しくして選別を強め、ようやく「ここぞ」という先がいくつかに絞られます。最終的にはおそらく片手以内の数で収まるでしょう。これがショートリストです。

これができたら、次はこのショートリストに残った先を買収するにあたって、いくらくらいかかるのか、その資金調達手段をどうするのか、買った後の組織や統合プロセスをどうするのか、といったことを考えます。

これらは財務フェイズや組織フェイズに至った時点でおもむろに考えるものではありません。戦略フェイズのうちに全部終えておくことが必要です。また、この戦略フェイズは日常の業務の一環として行うことが可能です。精鋭のM&A部隊などをそろえている企業では、日常的にこうした「M&Aシミュレーション」を行っています。こうした日ごろの準備があってこそ、良いタイミングが来たらすぐに動けるのですね。

■財務フェイズにおける留意点

さて、ついに時が来ました。意中の会社に対して交渉を行う段階です。ここまでの間に、財務フェイズを乗り越えるプロフェッショナル集団は揃えておきましょう。M&Aには投資銀行を始め、弁護士や会計士、コンサルティング会社など様々な専門家が登場してきます。日頃から色々なプロフェッショナルの手腕をきちんと見極めておきましょう。

特に、こうしたディールにおいては、同じ投資銀行やコンサルティング会社でも、誰に頼むかによって成否がまったく変わってきます。先進企業などですと、日ごろからこうしたプロフェッショナルを格付けしており、「今回は少額の案件だから社外のプロフェッショナルはチェックだけでよいのでBランクで」「これは絶対に負けられないからAAランクで」などと使い分けています。一方、使うのが下手な会社は、そもそも各々の専門家が、何についての専門家なのかを実はよくわかっておらず、しかもその理解がないままに全体のまとめ役を投資銀行に丸投げしてしまうことが多いようにみえます。たとえば、投資銀行はディールをクローズするためには不可欠な存在ですが、クローズしたらいなくなってしまいますので、のちほど述べるような統合後計画の策定には何の関心もありません。また、事業の専門家ではないので、本当にそのM&Aが企業にとって良いのかどうか、といった戦略的フィットの検討にもふさわしくありません（彼らは、ディールが成立しなければ仕事にならないので、M&Aは止めたほうがいいですよ、とは口が裂けても言いません）。全体のコントロールは、必ず会社が自分で行う必要があります。専門家が何を専門としているのか、何が得意で何が苦手なのか、ということを知悉し、それらをコントロールしてM&Aという総合芸術を仕上げていくのは、ほかならぬ自社であるのだ、ということを肝に銘じましょう。

財務フェイズの「華」はいくつもありますが、その1つが**デューディリジェンス**（DD：Due Diligence）です。投資家が投資対象の適格性を把握するために行う精査のことです。投資の失敗の最大要因は、「支払いすぎる」「危なすぎる」ことです。ですから、投資対象の適正な購入価格の算定や対象物件に内在しているリスクを避けたり、事前に予備調査した内容を、実際に当事者間で基本合意が行われた後に検証して、投資の最終判断に用いるとともに、契約等や統合計画の策定、さらには外部利害関係者への説明の基礎ともなる重要なプロセスです。

最近は、M&A市場が慢性的な売り手市場なので、DDに割く時間が極端に減ってきています。競争入札案件の場合などはバーチャルデータルームへの出入りくらいしかできないこともあります。事前にしっかりと調査を行い、ＤＤで明らかにしたいことを特定しておくことはますます重要となっています。仮に明らかにできなければ、リスク要因として特定し、価格や契約交渉に反映させる必要があります。

■組織フェイズは感情のマネジメント

お互いに価格交渉に合意し、無事クロージングとなったその日から、組織フェイズは始まります。この時点で統合計画ができていないとすでに失敗間違いなしです。第一日目から、そもそもの戦略実行へと力強く踏み出したいのに、第一日目に何をやるか決まっていないのでは、先が思いやられます。Ｍ＆Ａにおいては、何をおいても統合計画を先に決めなければなりません。相手先企業のことでわからないことは調査したうえで推定するなり、仮説を置いておくなりすればいいのです。それがどうであろうと、やることはさほど変わりません。作らなければならない統合後計画は膨大です。しかし、まったく予測不可能なことに対処するわけではなく、考えてみれば必ず起こることばかりですから、淡々とこなしていく以外にありません。

絶対に必要なのは、第一日目に、新しい経営陣から従業員に直接届くメッセージを送ることです。必ず最初の日に、直接、全員に対して行うこと。たとえ先に新聞ですっぱ抜かれたとしても、従業員が外部のニュースソースからしか自社の行く末を知る術がない、という状況は、従業員の士気を著しく下げます。社内回覧やメールで済ませるのはやめましょう。実際に顔が見られて、合併であれば両社の首脳が仲よく並んでいる図、などがわかるビデオレターがいいですね。必ず当日に従業員の元に届くようにします。海外であれ、支社であれ、同様です。海外でもビジネスを展開している大企業は、海外「現地従業員」というカテゴリーに置く人々への情報伝達が著しく悪くなりがち、という点に注意を払うべきです。

また、リストラを行うような場合には、その対象者に向けたコミュニケーションプランは前もって決めておき、いつ、どこで、誰が、どのように、何を言うかすべてシミュレーションしておくこと。「そんな厳しいことを」と思われるかもしれませんが、それが決まっていないということは、すべての従業員を不安に陥れたままにすることでもあるということを忘れないでください。逆に、絶対に残ってもらいたいキーパーソンについても同様です。具体的に期待している役割まで含めて、新会社における将来のポジションを明確にイメージしてもらえるようにしておくこと。人材の問題は、不足はあってもやりすぎということは決してありません。戦略フェイズと財務フェイズは、比較的ロジックに基づいた、どちらかというと左脳的なフェイズですが、組織フェイズでは、従業員の方々の感情のマネジメントという、きわめて右脳的な要素が多く出てきます。また、これを行うにあたって、トップマネジメントの役割は非常に大きいものになります。間違っても暗い顔で廊下を歩いたりしないこと。

だからと言って組織フェイズが右脳的な要素ばかりというわけでもありません。ここで問われるのは、先ほどさんざんみた「経営管理」の質の高さです。手がける案件が連戦連勝の日本電産（現ＮＩＤＥＣ）では、それら一連のＭ＆Ａを始める前に、まず経営管理を刷新したそうです。考えてみれば当然のことで、買収した企業の業績や将来予測も把握できずに、統合計画も何もないですよね。いま一度ご確認を。

第 9 章

全社戦略を考える⑶
――企業におけるアイデンティティマネジメントとその伝え方

9-1 やっぱり最後は企業理念

■リスクマネジメントとしての企業理念

長らくM&Aにおけるプロセスをみてきましたが、組織フェイズにおける統合計画で、実は重要となるのが「企業理念」です。事業戦略の最初のところですでにみましたよね。これは、企業における拠って立つ基本の軸、国家で言えば憲法のようなものです。上意下達でマネジメントが従業員に強制するものではなく、マネジメント自身が守らなければならないという意味でも憲法に似ています。あとからグループに加わった企業も同様です。「ウチの会社は最近このグループに買収されたけれど、ここにいる意味は何なのだろう?」「いったい何を目指しているグループなのだろう?」などと、きっと思うに違いありません。そうした時に、「これだけは守って」「これは我々の目指すべき方向だ」と差し出せる何かがあるかないか、がその後を大きく左右するのはいうまでもないでしょう。

そう考えると、確固たる基本の軸があるのかないのかは、リスクマネジメントにもつながります。リスクマネジメントというと、すぐに内部統制や内部監査などの体制整備が思い浮かびます。これらも非常に重要なのですが、こうした目に見える形での管理は、ハードコントロールと呼ばれます。マニュアル、チェックリスト、規制、手順、手続、書面による承認、稟議書、照合などのことですね。有形であり、客観的で検証が容易であるという点は大きなメリットですが、一方でやらされ感が漂いがちでもあります。何か、外部から一定の基準を強制されているように感じられるわけですね。結果的に、「そんなものはサボろう」と考える人々を生み出しがちでもあります。また、こうしたハードコントロールは、違法行為の防止には効果がありますが、いわゆるグレーゾーンの事象や、法には触れないけれどもモラル的にはどうなのか、といったような事象には無力です。

一方、ソフトコントロールと呼ばれる管理もあります。誠実性、倫理観、リーダーシップ、経営哲学、リレーションシップの構築などを通じて訴えかける手段ということですね。企業理念はこの代表例です。ハードコントロールの真逆の特徴を持ちます。すなわち、無形であり、主観的、かつ検証困難なのです。ただし、いったん腹落ちしたら自ら進んで守り、かつ動いてくれるという特徴を持ちます。内発的な価値観を重視しているので、責任ある行為の実行を伴いやすいのですね。もちろん、これ自体が綺麗ごとであれば誰も振り向いてくれません。綺麗ごととしてスルーするだけです。しかし、本当に内容が伴っており、その企業なりグループなりでは大変重要なものとしてトップマネジメントをはじめとしてみんなが重要視しているものであり、十分にその精神が浸透しているのであれば、大きな意義を持つ存在となります。プロフェッショナルファームなどでは、こうした企業理念が定まっており、そこに定められた価値観にそぐわないとされれば、どんなに業績を上げていてもクビになることがあります。営業成績トップだけれどもハラスメントの帝王、とか、部下に無理な深夜残業を強いる鬼上司、とかはこうしたものに引っかかります。単に高らかに謳い上げているだけであるよりも、やはり評価として加えたほうが効果は高いです。ただ、悪用されたりしないような扱いは必要です。

■人工物である企業をつなぐもの

なぜ、企業理念のような「拠って立つ基本の軸」が必要なのでしょうか。それは、企業が「人工物」だからです。何もなくても自然にそこにあるような存在であれば、別に自分の存在意義を声高に主張しなくても良いわけです。しかし、敢えて「法人」を作ったわけです。そこには何かなくてはならないと思いますよね。そういう意味で、企業の設立は建国にも似ています。それも、日本のように何となく自然発生的に国になったという状態ではなく（これはこれで幸せなことだと思いますが）、意志をもって建国した国のほうが当てはまります。アメリカという国は、非常に理念がはっきりしている国です。清教徒たちが志を持って建国したからであり、その後多様な人々が入ってきて人種のモザイクを形成している国だからですね。何か「軸」になるものがあって始まり、その「軸」がないとばらばらになってしまう可能性があるため、この「軸」には非常に拘ります。アメリカは何か起こるとすぐに建国の理念と精神に立ち返ります。これが、人工的に作られた国家としての特性であり、彼らの強みでもあります。みなさんがアメリカが好きかどうかはさておいて、その設立は人工的であり、その点でアメリカ建国と企業設立は似ています。したがって、何か起こった時に戻ることのできる「設立の理念と精神」は、企業にとって必要不可欠なものといえましょう。

こうした「軸」があるのとないのとでは、荒波を乗り越えていく時の強さがまったく違います。穏やかで何事も起きない海を航海している時には、誰しもあまり深く物事を考えたりはしないですよね。日光を楽しみ、そよ風に吹かれて今日と同じような幸せな明日がずっと続く、と思っていればいいわけです。しかし、暴風雨に遭ったら大変です。まず何をすればいいのか、どうすれば生き残れるのか。必死で考えます。何かに縋《すが》りたくなるかもしれません。その時に、いくら自問自答しても何も出てこないと知った時の不安や混乱は如何ばかりでしょう。あるいは、乗組員がてんでばらばらに勝手なことを考えていたり、実際に行ったりした時にどうなるでしょう？　ミッション、バリューには、こうした事態を避ける力があります。経営は、いくつもの選択肢を常に選びながら進んでいきます（人生もそうですが）。その時に、指針となるものがあるかどうか、は選択の容易さと確かさを大いに左右します。

実際、日本で創業百年を超える老舗企業をみると、実にその77・6％[1]が社是、社訓を持っており、「基本的な経営方針」「共通価値観の醸成」「精神的支柱」などとして重要視しています。

こうした内容を、「きれいごと」として嫌う人たちもいます。確かに、単に掲げてあるだけで実際に判断指針として使われてもおらず、美辞麗句を連ねただけのものであれば、そう

1 帝国データバンク（2009）『百年続く企業の条件』朝日新書

思っても当然です。しかし、本当にそれが失われてしまうと、企業は最悪の場合、消滅してしまいます。

■社会的な正当性の証明としての企業理念

最近はパーパス経営といわれるがごとく、改めて企業理念の重要性が再認識されています。晴れた日の凪いだ海ではなくて、嵐の海で何が起こるかわからない状況であることが世界的に共通認識となってきているからですね。こうした時にこそ、組織を構成する人々の方向性をまとめるための「旗印」が必要です。源氏の白旗でも錦の御旗でも良いのですが、「ここを拠り所とすれば大丈夫」と思えるような何かです。特に、組織を構成する人々が多様であればあるほど、この存在は重要となってきます。日本企業は「多様性」を事あるごとに口にしますが、世界的に見れば非常に同質性の強い組織です。したがって、これまであまり企業理念の必要性について意識していなかったのではないでしょうか。しかし、多様性が確保されればされるほど、こうした「共通の拠り所」がなければ、組織はバラバラになってしまいます。遠心力が強くなれば求心力も強めないといけないということですね。

さらにもう1つ考えなければならないのは、こうした企業理念の重要性は、いまや従業員をまとめ上げるためだけではなく、ステークホルダーに対して自社の存在意義や正当性を主張するためにも必要となってきたということです。先にみた、サステナビリティを巡る一連の動きは、企業に対して、本当に地球上に存在することに意義はあるのか、存在しているのであれば何かプラスなことをしているのか、マイナスなことを少しでも減らそうとしているのか、という問いを突き付けています。

この点に関して慧眼であったのはピーター・ドラッカーです。彼は、グローバル大企業は「社会的な正当性（Social Legitimacy）[2]」を問われるようになるだろう、と喝破しました。まさに、ミッション、バリュー、ビジョンといった企業理念及びそれに類する企業の存在意義が重要になるということですね。その〝予言〟は的中し、我々はいまそれを問われているわけです。

2 ピーター・ドラッカー著、上田惇生訳（2002）『ネクスト・ソサエティ――歴史が見たことのない未来がはじまる』ダイヤモンド社

9-2 コーポレートガバナンスが求めるもの

■経営戦略のステークホルダーへの発信

こうした「社会的正当性（Social Legitimacy）」についての説明の必要性は、ＥＳＧ投資隆盛の今日、ますます顕著になってきています。２０１５年に導入されたコーポレートガバナンス・コードにおいても、上場企業が行うべきこととして、「会社の目指すところ（経営理念等）や経営戦略、経営計画」に関する「主体的な情報発信」を求めています。「適切な情報の開示・提供は、上場企業の外側にいて情報の非対称性の下に置かれている株主等のステークホルダーと認識を共有し、その理解を得るための有力な手段となり得るものであ」るからです。これは非常に重要なことではないかと思います。これまで、企業の内部で主に用いられていた「拠って立つ基本の軸」が、企業外部に向けても必要となってきたということだからです。

また、すでにみた通り、企業理念を最上位概念として、その下には経営戦略が存在します。これもまたステークホルダーと共有すべき情報です。コーポレートガバナンス・コードでも、「取締役会は、会社の目指すところ（経営理念等）を確立し、戦略的な方向付けを行うことを主要な役割・責務の一つと捉え、具体的な経営戦略や経営計画等について建設的な議論を行うべきであ」るとしています。先にも述べましたが、経営戦略についてはその策定や実行についてはスポットライトがあてられるものの、実はその発信や開示については、あまり考えられていなかったのが実情ともいえます。もちろん、いわゆる**投資家向け広報**（**IR：Investor Relations**）の分野では様々な蓄積がありますが、経営戦略策定という観点から、「それをステークホルダーに向けて発信し、かつ双方向での建設的な対話を行う」という視点は乏しかったのではないかと思います。改めて考えてみると、けっこう独りよがりで一方的な開示や、口下手でも良しとする姿勢なども多かったのではないでしょうか。今後は、投資家や従業員など様々なステークホルダーと、企業の未来を共有しているのだという姿勢をもって、建設的な対話を行っていくことが必要とされています。

■コーポレートガバナンスとマネジメント

ちょっと話が大きくなってきました。「いや待て、コーポレートガバナンスなんて知らない」という人のために、簡単にここでみておきましょう。これだけで一冊の本ができてしまうくらいなので、あくまでも簡単に。

コーポレートガバナンスは、そもそもは「株式会社の方向付けを巡る参加者間の関係」といったような意味です。ただ、誤解も多いです。ここでは3つ挙げておきましょう。

誤解その1は、「株主が会社を支配する」というものです。これは、コーポレートガバナ

図9－1　コーポレートガバナンス

●コーポレートガバナンスの定義

「株式会社の方向付けや業績を決定するにあたっての様々な参加者間の関係である。その**第一次的参加者は、株主、経営者（Chief Executive Officerをリーダーとする）、取締役会**である。その他の参加者として、**従業員、顧客、供給業者、債権者及び地域社会**が含まれる。」Robert A.G.Monks and Neil Minow, Corporate Governance,1995.p.l.)

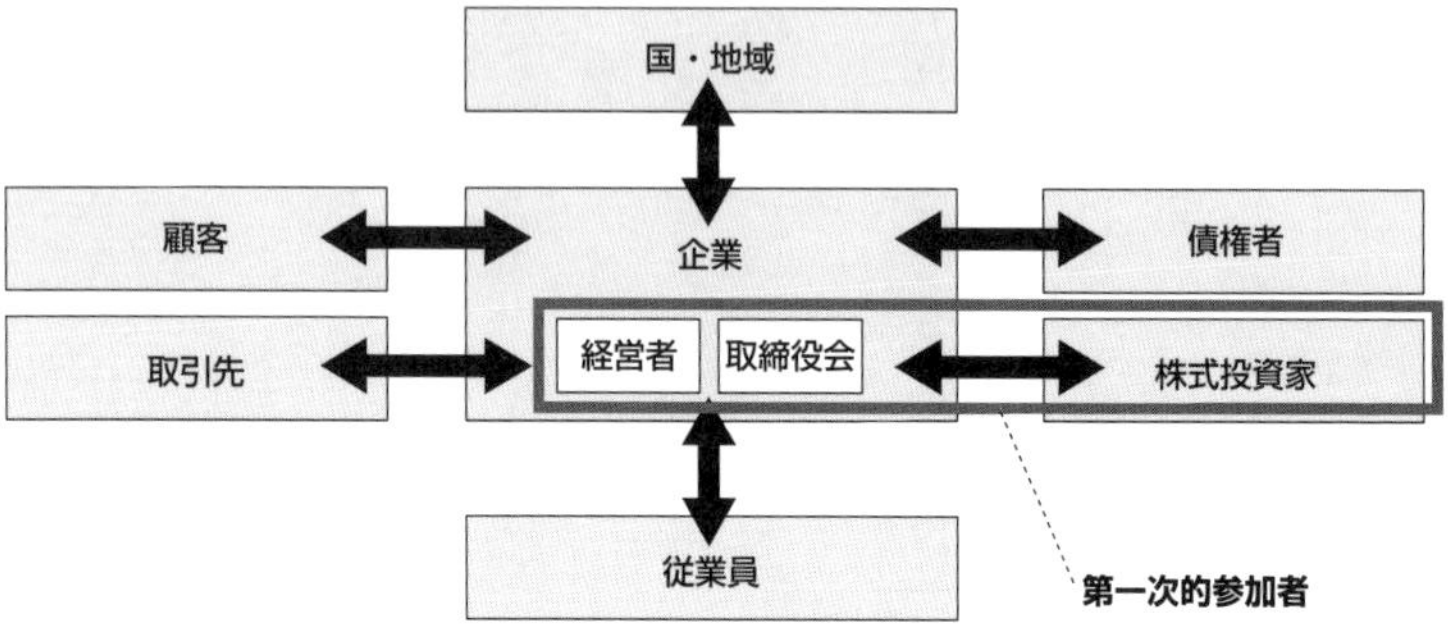

ンスが長らく「企業統治」と訳されていることにより、支配者が君臨して統治する、という意味合いが感じ取れることによるのではないかと思います。もともとガバナンスにはそうした意味合いはありません。Governというのは「船のかじ取りをする」という動詞ですが、そこから派生した名詞にGovernmentとGovernanceがあります。前者は政府を意味しますが、まさに支配、統治といった意味の色濃い言葉です。一方、後者はそうした〝上から目線〟ではなく、「当事者がいれば関係者もいる、その関係の中で色々な方向性を決めればよいのではないか」という意味が強く、もともとは「協治」などと訳されていました。したがって、株主がひたすら偉くてその言うことをすべて聞かなければならない、というような上下関係があるわけではないので

す。株主が会社という「船」の所有者であるとしたら、彼ら彼女らにはそれを所有する能力はありますが、運航する能力はありません。したがって、運航に長けたプロフェッショナルにそれをお願いしているわけですね。これが経営者です。株主は経営者がきちんと運航してくれているのかを時々確かめたいので、株主総会が開かれたりするわけですし、それだけではちょっと足りないので、日々の確認のために取締役会というものが置かれたりします。

誤解その2。「株主（シェアホルダー）とその他のステークホルダーは対立関係にある」というものです。別に対立も反発もしているわけではありません。そもそもの立て付けが違うだけです。株主は会社の所有者ですが、それ以外のステークホルダーはみな、会社という法人との契約関係により初めて利害関係を持ちます。したがって、そのほかのステークホルダーが確かめたいのはまずもって「法人として契約違反をしていないか」ということになります。ちょっと視点が違うのですね。国や地域社会などは明示的な契約を結んでいるわけではありませんが、会社が支払う税金が「法人税」であることからも明らかなように、会社という法人に関心が向いていることがわかります。

一方、株主は自分がかじ取りを任せた経営者に関心が向いています。これらは別に対立しているわけではありません。特に日本において、シェアホルダーVS.ステークホルダーという対立構造が想起されやすいのは、長らく続いたメインバンクガバナンスの中では、経営者を規律付ける株主という存在があまりに縁遠いものにみえていたので、それに違和感を未だ持っているからでしょう。また、同じ理由から、シェアホルダーは遠い存在で敵対的、ステークホルダーは近い存在で友好的、というイメージを持っている方々も未だ多いようです。必ずしもこのイメージが正しいとは限りません。それどころか、株主は「投資に対するリスクとリターン」という客観的な要素を軸として話ができますが、それ以外のステークホルダーは場合によっては「主観的な正義」を振りかざしてくることもあります。こちらのほうが企業にとってはよほど厄介かもしれません。最近は、海外で「ステークホルダー資本主義」などと言われるために、「やはり日本の〝三方良し〟の精神に戻れば良いのだ」などと考える方々もいますが、三方良しには株主は不在です。日本の場合には、ステークホルダーを重視するあまり株主が軽視されてきた経緯があります。アメリカの場合にはその逆であったために揺り戻しが起こっているだけなので、単純にそれを追うだけであってはならないということです。

さて、誤解その3です。コーポレートガバナンスと**内部統制**を混同しているケースです。メディアなどでもよくみかけます。企業不祥事などが起こると「ガバナンス不全」という言葉が躍りますが、実態をよくみると、経営者が従業員の監督を怠ったことをそのように表現していることが多いです。これは「コーポレートガバナンス」ではありません。「インターナルコントロール＝内部統制」です。この言葉も何か暗い響きがあるので、何となく耳に心地よい「ガバナンス」という言葉で勝手に代用されてしまっているのが実態のようです。しかし、コーポレートガバナンスはあくまで「株主をはじめとするステークホルダーが経営者を規律付けるもの」であり、インターナルコントロールは「経営者が従業員を規律付けるも

図9－2　シェアホルダー重視かステークホルダー重視か

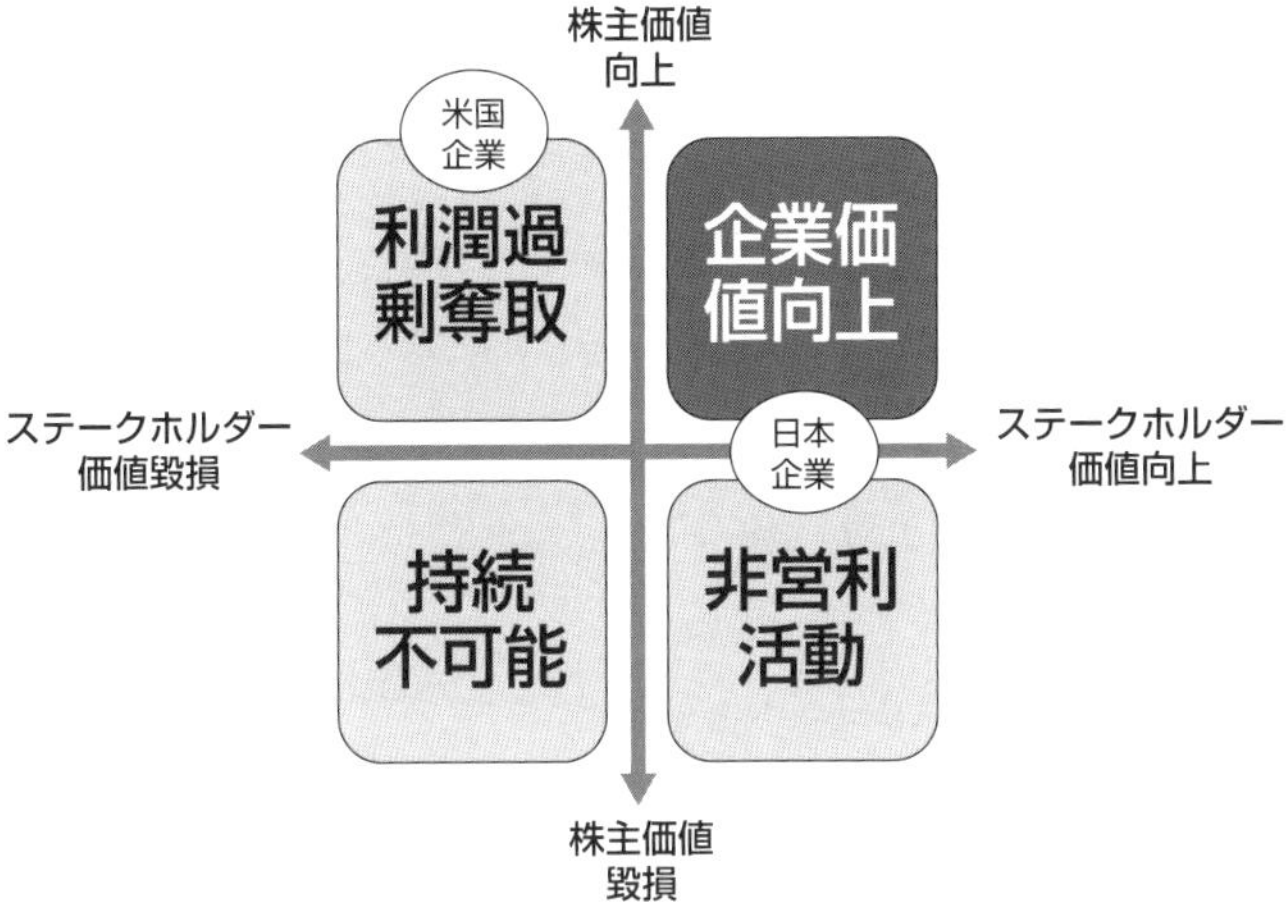

の」です。間違えたまま業務が進むとけっこう大変なことになりますので、ここで頭を整理しておきましょう。

■コーポレートガバナンスと情報開示

さて、コーポレートガバナンスについて凡《おおよ》そご理解をいただけたところで、では、この枠組みにおいて重要な要素は何でしょうか。見方によって色々あるかもしれませんが、このガバナンスの枠組みを成り立たせているのは「情報開示」です。株主をはじめとしたステークホルダーは、企業の将来に何らかの自分の利益を賭けています。株主であれば投資のリターンですし、従業員であれば安定した給料やその上昇、あるいは昇進の期待、などなど。したがって、企業の将来についてはぜひ知りたいわけですし、情報を共有したいのですね。それができないと、彼らは不満を募らせ、企業統治の「実力行使」に出ることになります。株主であれば株を売ったり、株主総会で文句を言ったり、はたまた経営者を引きずり下ろすための株主提案を出したり。従業員だって、おとなしく勤め続ける人ばかりではありません。より良い職場環境を求めてさっさと旅立ってしまうかもしれません。

こうしたステークホルダーをつなぎ留め、それだけではなく企業を魅力的に感じて長らくステークホルダーとして留まってくれるよう促すために、将来像の共有はいまやなくてはならないものとなっています。

■なぜこんな努力をするのか

経営者の中には、「なぜコーポレートガバナンスだの、情報開示だの、こんなに努力をしなければならないのだ」と嘆く方もいらっしゃるのではないでしょうか。確かにその通りですね。最近はあまりに細々とした決まりごとも多く、マネジメントから遠く離れてしまっているようなことで時間を使わざるを得ない状況もお察しします。ただ、コーポレートガバナンスや情報開示そのものは非常に重要なのです。なぜならば、それによってどのような経営資源を、どれほど効率的・効果的に獲得できるかが決まるからです。

グループ一丸となってどこを目指すのかを、マネジメントとしてしっかりと指し示せるかどうかを、ステークホルダーは注目しています。それによって、資本市場の株主は投資をするかどうかを決めます。学生はこの会社に就職すべきかどうか、従業員はこの先も働き続けるのか、といった人生の選択をします。顧客や取引先も、こうした理念を持つ企業であれば取引をしよう、商品を買おう、などと思うかもしれません。進出した先の地域で歓迎されるか石もて追われるかも、マネジメントが指し示す将来像にかかっているかもしれないのです。少しは「やらなければ」という感じになってきてくださいましたでしょうか。

■経営人材の獲得と育成

なかでも、現在大きな問題となっているのが、「経営人材の獲得」です。昔は経営資源と言えばまず「カネ」でしたが、最近のカネ余りを受けてか（今後どうなるかは別として）、現在では「ヒト」、特にマネジメントを担う人材（＝経営人材）の不足が取り沙汰されています。

有能な人材の争奪戦は世界的な現象ですが、特に日本では経営人材の不足が顕著です。なぜならば、いままではさして必要がなかったからです。いったん就職（就社）したらほぼ定年まで1つの会社に居続けることが前提であり、そうした雇用保証の代わりに辞令一枚でどんな仕事でも就くというジェネラリスト型の人事を行い、そのまま中高年までいってようやくごく少数が役員になる、というのがこれまでの日本の人事でした。役員になる人々も、そのためのマネジメントトレーニングを受けているわけでもなく、どちらかと言えば事業や機能で「オペレーションのボス」であった人がそのまま出世し、御神輿経営と呼ばれる体制のもと、数年間大過なく過ごせばあとは素敵な顧問人生が待っている、といったようなものが、日本企業の「マネジメント」の実態であったかと思います。これはこれで幸せだった時代もあったわけで、悪いわけではありません。

問題は、それだけではどうも済まなくなってきたことです。1つひとつの分野が高度化し、取り組むべき課題が深化してくると、数年ごとにローテーションしていくような人事では太刀打ちできなくなってきました。物事が進むスピードも著しく速くなり、40代も後半になってからようやくジェネラリストの中での選抜が始まるといった悠長なことを行っていては経営人材を生み出すこともできなくなってきたのです。一方で、マネジメントに要求される能力は著しく高度化し、責任も強まってきています。とても経験なしでは務まりません。そもそも、オペレーションとマネジメントは似て非なるものです。いくらオペレーションがうまくできたからといって、マネジメントがうまいとは限りません。しかし、外部環境は、素人社長に練習の暇など与えてくれません。

これからは、全員並んでジェネラリスト、などという人事は少なくなっていくでしょう。若いうちから選抜してマネジメントトレーニングを受けてもらう必要が出てくるでしょうし、他の分野のプロフェッショナルとして活躍したい人材向けに、より高度な複線型人事も必要になるでしょう。人材の流動化も進み始め、ある1つの会社における特殊合理的な適応術を身に付けても、それが生涯にわたって自らの武器になるとは限らなくなってきているのです。外部人材市場においても評価されるプロフェッショナルへの志向は、特に若者を中心に強まってきています。

■ストラテジー・マネジメント・ガバナンス

こうなってくると、会社依存型の人生は却ってリスクかもしれません。自分で自分のスキルを磨いて世の中を渡っていくことが必要になるでしょうし、そうした考え方に理解のある企業ほど有能な人材を集めることができるでしょう。企業は従業員に対して勉強することを要請しがちですが、「他人に対して変わることを要求する」前に、まず「自分（＝企業）が、有能な人材に選ばれるような魅力的な場所になる」ことを目指すほうが重要であることを意識すべきと思います。

ただ、それを行っていくためには人事部門自体が変わっていかなければなりません。最も求められているのは「経営戦略との連動」です。よく「人材戦略」と言いますが、人材について独立した戦略が成り立つという考え方はどうもしっくりきません。そもそもの「会社の目指すところ」があり、そこに到達するためにはどういった人材という重要な資本が必要なのかを考える、という道筋の中で初めて「戦略的な人事」といったものが考えられるべきなのではないでしょうか。

そういう意味では、これまで日本企業において「経営戦略と連動した人事」などはまったく考えられてきませんでした。そもそも経営戦略自体きちんと立てられているのかという問題もありますが、そうした「軸」に沿って「ヒト」という重要かつ限りある資本をどう配置して価値向上を目指すかという考え方が従来の人事機能にあったかというと、おそらく答えはNOでしょう。人材は労働力というコストとして扱われ、人事部門という名の「労務」

担当が、オペレーションレベルの制度やルール作りなどにひたすらいそしんでいた昭和の昔の名残が、未だ色濃く残っているようにもみえます。そろそろ変えていくべき時でしょう。

最近、大手企業において経営企画部門の担当役員が人事部門の担当役員に横滑りするといった事例が出てきています。こうした動きは、昭和の残滓を一掃しようという経営陣の意思の表れなのかもしれません。しかし、これも一筋縄ではいかないでしょう。在庫削減といった「モノ」の管理や、株価向上策といった「カネ」の世界とは違い、「ヒト」の話はそれぞれの国の風土や仕事観、人生に対する考え方などにも関わってくるからです。したがって、海外の実態をよく知りもせずに、安易に「ジョブ型」の導入などと浮かれるのは避けたほうが良いと思いますが、一方で昭和の昔に揺蕩《たゆた》っていることももはや難しくなってきています。

こうした難しい世界である人事に切り込むにあたっては、実は「会社の目指すところ（＝経営理念や経営戦略」という普遍の「軸」から始めるのが手っ取り早いともいえます。

こう考えてくると、経営理念がしっかりと確立、浸透し、それに基づいた経営戦略が的確に策定され実行され、そしてステークホルダーと共有されていくことの重要性が改めて実感されます。ガバナンスと、その合わせ鏡であるマネジメントに注目が集まれば集まるほど、そうした新時代に必須の「軸」として、経営戦略の重要性も改めて見直されていくのではないでしょうか。本書が、その一助になればと願っています。

〈参照文献〉

・Kaplan, S. N., & Minton, B. A. (1994). Appointments of outsiders to Japanese boards: Determinants and implications for managers. Journal of financial economics, 36(2), 225-258.

ま行

や行

ら行

わ行

な行

は行

た行

さ行

あ行

か行

索　引

数字・アルファベット

松田千恵子（まつだ　ちえこ）
東京都立大学大学院 経営学研究科 教授／東京都立大学 経済経営学部 教授。
東京外国語大学外国語学部卒業。仏国立ポンゼ・ショセ国際経営大学院経営学修士。筑波大学大学院企業科学専攻博士課程修了。博士（経営学）。日本長期信用銀行、ムーディーズジャパン格付けアナリストを経て、コーポレイトディレクションおよびブーズ・アンド・カンパニーでパートナーを務める。2011年より現職。
著書に『これならわかるコーポレートガバナンスの教科書』『ESG経営を強くするコーポレートガバナンスの実践』『サステナブル経営とコーポレートガバナンスの進化』（以上、日経BP社）、『グループ経営入門 第4版』（税務経理協会）、『コーポレート・ファイナンス 実務の教科書』（日本実業出版社）、『事業ポートフォリオマネジメント入門』（中央経済社、共著）などがある。

考《かん》える《が》道標《みちしるべ》としての経営戦略《けいえいせんりゃく》

2023年6月10日　初版発行

著　者　松田千恵子 ©C.Matsuda 2023
発行者　杉本淳一

発行所　株式会社日本実業出版社　東京都新宿区市谷本村町3−29 〒162−0845
編集部　☎03−3268−5651
営業部　☎03−3268−5161　振　替　00170−1−25349
https://www.njg.co.jp/

印刷／壮光舎　製本／共栄社

ISBN 978−4−534−06021−1　Printed in JAPAN